運字的人

創作者的鑿光伏案史

目錄

採訪、撰文團隊簡歷

李偉麟

經常聽人說故事，把故事轉化為一股力量、一種可能、一段旅程的文字工作者。

陳安弦

國立臺灣大學人類學研究所碩士。曾任水牛出版社編輯；現任小寫出版企劃編輯。

沈　眠

一九七六年十月降生，與夢媧和三頭兒子貓帝、魔兒、神跩及一人類女兒禪共同生活的寫字狂，信仰書寫，明白寫字是必須堅定搏鬥、連綿不斷的長期作業，正在接近不再追求設計天衣無縫、願意讓破綻出現的自然境界。獲數十種文學獎，二〇一四年出版《詩集》短篇小說合集，二〇一七年線上發表《武俠小說》詩集。

擁有【最初，只剩下蜂蜜的幻覺。】：http://mypaper.pchome.com.tw/news/silentshen。

蕭淑如

臺南，白河人。國立臺南藝術大學，動畫藝術與影像美學研究所，影像美學組碩士。

虹　風（沙貓）

小小書房店主。國立政治大學俄語系、莫斯科大學俄語系文學組碩士。曾任《誠品好讀》編輯、誠品網路書店行銷企劃主編、臺北市國際書展基金會國際專員、永和社區大學文學閱讀講師。

二〇〇六年創立獨立書店「小小書房」。曾獲中央日報文學獎新詩佳作獎，著有《完全變態》、《百秒．當下．台北城》，譯作塔可夫斯基《Instant Light》。

游任道

國立臺灣清華大學社會學研究所碩士。曾任理繼文化藝術有限公司、臺大地質系國科會專案計畫《臺灣玉：聽見山脈心跳的寶石》紀錄片專案執行製作、《逢甲人月刊》編輯。現任小小書房華文讀書會主持人、小寫出版企劃主編。

鄧觀傑

馬來西亞人，國立臺灣大學中國文學系，現為國立政治大學中國文學研究所碩士生。曾獲小說獎數種，夢想兩棲於學術與小說。

嚴毅昇

臺語環境長大的混血阿美族青年，嗜讀詩與認識族群。筆名狼尾草，詩作散見臺灣各家詩刊。現為國立彰化師範大學臺灣文學研究所碩士生、絆詩社顧問及網宣、大學詩社聯合詩刊《星升首測》宣傳部長。

沈明謙

一九八二年生，臺灣彰化人，國立臺灣師範大學國文研究所博士。出於偶然成為黑貓的屬民，卻始終難以猜透帝心。寫過詩，寫過論文，仰慕認真生活、致力做好工作的人。

許雁婷

聲音及文字工作者。聲音創作上，關注聲音蘊涵的文化脈絡，探索聲音與生活、環境、族群文化的關係，以及聲音之於周遭世界另種角度的體認。常以田野錄音為主要素材，從事聲音紀錄片、音景創作，及聲音展演等。另亦常以聲音設計與舞蹈領域合作。文字工作方面，經常撰寫表演藝術採訪報導及人物專訪，常與臺中歌劇院《大劇報》及兩廳院《PAR表演藝術》雜誌等合作。

編輯室手記

文／虹風　小小書房店主．小寫出版總編輯

倘若讀書會、課程不計入的話，每一個月，在小小的咖啡區，平均會有二到三場書友會、活動，一年累計大約三十場次上下。這些活動多是文學、人文社科、藝術相關領域的座談，或者音樂演出。會有初發表作品的新人，也會有經營很久的創作者，來小小發表新作。一年一年過去，小小十周年時，突然興起一個念頭，想要知道這十年來，他們又經歷了哪些路，或者，他們曾經走過哪些路，才能一步一步，將自己與他們的作品，呈現在讀者眼前。

《運字的人：創作者的鑿光伏案史》是從二〇〇六年小小成立，到二〇一六年這十年間，在小小舉辦過座談、分享或者演出的創作者中，挑選不同領域、創作資歷超過十年的創作者，就其創作環境、背景養成、創作方法、作品、創作歷程，以及對臺灣創作環境的看法……等等，加以訪談而成。一本書能夠容納的篇幅雖然有限，而未能選入的創作者肯定也會相當多，但我們期望能夠在文學、小說、詩歌、劇場、紀錄片、藝術、音樂等廣泛的藝文領域裡，讓這些資歷深厚的創作者暢談他們所處的時代、閱讀以及創作經驗，為下一個十年、甚至十年以後的創作者，提供珍貴的參照。

只要是曾經在小小舉辦過座談的創作者，我幾乎都記得他們第一次來到的情景，或者，與他們初識的記憶。書店搬過兩次家，用1.0—3.0作為區隔，1.0時期就出現過的有：小說家駱以軍、吳明益，彼時，前者已是知名的作家，後者才剛開始建立他的讀者群；之後，他們又分別因為新作、或者座談邀約來到2.0、3.0，在十年的時光裡累積了龐大的粉絲群。

音樂人林生祥、生祥樂隊的筆手／詩人鍾永豐，則是在我開書店前便已經認識，小小成立不久之後，生祥也剛好發行《種樹》專輯，來小小舉辦說唱會。我還記得，1.0時期的咖啡區非常非常小，生祥的樂迷將這小空間擠得滿滿的，不到一公尺的近距離、純淨的不插電演出，回想起來還是非常超現實；而永豐與音樂人／客家詩人羅思容來小小分享客語詩歌，更是打開、敲破我對於臺灣本土詩歌的懵懂、無知。

由於2.0的時期較長，在這段時間來到小小的，有小說家黃錦樹、人類學家／民族誌紀錄片導演胡台麗、紀錄片導演黃庭輔、劇場導演王墨林、環境聲音藝術家Yannick Dauby與詩人蔡宛璇、藝術家高俊宏、詩人零雨、原住民作家Liglav A-wu（利格拉樂．阿𡠄）。

零雨老師是臺灣當代詩人之中，我非常敬仰的，她在1.0時期便常私下來小小買書，或以讀者身分參加詩歌座談，非常低調。二〇一四年，我們出版了詩人宛璇的詩集《陌生的持有》，零雨老師很喜歡，隔年，便將她的新詩集交付我們出版，即為《田園／下午五點四十九分》，於我們而言，是莫大的殊榮。甚至，絕少在公眾面前現身的她，為了給予我們支持與鼓勵，很難得地答應舉辦詩友會，詩迷莫不驚嘆歡喜；而Liglav A-wu老師還租居永和時，便是小小的書友，一次相認讓我大驚失色，在我青年時期，她的《誰來穿我織的美麗衣裳》、《紅嘴巴的VuVu——阿媽初期踏查追尋的思考筆記》、《穆莉淡Mulidan——部落手札》便是我所珍藏的、也是很重要的、進入原住民女性世界的啟蒙書。

來到小小的每一個創作者，也可以說都是我的啟蒙者：胡台麗所引介的人類學民族誌、紀錄片；王墨林的身體氣象館、身體論；黃庭輔的實驗紀錄片；Yannick Dauby曾經蒐集、記錄臺灣多個社區的聲音計畫案；高俊宏的東亞藝術占領行動，以及他現在所進行的大豹社、日本隘勇線調查……我想，對曾經參與過的讀者而言，也一定有像我一樣，因而更理解這豐富而廣大的世界多一點點的。

但我們這樣想：因為他們各自所屬不同領域，應該還會有非常多的讀者，還不認識他們。我們期望這本書，能夠為臺灣的創作者群像，留下一些軌跡之外，也能夠讓關注不同領域的讀者、新一世代的創作者，得到更多前行的勇氣與陪伴。

專訪王墨林

採訪、整理、撰文／李偉麟　攝影／許斌

前言

跟王墨林第一次說上話，是去年（二〇一七年）八月，一場以他為對談主角的活動結束後。我上前表達，想代表小小書房約他做一次採訪，很幸運地獲得了他的首肯。他首先對於小小書房在二〇〇九年，邀請他分享《台灣身體論》的新書內容，表達了謝意，語氣非常溫暖，雖然我並不是書店主人，但眼前這位藝文界的前輩竟然如此親切，毫無身段，讓我印象深刻。

那次講座的主題是「冷戰時空下的歷史脈絡——背叛」，王墨林提到許多政治、思想、社會氛圍的時代變遷與脈絡，其間並交織著不少人名、書名、藝術作品，以及深入淺出的觀點。這些內容對我來說，大部分是很陌生的，但我卻對它們產生一種想要深入了解的強烈動機，除了讓我有一些方向，去掌握他所作的戲背後的緣由，讓我在採訪的方向上更有把握，我個人也有一種強烈的「開竅」的感覺，他引發我想要去理解，自己生活在一個什麼樣的處境中？而這個處境為什麼會是現在的樣貌？

這場講座，我認真地做了多達十頁的筆記，並且速寫了幾個對我來說很難忘記的形象與物件。首先是全程戴著一頂紅色棒球帽的王墨林，還有一本攤開的、上頭布滿筆跡的筆記本，因為在另一位主講者說話的時候，王墨林總是低頭專心地寫東西（後來我才知道，他有四十本左右這樣的筆記本，因為文字是他思考的方式）；另外是幾本大大小小疊起的日文書籍，因為當天所播放的簡報檔裡，有不少取材自這些日文書（也是後來才知道，不但日本對他有很大的影響，而且他有數千本的藏書）。

當時的我並不知道，這個採訪任務，對我來說，會產生「工作」以外的意義；因為王墨林在訪談中所說的一些話，衍生了許多無形的後座力，竟打通了我人生中的某些環節。

比方說，談到二〇一三年澳門藝術節委託他創作的劇作：探討「家」是什麼的《長夜漫漫路迢迢》，王墨林說到創作動機時，其中有「沒有愛的能力」這六個字。之後很長一段時間，這六個字常在我心頭縈繞，直到有一次洗澡時，我好像被雷打到，突然想通了，長年以來我和自己的關係、我和家人的關係、我和世界的關係，之所以會「卡卡的」，正是因為欠缺愛的能力啊！我繼而問自己，「愛，是什麼？」，而「愛」是一門多麼大的學問，我需要從頭開始認識它。那一刻，我有一種被打開、豁然開朗的感覺，在將近五十歲的人生階段，我何其有幸，遇見了一條通往理解自己的道路。

回到我的採訪任務，我將目標設定為：提供讀者一條通往理解王墨林的路。原因有以下三點：

一來，王墨林是本書唯一年過七十的受訪者，他所累積的劇場作品數量非常多。在黃雅慧小姐於二〇一四年所發表的碩士論文：《「戒嚴」身體論：王墨林與80年代小劇場運動》當中，所附錄的王墨林生平活動年表及劇作、文字等作品，就足足有二十八頁，比這次訪談稿的篇幅還要來得多。因此，這次訪談稿的篇幅，勢必無法詳述每一個作品的創作理念與方法，我給自己的目標是，至少必須把他多年來創作思路的脈絡，整理出一個清晰的面貌，如此一來，可以找到一條路，去理解他的作品。

二者，王墨林作戲的方式，自成一家，他在小劇場超過三十年，卻沒有成立過自己的劇團，也不屬於任何劇團，然而他的每一個策劃成果或作品，都為臺灣小劇場帶來創新的形式與思維，如國內第一個行動劇《驅逐蘭嶼的惡靈》、引進國內第一個全裸演出的劇場作品《骨迷宮》、第一個用臺灣原住民族語言演出並且在北京上演的古希臘悲劇的《TSOU．伊底帕斯》等，在此無法一一列舉。我希望這篇訪談稿，能夠讓讀者對以下這個線索產生感覺：他為什麼可以如此自由？

第三，除了劇場，王墨林也寫小說。小說對他的重要性，不只是他的另一種創作形式，而且也是他在劇場創作時重要的靈感來源。這篇訪談稿是歷經三次見面，整理而成的，每一次他都強調，小說是他很重要的創作形式之一；尤其第二次的訪談，王墨林主動遞給我一疊影印資料，其中許多是他年輕時投稿雜誌的小說。這是一件很有意思的事。因為，王墨林在那次的講座，以及與我的訪談中，都提到想要清掉自己過去所寫的東西，他認為過去出版的書都不成熟，無法代表現在的他。但是，他卻非常珍視這些年輕時的小說創作。因此，接下來的訪談稿，我們就由「小說」這個路徑，進入王墨林的創作世界。

訪談

問：在從事劇場創作之前，您投稿過不少篇小說。談談那時的創作，以及創作啟蒙。

答：一直到最近我都還持續寫小說，近期會有一篇刊在澳門的《劇場．閱讀》雜誌[1]。

大概在我十九、二十歲左右，我寫了不少篇小說，另外一開始也有寫詩，不過我詩寫得不好，我沒有那種寫詩的情感。我覺得我的小說寫得不錯，文字還滿緊的，不會虛；雖然故事是很爛，而且對整個社會、人生也不是很了解，可是我覺得我在「敘述」這件事情上面，還滿有一種調性，思緒是很投入的。所以我本來是想從事小說創作的。寫小說，一個人就可以寫，而且容許你寫到昏天暗地。雖然後來我沒有成為小說家，不過我導戲、寫劇本，也有部分歸功於寫小說的訓練。

但我很清楚，自己並不是天才型的小說創作者，寫小說成就不了自己。我看《現代文學》早期有很多在二十啷噹歲時，或者在臺大外文系念書的時候，就寫出很棒的小說的人，但我自知不是那種天才，所以後來沒有走寫小說這條路。但是，我對文字，有我的敏感度，雖然我並不是靠小說而存在，也不是靠劇場而存在，然而文字是我跟世界溝通的一種媒介、一種工具，一種路徑。

我到現在累積了有四十幾本筆記本，想到就寫一點，想到就寫一點，在那些寫的過程裡面，是有影響的啊，對事情的開展、拓展，一直在拓展自己，我喜歡我的思想一直在拓展，我的人格脈絡化就在講這個東西嘛。為什麼講脈絡化，因為我都沒有變過，我從認識了存在主義之後，到現在都沒有變過，也就是一種對自己的好奇，對理想的一種追尋，一種鑽研。

我本身就充滿創作的能量，這個「創作」不一定是一篇小說，不一定是一首詩，不一定是一齣戲。其實我滿喜歡這種從無到有的過程，從一個想法怎麼出現，然後怎麼弄，我很喜歡。

高中的時候，我亂看了很多小說。我很喜歡看瓊瑤的小說，瓊瑤小說好看，但不是每篇都好看，像《煙雨濛濛》、《窗外》[2]就不錯，還有羅曼．羅蘭（Romain Rolland）寫的《約翰．克利斯朵夫》（*Jean-Christophe*），在思考人的感情的問題，給我留下很大的衝擊。記得還看了厚厚的《卡拉馬助夫兄弟們》（*The Brothers Karamazov*），它談的是宗教的罪。宗教是一個很重的東西，最重的東西就是宗教，而不是感情，我反而覺得感情是最輕的，當你生命有這種重量感的時候，你會對於精神世界有所探討，而精神世界的探討，比較沒辦法用語言來說清楚，所以我用劇場、身體的方式來表現它。

也看了卡繆（Albert Camus）的《異鄉人》（*The Stranger*）。到現在，我的生命裡面，很重要的一個，對生命的思考，對我自己的思考，乃至於對人在這個時代裡面的那種思考，都是跟卡繆的《異鄉人》有關係。而且它在我不同的年紀階段，書中的場景，經常讓我有很多的思考，甚至我有機會演講時，都會提到它對我的影響。

問：什麼樣的思考？《異鄉人》對您的創作有什麼樣的影響？

答：男主人翁莫魯梭（Meursault），很多事情在他身邊發生，他所經歷的過程裡面，都不斷有身邊的人提出看法，有人說他錯啦，有人說他犯罪啦，說他什麼什麼，這些別人對他的一種價值的評定也好，判斷也好，對他來講都不是最重要的，對他來講他也沒有覺得是重要的，他走上了一條，孤獨也就罷了，它是絕對的孤獨的一條路吧；這個孤獨加上了絕對以後，就是悲劇，甚至它有個死亡的意象在，而這個死亡，卻又不是倒下去的死亡。

它基本上是一個寓言吧，可是這個寓言我覺得不是很傳奇的，不是很詭異的，不是很魔幻的，它就在你現實生活裡面的一種很恍惚的情境，我們常常是沒有注意，因為一般人遇到這種情境都會很害怕，馬上就想要讓自己清醒起來，去應付這個世界。甚至你可以看到莫魯梭很怕自己跟這個世界的關係變得清楚，或者另一個角度看，害怕切斷這些關係。雖然許多人常講自己「很孤獨」，可是我覺得那並不是孤獨，而是叫做寂寞吧。

我常常回過頭去讀《異鄉人》，但並不是每次從頭到尾地讀，而是跳著看，看一句，想一句，也沒想過要再從頭到尾去讀它。

至於《異鄉人》對我的影響，可說是存在主義對我的影響。因為我經歷過戒嚴時期，這個東西很拉扯，非常的拉扯，自己跟整個國家、民族的關係，其實是，對我來講是很不清楚的，我不覺得我是完全屬於國家的，可是又不曉得「個人」這個東西是什麼？「個人」絕對不是像現在在新自由主義底下的那種「個人」，也就是把個人當做一個商品在消費，而是哲學層次的思考，所以《異鄉人》所代表的存在主義，對我有很大的影響。

問：在那個戒嚴的年代，您曾在軍中服役長達十年，同時卻又在黨外雜誌寫文章。這對您日後的創作，有什麼影響？

答：我在軍中時，除了為《夏潮》雜誌等黨外雜誌寫稿，認識蘇慶黎[3]等人，一九七八年還曾因參與陳鼓應、陳婉真競選活動，被軍方盯上。我在軍中，跟我參加黨外活動，這兩種思想是同時並存的。

在軍中，我發現軍中的虛偽，對國家的虛構性；同時參與黨外，指出了對國家的一個批判性，對中華民國、對國民黨的批判，反射出一個真實的狀態，這對我來說滿重要的，因批判而發現真實這件事情是很重要的。而且當時很少有人敢批判國家和國民黨，批判就會帶來危險啊，對不對？不過後來，我發現黨外運動在後期轉變成政黨運動的時候，它裡面的意識型態也開始被虛構化，可是在前期的時候，我相信批判帶來的對真實的尋找，對真實的認識。雖然現在回過頭看，其實那樣的認識是很粗淺的。

問：到日本攻讀劇場，吸收了哪些養分？

答：退役後，想到日本留學，日文不好，卻變成了遊學，待了兩年，對我影響很大，是一個在思想上非常啟蒙我的階段。那是一九八〇年代初，我到日本以後，重新認識到全世界一九六〇年代風起雲湧的批判風潮，我深刻地認識到，我所尋找的那種真實，已經不是一種口頭的話語批判而已，而是一種論述的（discourse），而且比較是知識性的批判。

比方說，為什麼會有共產運動？為什麼會有法國六八學生運動？它是對當時的政治、社會種種，提出批判。包括中國大陸的紅衛兵運動，對整個國家的官僚機構提出批判；包括日本的小劇場運動、前衛藝術的運動，也是對日本戰後那種國家保守主義的批判；包括更了解美國一九六〇年代的搖滾樂或是普普藝術，那樣的一個在迷幻藥作用下產生的嬉皮運動，也是對中產階級的那種封建保守的批判。所以我覺得批判是非常重要的，這一點我也受到很大的影響。

另外，這些也讓我重新看待一九六〇年代的歷史，一切混合起來，其實就是文化運動，原來文化是可以成為一個運動的，與之前我在臺灣經歷到的都是政黨議題，有很大的不同與衝擊。

之所以到日本，跟我初中三年級前住過嘉義、臺南的生活經驗有關係。我們那個年代很多日本電影啊，我們小孩子看電影都是跟大人去，厝邊隔壁，阿公阿嬤，跟他們去看，我看了很多日本電影，印象中有《愛染桂》（あいぜんかつら）啊，《請問芳名》（君の名は）啊，還有看很多小林旭的電影。

就創作的角度，日本帶給我的收穫，主要是任何思想都有脈絡的建立，以及對本體的重視。日本人非常重視脈絡，脈絡就是歷史；而本體是比較屬於哲學層面的，不是現在年輕人講的個人主義。我為什麼會講「身體論」，也是跟這個有關係，因為日本人很喜歡講「身體」[4]。

不過，我青少年時期相當叛逆，屢遭退學，初中和高中一共讀了十個學校，到了日本，還是沒辦法念，在學校念不下去就自己到處混，像在圖書館就可以待個好幾天，日比谷圖書館、日本文化交流基金會圖書館，都是我常去的，看了很多材料，也影印了很多。另一方面，也是因為我的日語能力沒那麼強，本來想說一邊上課，一邊把日語練好，後來我覺得，去上課還不如去看電影，因為三天兩頭看電影，其實日文慢慢就進步了。

在日本的兩年多，我非常非常用功，但不是在學校裡面用功，而是在我的社會大學非常用功。我看了好多電影，印象最深的是前衛劇場導演寺山修司的作品。我也去看日本的小劇場，看到舞踏[5]。這些我都有做筆記，厚厚的一本筆記。後來回到臺灣以後，我也在《電影欣賞》雜誌寫了一系列日本電影的介紹，當時我知道有影響臺灣很多人去找錄影帶看這些電影。

在日本遊學期間讀過的文章、看過的電影，甚至刻意去現場觀察的「反成田機場徵收抗爭」[6]，對我所產生的衝擊和思考，後來我寫成《後昭和日本像》這本書。當時有一位在中廣公司海外部任職的日本人本田善彥，很驚訝臺灣有人寫過日本的這些事情，因為這些事情連日本人都很少在談。那當然臺灣更少人關注啦，這本書賣了二十幾年還賣不到一千本。我對日本的感情是非常錯綜複雜，全世界的國家我最喜歡的是日本，可是，我又非常不喜歡它，因為我也看到日本國家的問題，也就是沒有原則只有利益的那一面。

問：從日本回臺以後，您進入陳映真創辦的《人間》雜誌當文字記者，任職的兩年期間，您同時也參與了劇場作品的製作與策劃，自此踏入劇場的領域。為什麼會有這樣的轉折？

答：一九八五年，我剛進《人間》雜誌，三月時，日本白虎社來臺演出舞踏，我服役前就讀國防部政戰學校影劇系的學長、當時在搞蘭陵劇場的卓明引薦我，於是新象[7]就找我擔任翻譯與推廣活動。當年白虎社以接近詭譎的氣氛演出，非常前衛，引起很大的爭議。我也因此認識很多年輕人，像是陳界仁、高重黎、林鉅啊，他們都是搞前衛藝術的，大家常常在一起聊天。有一年夏天的時候，我們有幾個人，包含了陳界仁，周末晚上多在臺電公司的廣場那裡聊天，聊了以後，就跑去看帕索里尼（Pier Paolo Pasolini）的電影錄影帶，大家常常討論到半夜。後來林鉅開了一家酒館叫做「攤」，我常去，又認識了一些把藝術、政治都混在一起的朋友，就這樣子，我的一九八〇年代是一個非常、非常開放，大家在思想上撞來撞去的，相互激盪的年代。

我剛回臺時，就已經看到《河左岸》等劇團有比較前衛的想法，然後白虎社一來，那整個一九八〇年代的小劇場運動突然有了一個很大的超越，是從四面八方匯集而來的一個東西，我大概是這樣就捲到小劇場的領域來。剛才也講到，我從日本帶回來的一個東西叫身體論嘛，日本談得最多就是身體，影響我很大，而劇場裡面最重要是通過身體的表現，而產生身體文化的現象，相較之下，我原本喜歡的電影，也就變得比較沒什麼，所以我比較喜歡劇場，也是因為這樣。

我並不是喜歡白虎社，而是喜歡舞踏，而且我有一套論述在講舞踏，可是到了臺灣的左派手上，這些東西都被歸納成夢魘什麼的，他們覺得不夠社會寫實。當時他們覺得我怪怪的，可是我也不以為忤，我自己也就是在這樣不是很確定的狀態下，作了一些各種戲劇型態探索的戲，像是參與石飛仁真實劇場來臺演出報告劇《怒吼吧！花崗》製作、策劃了劇場作品《海盜版．我的鄉愁我的歌》、導演了報告劇《臺灣民眾黨六十周年歷史證言》，以及自己拿錢出來策劃劇場作品《拾月》等等[8]。

其中《拾月》的實驗性很強，那時候把三個劇團放在一起演，這種形式到現在我還很喜歡玩，那時候我們還討論半天，三個劇團一起參加要怎麼演，是一個演完，一個再演？還是三個放在一起演？就那時候在討論這些東西啊，後來在我的《都市劇場與身體》這本書裡有講到，《拾月》這齣作品，在時間、空間，和身體，這幾方面的實驗性很強。

好比說，《拾月》是在一個廢棄的空間演出，也就是在一個公共的空間，而且還是在戒嚴氣氛下的一個戶外空間所做的演出，同時這個演出基本上它完全沒有燈光、什麼都沒有的情況，就完全是身體嘛，身體的表現。其實不一定要做舞踏那些奇形怪狀的身體動作，就讓身體在那個空曠的廢墟裡面，比如空曠的造船廠廢墟、空曠的飛碟屋廢墟、或是空曠的海邊，身體的力量就會出來啊。這是跟我一直在思考身體的表演動力有關係的，可是那時候也沒有辦法講得那麼地清楚。

回過頭來講，在這些過程中，我等於是碰觸了這個東西，又碰觸了那個東西，有些東西會反彈，比如被左翼青年的圈子批評我不夠進步啦、批評我的戲都是藝術家意淫啊，等等，而我自己也是被這些反彈的力道撞得頭昏眼花的。後來，我決定要走前衛藝術的路線，回頭從當代藝術史的脈絡裡吸納養分，想要突破左派教條寫實主義的局限，比較自由地開展創造力與想像力，於是就逐漸離開了原本的左翼圈子，一九九一年自己出來成立了身體氣象館，反而跟陳界仁比較靠近，思想也變得比較自由一點。

問：一九八八年二月，您與劇場工作者周逸昌共同策劃製作了臺灣第一個行動劇《驅逐蘭嶼的惡靈》。您本身並不是原住民，您是站在什麼位置去發聲？

答：很多人不是原住民，卻參與了原住民的解放運動；很多人不是女性，卻參與了女性運動；很多不是同性戀，卻參與了同性戀的解放運動，或者我不是工人，卻也參與了工人運動。所以，這裡談的不是原住民不原住民，而是一個階級的認同。這個階級有可能是一個被壓抑的階級，一個沒有解放的階級，或者是一個被歧視的階級、被排除的階級，就是從工人也好，女性也好，原住民也好，或者是同性戀也好，我們看到的是整體的社會是有一套排除結構的。

到最後，這個排除結構就要求大家都做出一個它規範好的、便於管理的一種中產階級模式出來的人嘛——一樣的想法，各方面條件差不多的人。而此時媒體宣傳、廣告，就擔任了很重要的馴化的工具，甚至電影也好，戲劇也好，都參與了這樣一個馴化的生產的過程、馴化人性的生產過程。那我是一直在抵抗這個東西，也就是面對這個排除結構化的社會管理，做了一種反抗。

在一九八〇年代，反的東西都是很單純的烏托邦的想法，就是正義跟不正義，善良跟罪惡的對比，都是二元的。當時所謂的「惡靈」就是核廢料，反核比較有個議題性，這當然是跟我那時候在《人間》雜誌的工作有關係，因為它是比較走到社會的底層，大家不是為了賺錢才在裡面做，而是具有一種理想性格。受它的影響，就發展出來了這個作品，那時候正好是關曉榮在蘭嶼有拍一系列的《蘭嶼報告》報導，我就想做這個議題，可是形式什麼都不知道，就且戰且走吧，後來就用了行動劇。那時候我還找藝術家王俊傑畫了臺灣第一張反核海報。

當時是一個提醒，雅美族（達悟族）怎麼怎麼去面對當代的問題？比如說觀光、核廢料；比如說，包括科技、網路、電腦、電視進入生活的問題等等。原住民的面對跟我們漢人的面對不一樣，因為我們的自然已經變成一個宗教了，我們現在都通過一個「偶像」對自然去關心，比如通過土地公來對稻田表達關心、通過媽祖來對海洋有個想像，我們可說是已經沒有自然這個東西；可是原住民是有的，比方說阿美族的歌舞與海浪是有關係的等等。

這些事情，也是我在思考，什麼叫做原住民？以語言為例，我後來在一九九〇年代做了一齣戲《Tsou．伊底帕斯》，用鄒族的母語演希臘悲劇，讓原住民的語言直接跟外來的經典的文化對話，其中也蘊含著對原住民語言發展性的思考。像國語雖然南腔北調的，但它有很強的發展性，有詞彙來表達外星人、太空、電腦科技等現代的生活，臺語的詞彙現在也慢慢在擴張和成長，反觀原住民的語言，我認為也是要有發展性的。

後來我又找阿道、瓦旦來做行為藝術[9]，也是基於同樣的嘗試，為原住民的身體語言開拓發展性，而不是只是作為一種觀光表演的被觀賞對象。

問：前面提到您在一九九一年成立「身體氣象館」，卻在二〇〇三年正式關閉（二〇〇〇年曾宣布關閉），並且在同年成立「植民社」。為什麼？另外，作戲以來，您沒有成立過自己的劇團，那麼，身體氣象館和植民社的性質，是什麼呢？

答：身體氣象館是我和朋友共同成立的工作室，主要是策劃活動、策劃製作，它不是劇場，也不是劇團，這就是很特殊的地方。像《拾月》我是策劃製作，我自己拿錢出來做，

《海盜版．我的鄉愁我的歌》也是我策劃製作，《Tsou．伊底帕斯》我的角色是策劃製作之外，還有編劇。像新象也是在做一樣的事情，藝術活動的策劃、製作及推展，但是，它是大公司，而我是小工作室。而且，我不亂作戲的，通常每辦一個活動或作一齣戲，也多會引起一些話題，讓大家討論，像一九九三年《骨迷宮》的全裸演出，在當時引起禁演的爭議，就是臺灣第一個衝撞裸體演出的作品，現在裸體演出在法律上仍被視為「妨害風化」。

如果要談我的劇場作品，我認為從二〇〇〇年的《黑洞》開始，才是我嚴格意義上的真正劇場創作作品。

《黑洞》是九二一大地震發生之後，我到災區裡面待了一段時間，因而創作出的作品。當時到臺中石崗參與朋友舒詩偉創辦的《921 民報》，擔任災區報導工作，感覺到整個社會帶著一種傷痛，是很無以名狀的，這裡面包括藉災區重建之名，而行官商勾結之實等種種現象。在災區，除了可以看到人的那種求生存的能力，是很強的、很堅韌的以外，還看到人為了要生存，發生很多人性的黑暗面，這種生存變成了一種慾望的黑暗面，我就開始對人的獨立存在，產生了一個問號，開始走到一種比較黑暗的層面，所以就開始創作《黑洞》。因為我感覺到一種強烈的斷裂，人跟歷史的斷裂，《黑洞》講的就是記憶斷裂的意象。人彷彿變成一種物件，非人的那種，飄飄忽忽的，就覺得一直在一種曖昧的狀態，虛無的狀態。同時，我感到歷史走到當時，碰到很多困境，做完《黑洞》之後，第二年我又

《黑洞3 II》排戲。2011年，於澳門牛房倉庫。

做了《黑洞2》[10]，然後慢慢地，我想要有一個新的面對，身體氣象館就結束了，同時我成立一個植民社（二〇〇三年）。

這個木字邊的「植」，是日本化的中文，意思是「殖民」的殖，這兩個字是通用的。我用日本的漢字「植民」，是表示我跟日本的關係，因為我的精神世界不是中國大陸延安那個脈絡下來的，而是臺灣日據時代左翼的脈絡，雖然我並沒有生活在那個年代。植民社的標誌是黑旗，就是「安那其」無政府主義的象徵，就是對於國家機器再一次的否定，這國家機器裡面包含了六四天安門事件帶給我的一種shock，雖然我還不明確知道植民社要做什麼，之後也沒有用「植民社」做過什麼事，但事實上，我認為是對自己的一種交待，對自己說明了我那時候的一個狀態，就是說，身體是被國家殖民的。

所以二〇〇四年我才會創作《軍史館殺人事件》，對國家提出批判，對國家歷史記憶提出批判，對於通過記憶裝置包括像博物館等等生產國家歷史這種事情，對它的批判，那個批判很強，跟我關掉身體氣象館而成立植民社是有關係的。再下來創作的《雙姝怨》，我就不是思考人與國家、人與社會的問題，而是回到人的問題。

問：接下來您有一些創作是改編自西方的作品，包括《雙姝怨》（二〇〇七年）、《荒原》（二〇一〇年）、《長夜漫漫路迢迢》（二〇一三年），以及《哈姆雷特機器詮釋學》（二〇一五年）等等，為什麼？

答：我的劇作《雙姝怨》，改編自一九三〇年代美國劇作家莉莉安．海曼（Lillian Hellman）一齣引發爭議的戲的劇本，還有憑著我以前看過、以它改編拍成的電影的印象，裡面有我最欣賞的女演員奧黛麗．赫本（Audrey Kathleen Hepburn-Ruston）；《荒原》（*The Waste Land*）則是從美國詩人T.S. 艾略特（Thomas Stearns Eliot）的詩發想而來；《長夜漫漫路迢迢》是以諾貝爾文學獎得主尤金．奧尼爾（Eugene O'Neill）的自傳《長夜漫漫路迢迢》[11]為本。

為什麼改編西方的作品？因為它們是完整的啊！我覺得我自己不夠完整。我寫小說，我自信我可以寫得完整，但是劇本我沒有那麼強大的自信，因為舞臺劇不是那麼簡單的。雖然

自傳性劇作《荒原》劇照。2010年於國家戲劇院實驗劇場演出。

取材自西方的題材，但是我演的並不是西方的故事，而是藉由它們作為一個觸媒，延展我對於當下我的存在的思考。《雙姝怨》是講人被誤會的狀態，還有人的正直：在被壓迫的狀態下，正直到底要不要彎下來？《荒原》則是我的自傳，從我的政治的信仰，包括六四天安門事件對我的影響等等，可以從中看到我的種種重新再思考；《長夜漫漫路迢迢》是澳門藝術節願意出錢委託我做的一個戲，主要講人的問題，而不是講人跟政治的關係。我把它的劇本改變成，有一家人，原本住的大宅院已經成為廢墟了，可是，這一家人變成幽靈之後，沒事還會回到這個家，還在繼續他們以前生活記憶裡面的爭執啦、不解啦。其實，他們每個

《雙姝怨》劇照。2007年於國家戲劇院實驗劇場演出。

人都愛對方，可是，他們都沒有愛的能力，一點兒都沒有，就無法表達愛。

這其實也說明了我自己經歷過的情況，包括我的家庭、我的婚姻，包含了我看到了朋友的狀態，沒有愛的能力，很慘。我覺得這個戲，其實滿慘的。這也跟我後來成為基督徒，一直在叩問人跟神的關係，也有關係。人如果沒有愛的能力的話，基本上是活不下去的。不過在作戲的過程中，我早就修復了、療癒了自己，我到現在跟我的家人，還是會有爭執啊，可是，我慢慢可以恢復過來，不會讓這種爭執再演變成一種對立。

至於《哈姆雷特機器詮釋學》是以德國劇作家海納・穆勒（Heiner Müller）的劇作《哈姆雷特機器》（Die

Hamletmachine）為精神軸線，跟《脫北者》（二〇一七年）這兩個作品，幾乎都是一種實驗之作吧。我從十幾年練習氣功的經驗裡面，反映到劇場的表演上面，找到一個方法，叫「止息」。通常我們在劇場裡面都教吐納，可是在吐跟納之間有一個叫止息，非常重要，而這個止息很少人在講，也就是在講話時是止息的，如果呼吸時仍然講出話來，那個聲音是很難聽的，像非人的聲音，而這就是我要的。我在《脫北者》實驗這個非人的聲音，那很難，非常難，所以，我大概以後的作品都會再試試看，我以後的路線大概就走非人路線吧！非人指的就是馬克思說的「異化」，人被異化成非人。

問：您剛提到《雙姝怨》的靈感，有部分來自您所看過的電影，是否還有其它電影、小說，或文學作品，對您的創作有影響？

答：我在日本遊學的時候，讀到魯迅的《吶喊》，它那很強的批判性，我很喜歡，而且它很意象，很身體感，身體的那種，在一種精神世界裡面的飄蕩。我也喜歡每一個文字敘述後面有東西的小說，像我一直覺得王文興的《家變》是經典，寫兩個男人親密的困境，父子關係根本就是伊底帕斯情結，如果你看不到這兩個男人是生死與共，就讀不到兩者之間的拉扯：誰是支配者，誰是支配的對象？

而我在希臘導演安哲羅普洛斯（Theo Angelopoulos）的電影中，看到「安靜」。很多東西在安靜裡被發生。語言很少。他滿厲害，讓我覺得沉默是一種很強大的語言。安哲羅普洛斯的電影，只能用畫面來交待，他所有的力量在畫面裡面。有個老人，一路這樣子走，後來他上了一部公車，公車很沉默地開著，上來一些年輕人，這些年輕人剛剛參加完示威運動，他們手上拿著紅旗，卻一個個在公車上打瞌睡，讓人感覺那是一個沒有理想化的運動，一個沒有動能的左翼運動；它裡面蘊含著好強的力量，他的電影裡好多這種東西啊。我看帕索里尼的電影，也得到一個啟示：世界被他用異象化的手法表現以後，其實比真實的世界更真實，可是，卻又更擁擠、更艱澀。

問：《脫北者》與《再見！母親》（二〇一一年）和《安蒂岡妮》（二〇一三年），都是與韓國SHIIM劇團合作的作品，最初是怎麼開始合作的？

答：SHIIM劇團中的一位韓國演員，在臺灣看到我的一些資料，就來找我，我給他看了一些我的作品錄影，大部分是行為藝術，他看了以後，就找我做《再見母親》，講工人的主題。那因為合作的感覺和成果都不錯，接下來我們又發展了《安蒂岡妮》這個作品，我就把整個亞洲的「戒嚴」，包括中國大陸的六四天安門事件戒嚴、韓國的光州事件戒嚴，還有臺灣的二二八戒嚴，整個的在《安蒂岡妮》做了一個呈現。

問：一九九〇年您曾說過「臺灣的小劇場已死」[12]，為什麼？雖然您說過這樣的話，但您仍然在小劇場領域裡耕耘。您是用什麼樣的方式，來實踐心目中小劇場的精神呢？

答：開始的時候，我認為小劇場就是激進（radical，或譯「基進」）的嘛，是批判的、反社

《脫北者》排戲。2017年於韓國釜山SHIIM劇場。

會的、反體制的、反美學的，慢慢地後來就發展到了行動劇場。之後就把這些歸納成一種反抗的劇場，所以無論是我策劃或是我自己的劇場作品，一直都有它的反抗性存在，主要是意識型態上的反抗和美學上的反抗。

一九七〇年代的黨外運動，以及一九八〇年代的解嚴前後的社會改造、社會運動，都是我當時一開始作戲、辦活動的主要脈絡，可是說是反體制；然後到了一九九〇年代之後，整個社會處在一種慢慢的拉扯的狀態，也就是體制成立一些文化單位，慢慢開始收編社會上的反體制；然後一直到了九二一大地震發生的那個時期，整個社會處在一

種很富裕的狀態，進入一個很消費化、很資本主義化的情境裡，所以我才會說出「小劇場死了」的預言，之後一直到現在，臺灣的小劇場越來越保守，它不保守不行，因為現在整個小劇場的生產關係是，幾乎都要靠政府補助，在某種程度上，要合乎這個政治正確，如果你要走不一樣的路，就拿不到補助，沒有補助，怎麼作戲？現在的情況，就印證了我當時的預言。

那我是很自由的，我所要的是一種自由，不斷在超越那種阻攔我自由思考的東西，我不斷地去穿透，那是一種思考的自由。所以我去接受《聖經》也是一種挑戰，看我能不能夠穿透《聖經》，看到更具深意的是什麼。不過，《聖經》不是那麼容易就能夠滲透到第一層、第二層、第三層、第四層去的，所以幾百年來解釋《聖經》的人不斷。

你問我的收入怎麼辦，我妹妹有幫我一些忙，每個月給我一點錢，她知道她等於是在培養或救濟一個藝術家。至於作戲，我從來都是以個人身分，跟別人的劇團合作，這樣對我的創作比較單純，拿到或拿不到錢都有，然而，並不是說錢麻煩不麻煩的問題，錢可以解決很多問題啊，但我的問題不是用錢可以解決的。

那我的問題是什麼？還是「存在感」，每每叩問自己的存在時，就是我在面對自己存在的時候，這種存在是我從自己的身體動能，從我思想形成的觀念裡面，投射出來，而這種投射，它不是來自於一種沒有思考過程的，不是沒有脈絡化的過程，我的存在主義是我的一種，在人格脈絡化的運作之下，所形成的我的存在主義。我的人格脈絡化就是，反抗就形成一種我的人格脈絡，就是為了追尋自由。也就是說，人碰到問題，想找解決問題的方法，就要找出一種自由的想像力，一種跟這個世界自由開放的對話。

問：如果年輕的創作者，要跟您學點東西，您覺得您有什麼東西可以給他們？

答：倫理！倫理也是自己跟他者的關係，比如在戲裡，你作為一個演員，你跟角色的關係是什麼？是一種消費的關係嗎？還是一種用自己生命的觀照？對我來說，最起碼要做到對你扮演的角色的尊重。

問：談談未來的創作計畫？

答：我有計畫寫小說，一直想寫外省人、寫老兵在臺灣的相關題材。這麼多年來，我做劇場，做過很多題材，可是老兵的事情，一直在我的心裡面攪動。記得我二十啷噹歲在軍隊時，就遇到要幫老兵收屍的事情。那老兵是我部隊連上的老班長，他每天早上一起床就喝米酒，喝到死了，我幫他收屍。當年，我們對老兵的時代背景，都不太了解，後來我在《人間》雜誌做記者時，曾寫過一篇關於老兵的報導，通過採訪的老兵，才了解到他們一生被冷戰歷史撥弄的生命悲劇。

我在臺灣出生，籍貫是外省人，但我對自己父母的家鄉：山東，沒有什麼特別的感情和興趣，我反而對臺灣很有興趣，特別是日據時代的臺灣，我前面講過，我反抗的精神脈絡是從日據時代的左翼，到國民黨戒嚴下的白色恐怖。我特地去了福建的漳州、泉州，了解閩南文化，也參加臺語正音班，老師還稱讚我的發音很標準。現在政府和社會一直講統獨的問題，而且二分法，不是統，就是獨，一直要逼人到一個角落，沒有中間討論、迴旋的空間，使得社會上存在著一種無形的壓迫和窒息感。

七十年來，歷史在我身上積累了很多東西，積累到一個程度以後，我不想被拖累，一直想清掉一些東西。過去出版的書，我都不要再版，也沒動力出新的書。我寫過的文章現在回頭看，很多都不成熟，也都無法代表現在的我，所以我想要慢慢清掉生命的沉重，重新再來。

誰曉得呢，人都是有很多階段的。如果前一個階段想過的東西，到了今天走不下去了，就該放棄，沒什麼好留戀的。七十歲了，或許我的下一個階段，不是在劇場，而是用小說，或是影像來呈現我的思想。

編註

1 王墨林，〈樹下〉，二〇一八年三月，澳門《劇場．閱讀》雜誌復刊號，頁五十二—五十四。

2 瓊瑤，《窗外》，一九六三；《煙雨濛濛》，一九六四，臺北：皇冠文化。

3 採訪者註：蘇慶黎，臺灣共產黨重要領袖蘇新之女，臺灣黨外運動與社會運動參與者。

4 採訪者註：王墨林所講的「身體論」，是站在激進的立場，以身體作為方法來開發前衛劇場的形式。

5 舞踏（ぶとう），前衛表演藝術的一種，其產生背景與第二次世界大戰日本戰敗後的社會文化氛圍緊密相關。一般認為，舞踏始於一九五九年，日本舞蹈家土方巽發表的舞蹈作品——改編自三島由紀夫同名小說的《禁色》。舞踏在表現形式上，反映日本人身體的特殊性；精神上，則企圖對西方文化霸權、理性中心主義、以及個人主義提出批判。（參考整理自：林于竝，〈舞踏在臺灣的可能性〉，《眾聲喧譁之後：台灣現代戲劇論集》，二〇〇八，臺北：書林；蘇子中，〈亞陶與土方巽：從「造反有理」到「邁向神聖劇場」〉，二〇一五，《戲劇研究》第十六期，頁八三—一三二。）

6 採訪者註：反成田機場徵收抗爭，一九六〇年代發生，抗爭事件一直延續到一九七〇年代。

7 新象，臺灣知名的表演藝術節目與活動策劃公司，成立於一九七八年。（參考自：新象官方網站，網址：http://goo.gl/DkSSaF。）

8 採訪者註：此段相關作品皆發表於一九八七年。

9 採訪者註：阿道．巴辣夫．冉而山（Adaw Palaf Langasan）、瓦旦．塢瑪（Watan Uma），均為表演創作者。二〇一二年，王墨林與姚立群、立方計劃空間合作，推出「重見／建社會」主題策劃展，瓦旦．塢瑪是演出者之一；二〇一六年，王墨林發起「返身南島—國際行為藝術節」，二〇一七年的第二屆，阿道．巴辣夫．冉而山為參與藝術家之一。

10 採訪者註：王墨林於二〇一一年繼續發表系列作品《黑洞3》。

11 《長夜漫漫路迢迢》(*Long Day's Journey into Night*)，寫於一九三九年。一九五六年，作者死後才首次上演。

12 採訪者註：據王墨林回憶，這是當時他接受某香港媒體採訪時說的。

＊ 書籍封面提供：王墨林。《台灣身體論》書籍封面攝影：許斌，設計：阿發。

年份	事記
1993	任《中時晚報》電影獎評審委員。任新聞局第十六屆金穗獎評審委員。
1991	成立前衛藝術團體「身體氣象館」（Body Phase Studio）。
1990	接受香港媒體採訪時，提出「臺灣小劇場已死」的看法。
1985｜1987	任《人間》雜誌文字記者。其中，1986年任由新象引介來臺的日本舞踏「白虎社」翻譯與推廣。
1982｜1984	赴日本東京自學兩年。任《今日電影》雜誌主編（1982年）。
1972｜1981	於軍中服役10年。同時為《夏潮》雜誌等黨外雜誌寫稿，認識蘇慶黎等人，1978年因參與陳鼓應、陳婉真競選活動被軍方盯上。1981年退伍，並開始在《聯合報》撰寫〈電影廣場〉專欄。
1967｜1971	就讀國防部政治作戰學校影劇系。
1966	高三在《晨光》、《現代》雜誌寫影評與短片腳本，也在《文壇》雜誌投稿小說。
1947	11月25日出生於臺南市

2018
重拾小說創作之筆，首篇復出之作為〈樹下〉。

2012
應立方計劃空間邀請，與姚立群共同策劃「重見／建社會」系列展覽第八檔。

2007
卸任身體氣象館館長，由姚立群接任。
策劃電影資料館專題活動：「當代藝術與電影：蔡明亮VS. 陳界仁」。

2006
好友攝影師許斌籌辦《浮生墨劇─王墨林影像展》，義賣作品以籌醫藥費。

2005
受臺北市文化局委託經營管理牯嶺街小劇場，因此重新以身體氣象館名義，接手管理牯嶺街小劇場。參與上海「草台班」作品：《三十八度線》，任演員及集體創作，於上海、臺北、光州演出。同年10月，被診斷出罹患癌症。

2003
成立「植民社」，自許當下行動即為表演，擴大發現戲劇與現實的關係。任新聞局國片輔導金評審委員。

2002
策劃國家電影資料庫電影專題：「電影中六〇年代的革命情調」。任臺灣記錄片雙年展評審委員。任上海駐市小說家趙川編導作品：《廁所的臉》策劃及製作人。

2000
參與舒詩偉《921民報》，擔任災區報導記者約半年。同年宣布關閉身體氣象館，2003年正式關閉。

1995
任新聞局第十八屆金穗獎評審委員。

1990
專書：《都市劇場與身體》，臺北：稻鄉出版。參與臺灣民眾文化工作室，策劃報告劇：《射日的子孫——霧社事件報告劇》。

1989
策劃劇場作品：《割功送德——臺灣三百年史》。執導臺灣第一齣報告劇作品：《幌馬車之歌》。

1988
發表電影專論：〈日本新潮電影〉，連載於《電影欣賞》雜誌。策劃、製作臺灣第一個行動劇：《驅逐蘭嶼的惡靈》。

1987
發表電影專論：〈日本戰後電影史〉，連載於《電影欣賞》雜誌，演出、策劃劇場作品：《海盜版，我的鄉愁我的歌》，於臺北新象小劇場。於民眾黨六十周年紀念會上導演、演出報告劇：《臺灣民眾黨六十周年歷史證言》。與河左岸劇團、環墟劇場、筆記劇場合作劇場作品：《拾月》。

1986
參與石飛仁真實劇場來臺演出報告劇：《怒吼吧！花崗》製作。

1981
影劇專論集：《中國的電影與戲劇》，臺北：聯亞出版。

1979
發表電影論文：〈中國電影意識發展史〉，《夏潮》雜誌。

1978
影評集：《導演與作品》，臺北：聯亞出版。

1991

文集：
《後昭和的日本像》，
臺北：稻禾出版。

1993

策劃、製作：「身體劇場表演祭」，
其中，《骨迷宮》裸體演出引起爭議。

1994

發表專論：〈臺灣記錄片中的身份認同〉，
日本山形記錄片展機關誌。獲邀任第一屆
布魯塞爾國際藝術節駐節藝術家、倫敦ICA
藝術中心邀請訪問藝術家；獲邀主持香港
國際藝術節舞蹈評論工作坊。

1996

與卓明共同主持由屏東縣立文化中心主辦之
「教師戲劇人才培訓營隊」表演課程，並共同
執導學員結業作品：《我的身體我的歌》。

1997｜1998

策劃製作、編劇：大型原住民希臘悲劇
《Tsou · 伊底帕斯》，1997年於北京演出，
1998年於臺北國家戲劇院演出。

2000

編導劇作：《黑洞》於臨界點小劇場演出，
紀念九二一大地震一周年，後來陸續發展
《黑洞》系列作品共四齣。

2001

演出、編導盲人前衛劇作：《黑洞 2》，同年獲邀赴日於
Asia Meets Asia Theatre Festival 2001演出，並於香港和臺北巡迴公演。

受韓國 Shiim 劇團邀請，執導工人全泰壹自焚故事：《再見！母親》，於韓國釜山民主公園小劇場首演。 於「新點子劇展」演出自傳性的作品：《荒原》，於國家戲劇院實驗劇場演出。

導演：《新點子劇展－雙姝怨》，於國家戲劇院實驗劇場演出。於臺北國際行為藝術節演出行為藝術：《身體 2015》。

為 2004 新點子劇展編導劇作：《軍史館殺人事件》，於國家戲劇院實驗劇場演出。於華山戲塔發表行為藝術作品：《我的唾液證明我的存在》。

受法國在臺協會委託製作、編導大型敘述劇：《雨果》。

2010 | 2009 | 2007 | 2005 | 2004 | 2003 | 2002

編導盲人獨角戲劇作：《黑洞之外》，並於香港、臺北、北京巡迴公演。同年，偕三位盲人演員、大橋宏（日本「DA・M劇團」）、湯時康（香港「撞劇團」），於東京共同執導由三地演員聯演之《Unbearable Dreams 2》即興劇場，並於東京首演之後，參加臺北市文化局主辦之「亞太小劇場藝術節」。

與上海編劇家趙川合作，執導由香港亞洲匯藝特別監製、並由香港明眼人、盲人、智能障礙等演員演出之劇作：《黑洞3》，於香港藝術中心麥高利小劇場首演。後於臺北、北京、上海等地巡迴公演。

評論集：《台灣身體論：評論選輯1979-2009（第一卷）》，臺北：左耳文化。同年獲臺北西區扶輪社臺灣文化獎（藝術評論類）。

與臺灣「窮劇場」、釜山「SHIIM劇團」合作，編導劇作：《脫北者》，於韓國釜山SHIIM劇場完成第一階段公演，並預計在2018年6月，於韓國首爾演出。

於臺灣國際藝術節發表劇作：《長夜漫漫路迢迢》，並於國家戲劇院演出。為紀念舞踏大師土方巽，於臺北演出：《傅柯是一隻雞》。

導演劇作：《天倫夢覺：無言劇》，於牯嶺街小劇場演出。

2018 2017 2015 | 2016 2014 2013 2012 2011

編導劇作：《黑洞3》，於高雄衛武營首演。同年，新編版的《黑洞3》於牯嶺街小劇場、澳門牛房倉庫演出。編導劇作：《再見！母親》，於牯嶺街小劇場演出。

編導劇作：《長夜漫漫路迢迢》，於澳門藝術節演出。編導劇作：《安蒂岡妮》，於牯嶺街小劇場演出。

上海當代藝術博物館委託製作、執導劇作：《哈姆雷特機器詮釋學》，於上海當代藝術博物館首演；2016年該劇參加韓國大邱藝術節、並協同黑名單工作室與馬來西亞藝術家區秀詒，參與2016年臺北雙年展，於臺北市立美術館演出兩個場次。

3月，發表小說創作：〈樹下〉，《劇場．閱讀》雜誌復刊號。

專訪胡台麗

採訪、整理、撰文／陳安弦　照片提供／胡台麗

前言

一開頭，是數十位歌者在黑濃的夜色中圍坐，僅有一盞光將眾人的身影打亮，其餘事物盡皆隱沒。接著歌聲開始，一位男性長者領唱一小節，隨後眾人和聲，歌聲沉鬱動人，循著固定的旋律高低往復，攝影鏡頭亦靜靜逡巡於每一張嚴肅戒慎的面孔。與此同時，字幕簡單地說明，矮人祭是賽夏族最盛大的祭典，族人會在祭典前兩個月練唱平時禁唱的矮人祭歌，而矮人祭歌結構完整，共分十五章，每章分節，全部唱完需四、五個小時。字幕結束，鏡頭又再度拉遠，回到眾人圍繞著光，端坐於黑暗中的景象。短短一分半鐘的影像，就讓觀者被吸入這古老祭儀的氛圍之中，讓人覺得，自己似要與這充滿無以名狀情感的歌聲一起度過漫長夜晚。

這是民族誌紀錄片導演、人類學者、現擔任中研院民族所所長的胡台麗，於一九九八年所拍攝的紀錄片，《矮人祭之歌》的開頭，也是吸引我爭取此次訪談機會的原因之一。必須承認的是，即使畢業於相關系所，此前我從未過真正喜愛、享受過觀看民族誌紀錄片，對我來說，那代表昏昏欲睡的課堂、有聽沒有懂的外語、無止盡的分析（當然，其中不包含任何感性、感受、與任何一丁點與創作相關的成分）、以及深深的懷疑——人類學的理論，即使透過文字也已如此複雜，影像能完整、客觀、嚴謹地呈現論述的內容嗎？同時，當時反思人類學已漸漸成為顯學，研究倫理的重要性無需贅言，而研究者與被研究者的權力不平等，則被視為永恆的難題，在更激烈的討論中，研究者的身分甚至宛如原罪（我們榨取被研究者的人生，藉此獲取提高社會地位的資本），在這樣的思維之下，我本能地要去質疑，一部民族誌紀錄片的產生過程中，手持鏡頭的一方，如何可能消解、甚而主動扭轉與被攝影者之間的權力關係？

這兩個疑問，直至我畢業離開學校都沒有解開，也幾乎將之遺忘。當我為了衡量自己是否有能力擔任胡台麗的訪談者，而觀賞《矮人祭之歌》時，它們倏地浮出，要帶著一部分的我，循著過去的思維，抽離而批判地審視眼前影像；但是同時，也有另一部分的我，全然地被吸引、沉浸在影像的感染力之中，並且覺得自己好像能夠直觀並感受性地理解影片所欲傳達的，賽夏文化的某種核心。那一刻，我當回了人類系學生，並且突然十分希望能夠見見胡台麗老師，當面向她請教，影像民族誌，究竟如何可能？

後來，我又陸續觀賞了胡台麗的大部分作品，從較早期、以拍攝祭儀為主的《神祖之靈歸來》、《矮人祭之歌》，以多元觀點呈現蘭嶼觀光客與攝影、反核能廢料場運動與醫療問題的《蘭嶼觀點》，記錄臺灣傳統農村現代化過程的《穿過婆家村》（這也是臺灣第一部在商業電影院放映的紀錄片）；到較晚近的三部重要作品：體現排灣族鼻笛與口笛音樂情感與美感的《愛戀排灣笛》，刻劃外省老兵生命經驗的《石頭夢》，以及直擊了阿美族太巴塱部落文化復振運動的《讓靈魂回家》，更感受到胡台麗作品的幾個特性：具情緒感染力的影像、對聲音與影像搭配的高度敏銳，尤為重要的是，對民族誌紀錄片作為「溝通與傳達人類學意涵的工具」的重視。

二〇〇三年，胡台麗籌辦「第二屆臺灣國際民族誌影展」時，邀請她十分喜愛的法國超現實主義民族誌電影導演尚．胡許（Jean Rough）的代表作參展，同時也促成《搞電影的歌俚謳：尚．胡許的民族誌》一書的翻譯與出版。該書的導讀由胡台麗撰寫，她以欣喜口吻寫道：「這本精采的《搞電影的歌俚謳：尚．胡許的民族誌》，帶領我們進入尚．胡許孕育、實現夢想的非洲田野。究竟，尚．胡許迷人影像之後有怎樣的生命體驗與民族誌積累？」[2] 我想借這段話，來引出接下來的訪談，也邀請讀者與我一起向這位以影像書寫民族誌的人類學者探問：在那迷人影像之後，有怎樣的生命體驗與民族誌積累？

訪談

問：能否請您談談童年與青春時期的生活經驗、閱讀經驗？

答：我父母一九四九年遷來臺灣，都一直租房子住。我在臺北出生後，就住在師大後面浦城街的一棟日式木造平房，客廳鋪榻榻米，屋底中空墊高，偶爾還會看到黃鼠狼出沒。那個日式房子的前廳有一個窗臺，我常常趴坐在那個小窗臺往外看，視線穿過前院的矮牆，可以看見對面做木匠的本省鄰居和一個外省教授家庭，以及流動的小攤販和乞丐。童年的那個環境裡面，有許多外省移民，但是本省的文化也會參雜在裡面，像是離我們家不遠的師大後側門防空洞一帶，每年都會搭野臺、演歌仔戲，有各種吃喝玩樂的小攤子，有點像廟會那樣，非常熱鬧。現在回想起來，我對周圍每一樣東西都還滿好奇的，都會去看。

我爸爸在抗日期間打過游擊，負責電報傳訊。抗戰勝利後退伍，考入上海中國航空公司。局勢緊迫時帶妻子搭公司飛機來臺，之後轉入「飛虎將軍」陳納德（Claire Lee Chennault）經營的民航空運公司（CAT）任職。我記得爸爸工作之餘常去天母美軍宿舍區那帶逛，會把美軍離臺前拋售的一些原版黑膠唱片買回家。他很喜歡聽音樂，特別喜歡古典音樂和歌劇。小時候家中一直放音樂，只要是大師創作的古典音樂，我大概都聽過。聽音樂的嗜好，我有受到父親影響。

我從小還喜歡看雜書，很早就戴眼鏡。小學、初中時，我常去家附近的小租書店租書，主要是在那邊看各類家裡面不見得會給我買的通俗小說，雜七雜八的，各種都看！像古龍、臥龍生、諸葛青雲、倪匡、金庸寫的一套套武俠小說，還有瓊瑤的言情小說、鹿橋的《未央歌》等文藝小說我都看。

初、高中之後會去公立圖書館借書，大部分是看舊俄時代的小說，特愛屠格涅夫（Ivan Sergeyevich Turgenev），還做了一大堆筆記。

問：您是臺大歷史系畢業，因何緣由對人類學產生興趣？

答：小時候我很隨意啦，像所有通俗的書都看。但是年紀越大，就越不想親近最流行、最時髦的東西，想走比較不一樣的路。初、高中以後，這種傾向越來越濃厚，眾人喜歡的東西，不知道為什麼我就是非常抗拒。

像我考上北一女，入學之後學校要分班，會先做性向和智力等等測驗，做完之後，學校就把我分到「公」班。那時候北一女有公、誠、勤、毅四個實驗班，所謂實驗班的意思，就是偏理科的、最好的四個班。別人一般都會覺得，好榮耀喔被分到實驗班，好像你的未來已經有保障了一樣。但是我進去實驗班後挺痛苦的，覺得和性向不合，所以第二年就毅然決然轉班，轉到文組。

考大學的時候也是。那時候外文系是最時髦的嘛，大家的第一志願都填外文系，好像可以走外貿路線，去外商公司。但我就是不想去念，感覺歷史比較有時間深度，第一志願選填了歷史系。但是進臺大歷史系以後，卻和想像的有落差。後來接觸到人類學，我就覺得人類學給我的刺激和啟迪比較大。那時候臺大歷史系和考古人類學系有一些共通的科目，像考古人類學導論，是歷史系的必修科目，文化人類學好像也是幾種選修之一，因此我也修了文化人類學。當時教我們文化人類學的是芮逸夫老師，他選了一本文化人類學的英文書當課本，那本書的篇章我念了非常有興趣，裡面都是文化變遷、文化模式等等比較大的概念，和歷史系比較瑣碎的史實敘述非常不一樣。

文化人類學會尋找屬於某個文化的特殊文化模式，再去問：為什麼這個文化會形塑這樣的模式？為什麼多數人往這個模式走？也告訴你，世界上有很多不同類型的文化模式，文化的發展有許多可能性。

文化模式的概念對我來說是很大的啟發。原先我就模模糊糊的感覺到，我自身所屬的社會裡面有一些壓力存在著，希望把我塑模成某種型態的人，而當我不喜歡的時候，就只是想要逃避和反抗。但是接觸到人類學的概念後，會覺得，耶，滿有意思的，會開始注意我們這個文化到底想要把我塑模成什麼？把當初不滿意的東西，反過來變成是現象的觀察和解釋，然後把眼界從自己的文化拉到別的文化。人類學也鼓勵我們去做田野，實際接觸不同的文化，所以那時我參加了臺大人類學系辦的暑期田野活動，去了臺東卑南鄉南王村——就是出了金曲歌王陳建年和紀曉君等等著名歌者的那個南王村，那是我最早接觸到的田野。

那次田野經驗讓我的視野豁然開展，也就是真正接觸到一個和自己所屬文化非常不一樣的文化。村人的行為模式，跟我所熟悉的行為模式完全不一樣。南王村是卑南族，一個從妻居的社會，那時我發現幾乎每戶的戶長都是妻子，門牌上寫著太太的名字，女孩子看起來也非常有活力，感覺沒有一套約束性的禮教概念壓在她們身上。接觸的村人又很會唱歌和舞動，講話非常幽默，顯現了很特殊的族群文化特質。他們也接觸、融合了一些日本文化，我覺得很有趣。在南王村裡的生活氛圍和體驗也很不一樣，可以聞到檳榔的香味，聽到牛鈴的聲音，看牛車走過還沒有鋪柏油的泥土路……。受到這些刺激，你開始會問：為什麼這個文化跟我自己的文化這麼不一樣呢？同樣在臺灣，這樣小的一個族群，為什麼有這麼不同的家庭結構、婚姻關係和婦女地位等等？原先在自己文化裡面覺得女性身分綁手綁腳，為什麼在另外一個文化裡面，女子就顯得比較自在開放？

會走人類學，主要還是因為我很喜歡去接觸、去感受、去學習不一樣的文化。不是靠書本，而是憑親身體驗取得知識。經過比較和刺激，你開始對某些現象特別感興趣，想要去追尋那現象背後的祕密，和促成那個現象的原因。經過一番努力而得到某些解答的快樂是難以形容的。「做田野」就變成很開心的「遊學」，一面遊一面學，來增長、豐富自己的生命。

問：您如何選擇了最初的田野地？

答：我的第一個正式田野地是臺中南屯劉厝村，就是後來我拍攝紀錄片《穿過婆家村》的那個點。其實一開始寫博士論文研究計畫的時候，也有想過要做臺灣原住民，但是那時候我結婚了，我先生是鄉下孩子，非常具農村氣息，有點土土的那種；而我父母都是外省人，我又是臺北都會長大的，對於本省文化，尤其是臺灣鄉土文化既陌生又好奇，包括對我先生身上流露的那種臺灣鄉土文化特質的根源，很想多做一些探掘。另外，那時我在美國留學，經歷過海外的生活，我已經在尋找認同了。雖然選田野可以有很多可能性，但是我還是覺得要回臺灣，臺灣還有很多現象是我很不了解而且很想知道的，而農村又一直是一個很大的吸引力。所以開始找田野地的時候，我就問我先生說：「可不可以去你家的村落做田野？」而他跟他的家人，也就是我的婆家，都表示歡迎和鼓勵，我便投進去了。

我原來的臺語能力是非常差的，大概只會幾個單字。在劉厝村做了一年八個月的田野，剛開始，我都聽不懂他們在講什麼，我每天就是騎一部腳踏車、帶一頂斗笠，到南屯街上的戶政事務所或是地政事務所去抄各種資料，把劉厝村每一戶的狀況全部都抄下來，包括地籍和戶口資料等，全部手抄，那是很死板的苦工，但是很有用，慢慢整個村落的基本狀況我幾乎都掌握了。那段時間我很感激我先生的家人，給予我許多語言和農事方面的教導。五個月後，我漸漸可以用新學會的閩南語和村人溝通、做訪談了。

做研究要找議題，我雖然找到了一個農村，但在這農村裡面要做什麼研究？那很關鍵。大學時代著名社會人類學家費孝通的一些著作便對我產生很大的影響，像《鄉土中國》、《鄉土重建》、《江村經濟》等。費孝通一直對鄉土工業有特殊的憧憬，他在自己的家鄉附近村落（江蘇吳縣開弦弓村）發現了以現代技術養蠶、製絲的工業，他覺得那種鄉土工業的發展模式可以把農村帶離貧窮。我做人類學田野的臺中南屯婆家村落，原先大多是佃農家庭，雖然三七五減租後他們擁有一些田地，但都是小農。我進去不久就發現，這個農村也開始工業化的歷程，可以跟費孝通早先的理論做一些對話，例如，臺灣到底發展了什麼樣的農村工業？是哪些文化因素在支撐農村工業的成長？它有什麼特色？有什麼弱點？因此，農村工業化和變遷就成為我的論文主題。雖然一般人較熟知的是我以中文書寫的《媳婦入門》，但是我真正由論文修訂出版的是這本英文著作：*My Mother-in law's Village: Rural Industrialization and Change in Taiwan*（《婆家村落：臺灣農村工業化與變遷》）。

問：在英文博士論文定稿以前，您先出版了論文的「副產品」，也就是以短篇小說和報導文學形式寫成的中文著作《媳婦入門》[2]。為何先以這種形式書寫發表？

答：我自己覺得，投入田野、與異文化相遇後的重新學習是人類學最大的特色。研究者從完全不懂，到掌握到一些文化意義，那種成長和發現的過程是非常豐富而深刻的。如果我做了田野，但結果只寫成一本研究對象和研究社會大多數人根本看不懂、或者不可能去看的英文論文，我會覺得那真的有點對不起我的田野和我所屬的社會。所以我希望在出版英文論文之前，先有中文的書出版，這是我很有意識的刻意做法。

我離開田野的時候懷孕四個月，為了完成博士論文，開始整理資料。在田野的時候，我每天會寫田野日誌，裡面會記錄許多那天聽到的周圍的人講的話、我先生的親人家中發生什麼事情等等。這些資料其實是很有趣的，透過他們的各種行為和對話，這個原本陌生的社區，慢慢對我展現出意義。但是一般論文的書寫方式大多是歸納性的概述，通常會將這些活生生、最有滋味的對話和動作過濾掉，我覺得很可惜。剛好看到第一屆時報文學獎在徵文，就寫了一篇〈媳婦入門〉去投投看。我是投到報導文學類，沒想到發表出來，評審把我歸到短篇小說類去，還得了佳作。那時候副刊還很興盛，《中國時報》的「人間副刊」是文化界人士和一般大眾都會看的版面。當時被列入得獎名單，我有點像是跟張大春、吳錦發、廖玉蕙、朱天心這些作家同時崛起，真有點難以置信。第二屆「人間副刊」徵稿時，我再投了〈困境〉一文，以我婆婆和我媽媽城鄉教養概念之間的對照為藍本，居然又得到短篇小說類的優等。

那個時代，像這種短篇小說是滿受一般大眾歡迎的表達形式，能夠透過文學的筆調傳達人類學的觀察和理念，我覺得這樣很好。我也嘗試以先完成的小說為骨幹，再接著寫分析文字，投稿學術刊物。譬如，〈媳婦入門〉這篇小說讓你看到這個農村家庭怎麼看待未婚懷孕的現象，〈臺灣農村婚姻的變貌——兼談社會文化現象的瞭解與解釋〉[3]就以更多資料分析〈媳婦入門〉一文由未婚懷孕到「旅行娶」所顯現的臺灣農村工業化以後婚姻的變貌。我想抓住的是臺灣農村的文化核心：臺灣農村工業化是怎麼回事？背後是什麼東西在支撐？改變了什麼？又有哪些質素在劇烈變遷中不容易改變？——我還是在解決我感興趣的人類學問題，雖然採用了一般人較容易閱讀的小說或報導文學形式，但其實還是人類學的訓練和關懷在影響我的呈現。

問：您如何興起攝製紀錄片的興趣？可否談談當時的學習歷程？

答：寫〈媳婦入門〉的時候我還在懷孕嘛，生下小孩以後一、兩年，我完成了博士論文的英文稿，要拿去美國跟我的指導教授討論。那大概是一九八二到一九八三年吧，也就是那一年，我的論文稿修改得很輕鬆，在紐約的生活有許多閒暇，因此想圓學拍電影的夢。

之前在美國修博士學位課程時，有一次我偶然經過學校地下室的放映廳，進去看到那部經典紀錄片《北方的南努克》（*Nanook of the North*，一九二二年），覺得非常震撼。《北方的南努克》是一部無聲的黑白片，看那部影片的時候，我發覺我真的可以感受到極地的生活氛圍，透過影像，那個文化忽然活起來，我跟那些人直接產生一種親密的關係。有時候看書看了一大堆，可是書裡面的文化感覺還滿遙遠的，但是一部片子馬上把你拉得很近，真的是千言萬語，不及一張照片或一個影像，影像的魅力和渲染力很強！但是拍電影是另一門專業，我沒想過可以學會這項技能。

早先人類學一直把照片或電影當成是附屬於文字的說明。但是我覺得，人類學是希望達成文化之間溝通的一門學科，如果你把民族誌寫得非常晦澀、或非常理論，這個溝通的功能基本上就很難達到。所以我一直想要尋求不一樣的表現形式，把人類學的知識傳達出去，而影像是比文字更親民的，你的被攝者和一般觀眾可以看得懂，馬上可以溝通。

那時剛好也是臺灣新電影萌芽的時候。我知道小野、吳念真、楊德昌、柯一正、侯孝賢、萬仁這一批人開始策劃拍一些受義大利新寫實主義或法國新浪潮影響，風格比較自然、反映社會現實的劇情片，像《光陰的故事》（一九八二年）、《兒子的大玩偶》（一九八三年）。但是，當時臺灣紀錄片領域還很沉寂，大多是教育宣傳片，陳耀圻導演拍的英語配音的學位作品《劉必稼》（一九六七年）被視為臺灣最早的觀察性紀錄片，但我身邊非常少人看過，也沒有後續作品，我就更加覺得，紀錄片這個領域也需要有人來開拓。

那一年我在紐約幾乎就是在學電影還有看電影。我在哥倫比亞大學電影系旁聽，理論、紀錄片和實驗電影的課都會去聽；也在紐約大學旁聽，並選修他們成人教育學程提供的電影技術課。拍電影不是你旁聽就可以學會的，那個時候沒有錄影機，你要學拍電影，一定是學拍膠卷的電影。以紀錄片來說，不會用拍劇情片的三十五釐米膠卷，而是用價位較低的十六釐米。我就去學怎樣使用攝影機，怎樣上剪接檯。紐約還有正規學校外、擁有特殊技術的人開班招生，我就自己額外花錢，去學同步錄音和寫劇本。但我沒有學完整，因為一年時間不夠，有些學到一半吧，雖然基本概念都有了。

這一年我還認識了一些在美國學電影的臺灣留學生，他們對我拍片有很多的鼓勵和協助，例如後來返臺創立多面向藝術工作室的李道明，和自幼移民紐約、紐約大學電影系畢業的錢孝貞，她在二〇一七年憑紀錄片得到金馬獎最佳剪接。錢孝貞和李安很熟，帶我去China Town看李安拍他的畢業片《分界線》（*Fine Line*，一九八四年），我們甚至還去餐館客串，演片中的食客！（笑）

學電影剩下的時間，我就拿來看電影，大概一年裡面看了兩、三百部片子。紐約有專門放藝術電影的電影院，所有那些大師的片子，像黑澤明、小津安二郎、費里尼（Federico Fellini）、英格瑪．伯格曼（Ernst Ingmar Bergman）等，我大概都是在這種藝術電影院看完的。民族誌電影也看了不少，我受尚．胡許的影響挺大的。他把電影看成是一種非常具實驗性的民族誌，用影像去衝撞、去挑動那個文化的「真實」，或勾起那個文化裡面一些深沉的記憶，手法非常新穎。民族誌電影可以和文學、電影創作一樣，成為完整的作品，產生很深的感動力。

拿到學位返臺前，我到巴布亞新幾內亞（Papua New Guinea）做了一趟自助旅行，去了將近一個月。這個旅行有點像在朝聖啦，人類學田野工作（fieldwork）的祖師爺馬凌諾斯基（Bronislaw Kasper Malinowski），他的田野地就在新幾內亞的超布倫島（Trobriand Islands）；美國民族誌電影的祖師婆，瑪格麗特．米德（Margaret Mead），除了在薩摩亞

（Samoa）外，早期也曾在新幾內亞的希匹克河（Sepik River）流域做田野。這趟旅行有很多驚險的經歷，都寫成報導文學，在人間副刊刊登，最後集結在《性與死》一書。

問：您創作的第一部影片《神祖之靈歸來：排灣族五年祭》（簡稱《神祖之靈歸來》）是臺灣第一部有聲民族誌紀錄片。當時是如何克服了大環境、器材與技術上的諸多問題？

答：從新幾內亞回來以後，很想拍片。但要如何開始？一九八三年，我已經是中研院民族學研究所副研究員，我的同事蔣斌跟我說，臺東達仁鄉土坂村即將舉行排灣族最盛大的祭典五年祭（Maleveq），我就想看看民族所有沒有可能支持，買一部最最便宜的十六釐米轉發條式攝影機，讓我做五年祭的影像紀錄。那臺是Bell and Howell攝影機，就是知名導演弗萊賀提（Robert Joseph Flaherty）於一九三〇年代拍攝《北方的南努克》時使用的機器。你看，我一九八〇年代想要拍片，能夠想到最便宜、可能買得起的機器居然是一九三〇年代的機器！

後來，民族所的總務鄭格先生看到機器型錄時告訴我：「民族所有這部機器！」那應該是越戰之後，美軍把戰地記者用的機器捐給中研院，不知道怎麼會跑到民族所？但從來沒有人用過那部機器。我想學如何使用這臺攝影機，我的朋友余秉中導演就推薦一位攝影師周業

興教我。周先生是胡金銓導演的攝影師，拍攝的經驗很多，那臺十六釐米攝影機他會用，就給我惡補怎麼裝卸底片、怎麼轉發條拍攝。

那臺機器很小，能裝入的底片只有一百呎，轉緊發條後按下拍攝鍵，每一個鏡頭最長是二十三秒，一百呎的膠卷拍不到三分鐘，而且價錢很貴。那時候的民族所所長劉斌雄先生願意支持我買二十捲一百呎底片，可是二十捲也只能拍一個小時而已——十天的五年祭我只能拍將近一個鐘頭的影像！而且那個時候的臺灣紀錄片沒有在用同步錄音的，我就帶著自己買的Sony Professional Walkman卡式錄音機去錄音。

剪接的過程也很辛苦，一般拍紀錄片，合理的剪接比例是至少十比一，《神祖之靈歸來》最後剪接出來好像是三比一。那時候錢孝貞剛好從美國回來探親，她非常慷慨的答應幫我補拍一些影像和剪片。就在民族所我的研究室裡面放一張小桌子，上面放簡易的看片、剪片器材，桌邊畫一秒二十四格膠捲的長度，如此測量和剪接。她是NYU電影系科班畢業的學生，願意這樣克難的幫我剪片，我非常感激。也因為畫面拍得太少，不做一點旁白，意義根本就銜接不起來，便由我自己和同事蔣斌，兩個真正跟影片攝製有關係的人錄製旁白配音。

在《神祖之靈歸來》以前，臺灣人類學界拍的片子都是無聲的，只是把揀選的毛片接起來，再加一點字卡說明。《神祖之靈歸來》雖然粗糙，甚至可以說原始，但是至少是完整攝製剪接概念下完成的影片，也有同步的企圖，配上田野訪談和現場真實的聲音，是一部擬同步的民族誌紀錄片。

問：所以《矮人祭之歌》才是您第一部同步錄音的紀錄片？

答：對。我覺得臺灣最盛大而內容豐富的原住民祭典就是賽夏族矮人祭和排灣族五年祭。一九八三年臺東土坂村的五年祭是剛巧碰到，其實我後來的研究主力轉往屏東古樓村的五年祭。接著，一九八六年遭逢賽夏族矮人祭的十年大祭，當時我在主持民族所《臺灣土著祭儀及歌舞民俗活動之研究》計畫，就決定到新竹五峰鄉賽夏北祭團的大隘村拍片，並且想要拍一部真正同步的紀錄片。

拍攝《矮人祭之歌》時，我很幸運地得到張照堂和李道明的協助。當年完成《神祖之靈歸來》，我在民族所做發表，請了拍紀錄片的前輩攝影大師張照堂來看。他知道我是第一次拍片，對我還滿寬容的，他說：「胡台麗，你的攝影我給你打八十分，但是你下次要拍的話，我願意幫你忙。」所以要拍《矮人祭之歌》的時候，張照堂就幫我去電視臺借了CP16機器，那是一臺可以同步錄音的十六釐米攝影機；李道明又剛好從Temple大學電影系畢業返臺，擁有一部Nagra同步錄音機，也願意協助我錄音和剪接。有他們兩位協助拍攝的《矮人祭之歌》，很可能是臺灣紀錄片界第一部同步錄音的片子。

那段時間，李道明的多面相藝術工作室給予我很大的幫助。包括我的下一部片《蘭嶼觀點》，不僅李道明本人有投入實際的剪輯操作，他工作室的林建亨也擔任該片的攝影。在合作過程中，張照堂和李道明他們兩位都站在支持者的角色，非常尊重我作為一個人類學者，拍攝、剪接、組織和詮釋這些影片的想法。之後我拍攝的每一部片子，後製時也都是這樣：我先看過所有拍攝的畫面，腦子裡想好畫部和聲部的搭配，然後撰寫紙上劇本，再請剪接師根據這個紙上劇本來剪輯，邊剪邊做調整。

問：您曾撰述，您過去訪問蘭嶼時，目睹一位蘭嶼年輕人憤怒地搶奪同事的相機，讓您意識到「蘭嶼是最不該拿起攝影機拍片的地方。」[4]，為何後來又拍攝了《蘭嶼觀點》？

答：之前無論是《神祖之靈歸來》或《矮人祭之歌》，拍攝的都是祭儀。但是我一直覺得，紀錄片其實應該可以當成一種反思工具，去反映當地的問題或觀點，並且跟現實社會做很密切的連結。所以當我看到報紙上連載布農族作家田雅各[5]醫師寫的《蘭嶼行醫記》，同一時間，又知道施努來[6]跟蘭嶼島上另一位青年郭建平在發動反核能廢料場運動的時候，我就很想嘗試拍攝蘭嶼的議題。一方面當然是因為蘭嶼對我來說，一直存在非常強烈的印象，讓我很想去找出一個答案：為什麼他們那麼反對被拍攝？另一方面，更重要的是，我感受到在島上居住的田雅各醫師和反核者，都有很多意見和想法要表達。因此，這部片的開頭，就是我、施努來、郭建平和田雅各醫師在海邊對談的場景。我想讓觀眾知道，這部片是和當地人合作、由當地人引領我進入田野的；不是只有我想拍這部片，而是當地人有很多話想講。

雖然蘭嶼不是我長期做田野的地方，但是透過島上合作者的帶領，我也用我的方式去觀察，來來去去一年多，把我原來的一些疑問、對醫療和核廢料的看法，藉著這個多元觀點的影片呈現出來。

早先我認識施努來的時候，他還不叫做夏曼．藍波安。我們民族所的劉斌雄先生，曾蒐集、記錄過很多蘭嶼的傳說和歌謠，而施努來的父親是劉斌雄先生非常倚重的報導人；後來劉斌雄先生想要訓練蘭嶼人自己來做這些口傳文學的語音記錄和翻譯，除了聘請漁人村的董瑪女（Si Sumapngi）小姐擔任專職助理外，也請了當時還在淡江大學法語系念書的施努來到民族所打工，所以我很早就認識他。Topas（田雅各）醫師在報紙副刊連載《蘭嶼行醫記》的時候，已經在蘭嶼工作了好幾年，快要離開了。我就特別跑到島上去跟他認識、做訪談，了解他參與拍片的意願。

也因為《蘭嶼觀點》從一開始就被我設定成一部反思性、多元觀點的影片，所以在拍攝過程中，我也有意識的在思考研究者與被研究者，或者是攝影者與被攝影者之間的權力關係——這是一九八〇年代中期以來，反思人類學裡面很重要的議題。對部落來說，你這個研究者和拍攝者無論如何都是外來者，你不但單方面地擁有文字寫作、研究方法、攝影機這些工具，最後影片和報告的產生，也全然在你的主宰之下。在這樣的狀況下，要怎麼樣透過觀看的角度和呈現方式，去達成拍攝者與被攝者的權力平等？或者，怎麼去達成比較平等的狀況？我拍攝和剪輯時會不斷地思考。

問：這些對權力關係的思考，實際體現在哪裡呢？

答：例如片子開頭的那個場景，想要表示的就是，我想拍這部片子的想法，是得到共同拍攝者相當程度的呼應的，而他們也願意某種程度的投入、對這部片子也有相當的期望，但也難免會有所質疑。像這樣子的溝通與對話注入以後，我們的權力關係就會有一點改變。

又例如在拍攝Topas醫師的時候，我本來想要用一種，我訪問他，然後挑戰他某些想法的形式來呈現，但是後來放棄了。雖然我不完全同意Topas對當地老人求生意願不高的看法，但是我覺得再怎麼樣，他都是對當地有比我更深刻體驗的人，我如果用一種批判的角度去呈現，在這部影片裡是不合適的。所以最後我就是一直跟他談天，順著他的思考來呈現他對當地問題的不斷探索，再在某些段落用比較隱晦的方式插入我探索的心得。

《蘭嶼觀點》工作照。

拍片的過程裡面，我也盡量和蘭嶼人保持一種他們期望的、平等互惠的關係。譬如說，我要拍他們划船捕魚，雖然這是他們本來就會做的事情，但是，如果他們當下看不到影片對他們有什麼具體的好處，就會希望得到一些報酬，我也會遵從。拍攝的時候當然會有很多狀況啦，那影片裡面不是有一段，在衛生所看診留宿的小女孩說，在衛生所裡面看到鬼，她的家人與醫生討論時堅持要帶她回家嗎？平常我一定會先問對方同不同意拍攝，但那是我已經等了很久，很希望拍到的場景，就沒有先問，一發生就叫攝影師趕快拍。我那時的決定是，先拍了以後再去那個小女孩家裡跟她的家人溝通，關心他們的需求。我也做好心理準備，如果對方反對，就視情況決定這個

《石頭夢》工作照。

片段要不要用、或用到什麼程度。反正就是有很多這樣的溝通過程。

《蘭嶼觀點》這部片完成之後，我們帶著民族所的十六釐米放映機和銀幕，到島上每一個村落巡演和映後座談。雖然在拍攝過程裡面，當地人不見得知道我在幹嘛，但是至少拍完以後，我要讓他們看到我到底是拍了些什麼東西。很多老人家是第一次看到他們自己的影像出現在大螢幕裡，那種震撼是非常大的，也讓老人家對自己的文化產生更多認同和自豪。同時，當地人看到他們極力反對核能廢料貯存場的影像，發現其實影像也可以幫助他們傳達意見，而開始對影像有不同的看法，不再認為外來拍攝的影像都是惡的。我覺得這就是透過影像彼此溝通吧。

有一天我在村落放映的時候，發現遠處有核廢場的人在徘徊，不敢靠近，大概想要監視我在幹嘛吧？第二天我就光明正大的跑到核廢場去，送給核廢場的廠長一卷影帶，跟那個廠長說，你可以看看這部影片，雖然當地人反對你們，但也同樣對所有外來的人，包括人類學者，有很多質疑。重要的是，要怎樣化解彼此的歧見，在平等、互相尊重的狀況下進行交往。

問：《愛戀排灣笛》、《石頭夢》都是您長期田野的成果之一？

答：就像剛剛說的，拍完《神祖之靈歸來》以後，我的研究主力轉到五年祭儀保存得更完整的屏東來義鄉古樓村，同時也開始投入排灣族鼻笛與口笛的研究，並且對笛聲所蘊含的獨特「哀思」情感與美感非常著迷，希望能由此切入，重新認識和理解排灣文化。攝製《愛戀排灣笛》是希望透過經典吹笛人物的生命故事，更鮮活、更直接地顯現出排灣文化高度強調的哀思情感和美感。

拍攝《石頭夢》是因為一九八六年我做外省退伍軍人研究時，在花蓮木瓜溪畔一個退輔會的農場遇到一九六八年，陳耀圻導演攝製的臺灣第一部觀察式紀錄片《劉必稼》的主角，劉必稼。那是很特殊的際遇。我的博士論

文是做臺灣農村，接觸到了我先前完全陌生、不了解的本省農村。接下來，就很想要了解所謂外省的新移民。我父親其實也算是榮民，抗日時跟著游擊隊跑，做敵後情報工作；來臺後他雖然脫離軍方，但也具有榮民的身分。我對於這些跟著蔣介石來臺灣的軍旅人士抱持著很大的好奇心和探索的興趣，就開始做榮民研究，幾乎跑遍臺灣，去了各類型的榮民聚居地，有榮家、各種類型的退輔會農場，也探訪散居在公家河川地或在城市裡自謀生活的榮民。那時我寫了幾篇文章，像〈淘汰邊緣〉，講的是靠著馬達三輪車在基隆碼頭裝卸貨物討生活的退伍軍人，面對政府要淘汰馬達三輪車的政策，他們有很大的焦慮。自謀生活的榮民上街頭抗議，我也跟著去，然後寫了〈授田證狂想〉。這幾篇都收在《性與死》這本書裡。

會發現劉必稼是因為我到那個農場去訪問，在戶籍資料中看到這個名字。心想：這不是一九六〇年代，陳耀圻最有名的那部紀錄片的主角名字嗎？就去敲他家的門，但那時劉必稼在田裡面工作，不在家。等他傍晚回來我又去敲門，他出來，我就問他：你是不是拍過陳耀圻的紀錄片啊？他說對啊，我就是劉必稼啊。那整個經過，我也寫成〈劉必稼顯影〉這篇散文，刊登在《中國時報》的人間副刊。

我發現了劉必稼以後，有去找陳耀圻，跟他說我找到劉必稼了，陳耀圻當然也很興奮。我本來期望他會拍劉必稼的續集。但許多年過去，陳耀圻都沒有動靜，可能當年拍《劉必稼》，對他的一生造成很大衝擊吧[7]。我常常去探視劉必稼，眼看他年歲越來越大，雖然我還沒有找到拍攝經費，但就先買一卷四百呎的十六釐米電影膠捲開拍了。遇到劉必稼是一九八六年，但是開拍大約是二〇〇二年，中間隔了好久的時間。

問：《穿過婆家村》是臺灣第一部上院線的紀錄片，《愛戀排灣笛》、《石頭夢》，也都曾在商業電影院放映，也有不錯票房。但到了《讓靈魂回家》，您反而放棄了院線？

答：後來對於上電影院，有一些新的規定我不是很喜歡。早先我都是在單廳放映，然後每一場都做映後座談——我覺得影片放映之後的討論是很重要的；但是後來很多補助的規定，都要求你同時在好幾家電影院放，而且北中南都要有，我沒有辦法那樣去奔波、去照顧到所有的場次，而且上院線要做的宣傳真的是非常多，那種體力燃燒的程度很驚人，《讓靈魂回家》完成後，我就決定不採電影院映演方式推廣。

此外，我之前上院線的那三部片真的是用film（膠卷）拍的，而《讓靈魂回家》是用DV和HDV拍攝的。尤其是二〇〇三年阿美族太巴塱的年輕人剛開始來民族所博物館和我們座談，討論祖屋柱歸還部落的可能性的時候，我還沒有想把這事件拍成紀錄片。但是這個原住民文物歸還的議題跟人類學博物館的關係太密切了，我那時又是民族所博物館委員會的召集人，所以一有什麼狀況，我就拿起手邊一臺畫質較差的DV攝影機來記錄，並沒有進入較專業的拍攝流程。不過也幸好有那些畫面啦，不然事情就交代不清楚了。到了後期，太巴塱的族人把祖靈從民族所迎回部落後，我才覺得這個議題真的可以持續觀察，應該拍成紀錄片。於是有些祖屋重建的活動就會請專業攝影師到部落去協助拍攝。

我覺得這部片講的是原住民文化復振運動，應該對部落要產生更多的刺激。部落的人也不見得會到都市電影院看片，所以我決定以部落巡演的方式，直接把影片帶到不同族群部落去放映和座談。我也盡量邀請參與太巴塱復振運動的年輕人跟我一起去座談，他們的經驗對於其他部落是很好的借鏡，特別是很多部落現在也都碰到類似的狀況：他們已經放棄了傳統的信仰啊、怎麼去找自己的祖靈啊、他們所受到的挫折等等，其實有許多共通的經驗可以交流和分享。

《讓靈魂回家》的巡演計畫有得到原民會的支持。第一場部落放映地是拍攝地點阿美族太巴塱部落，接下來陸續到花蓮、臺東、屏東的十個部落去巡演。此外還到好幾所大學放映和討論，也因為這部片碰觸到宗教的議題，所以有到法鼓山僧伽大學、臺灣神學院、玉山神學院、天主教輔仁大學放映。國外除了影展以外也有在美國六所大學巡演。我還建立了一個《讓靈魂回家》專屬網站[8]，在網路上把每一場映後座談的紀錄全部整理公布出來。每一場的放映和討論都很有意思，因不同的部落、族群、宗教信仰，他們對這個議題會和自身的情況做連結和比較，有不同的關心角度。這些映後座談紀錄我希望供大家查考，今後也能做進一步分析。

問：談談您目前正在進行的拍攝計畫？

答：我的下一部片子已經累積了很多影像，應該要進入後製階段，好好消化資料、思考結構、書寫紙上劇本再進行剪接了。這部片先有一個暫訂題目：《有巫珠的女子》，會聚焦於排灣族女巫師的傳承和神奇的巫珠。我長期研究排灣族的巫師儀式與傳統，也覺得應該要有一部片子了，尤其巫珠的概念，可以做一點形式上的嘗試。像現在掛在窗臺旁邊的那個風鈴，就是我這次的攝影師做的。我有錄一些風鈴的聲音，也把風鈴帶到田野去，掛在田野的樹上錄它的聲音。哈哈，但也還沒有決定最後會怎麼運用在影片中，還在想。

用影像表達概念和議題一直都是很大的挑戰。紀錄片不像學術論文，只要分析清楚就好了，紀錄片的形式很重要，有時候得做不同的取捨。譬如我平常拍片不喜歡用太多的旁白，可是《讓靈魂回家》的議題太複雜了，為了要把事情說清楚，我只好自己出來講。這個形式或許不夠創新，但就是取捨的結果。但即使在這樣的框架裡面，我還是不斷想要加入新東西，例如我跟當時在民族所當訪問學人的作曲家陳士惠教授合作，跟她說，影片裡講述太巴塱傳說的地方，我很想用比較脫離當前時空的方式來呈現。陳士惠就用她的方式創作，在配樂裡加入小提琴、長笛這些元素，讓這個片子在常規之下，能做一點突破或實驗。關於排灣族部落的女巫師，我做了很久的田野，不只是拍攝，也發表了多篇文章，希望明年片子可以先拍出來，再好好組織跟改寫那些文章，出一本書。我的工作模式大概就是這樣子，有的時候是先拍片再寫東西，有的時候先寫東西再拍片，交錯著做，也是一種調劑。文字和影像我都沒有放棄。雖然很累，但就是想把兩方面都盡量做好，沒有遺憾。

編註

1 保羅·史托勒（Paul Stoller），楊德睿譯，《搞電影的歌俚謳：尚·胡許的民族誌》，二〇〇三，臺北：麥田出版。

2 胡台麗，《媳婦入門》，一九九七，臺北：時報文化。

3 胡台麗，〈臺灣農村婚姻的變貌：兼談社會文化現象的瞭解與解釋〉，一九八〇，中央研究院民族學研究所集刊，第五十期，頁六七－八九。

4 胡台麗，〈蘭嶼觀點的原點：民族誌電影的實踐〉，一九九三，電影欣賞雜誌第六十六期，頁二一－二六。

5 拓拔斯·塔瑪匹瑪（Topas Tamapima），布農族作家，漢名田雅各，著有小說集《最後的獵人》（一九八七，臺北：晨星）、小說集《情人與妓女》（一九九二，臺北：晨星），以及散文集《蘭嶼行醫記》（一九九八，臺北：晨星）。

6 夏曼‧藍波安（Syaman Rapongan），達悟族作家，漢名施努來，著有口傳故事集《八代灣的神話》（一九九二，臺北：晨星）、散文集《冷海情深》（一九九七，臺北：聯合文學）、短篇小說集《老海人》（二〇〇九，臺北：印刻文學）、長篇小說《大海浮夢》（二〇一四，臺北：聯經出版）等。

7 《劉必稼》是導演陳耀圻於美國加州大學洛杉磯分校（UCLA）攻讀電影碩士的畢業製作作品，影片刻劃一位出身於中國湖南新化，於一九五二年輾轉渡海來臺的老兵劉必稼，退伍前到花蓮開墾荒地為田的經歷。一九六七年，該片於植物園內的臺灣省電影製片廠以及公館的耕莘文教院放映後，旋即在藝文圈引起熱烈討論。一九六八年，發生「民主臺灣聯盟案」，參與左派讀書會的陳映真等三十六名藝文工作者被捕入獄，陳耀圻也因為名字出現在讀書會的名單裡，遭特務機構逮補拘留了一個月，最後無罪釋放。雖然此事與《劉必稼》一片無直接關聯，但在白色恐怖的高壓氛圍下，圈內「曾有一說，（當時）凡是看過《劉必稼》的人都將有所牽連。」（參考整理自：張世倫，〈做為紀錄片現代性前行孤星的《劉必稼》〉，二〇一六，《典藏‧今藝術》第二八四期，頁一四二。）同時，《劉必稼》一片亦「因題材涉及大陸老兵來臺問題，竟被禁演了廿餘年，直到解嚴之後，這部經典名作才有機會重見天日。」（王墨林，〈臺灣紀錄片中的身分認同〉，一九九五，《電影欣賞》第十三卷第二期，總號第七十四期，頁一三四。）

8 網址：http://returningsouls.pixnet.net/blog。

* 書籍、DVD封面提供：胡台麗。

任國立清華大學人類學研究所合聘副教授（1986-1990年）和教授（1990-1993年）；任國立清華大學人類學研究所兼任教授（1993年至今）。

就讀美國紐約市立大學研究中心人類學研究所（1979年獲碩士學位認證），1983年博士畢業；任中研院民族學研究所助理研究員（1979-1983年）。

就讀臺北市立第一女子高級中學。

就讀臺灣省立臺北師範學校附屬小學（今國立臺北教育大學附設實驗國民小學）。

1986	1983｜1990	1972｜1983	1968｜1972	1965｜1968	1962｜1965	1956｜1962	1950

出生於臺北市大安區。

就讀臺北市立古亭女子初級中學（今臺北市立古亭國民中學）。

就讀國立臺灣大學歷史系，1972年學士畢業。

任中研院民族學研究所副研究員。

任中研院民族學研究所特聘研究員兼所長至今。

任臺灣女性影像學會理事至今。

任「原舞者」舞團田野研習策劃與舞臺展演編導（1992-1996年），推出舞臺展演節目：《懷念年祭》（1992年）、《年的跨越》(1993年)、《矮人的叮嚀》（1994年）、《vuvu之歌：排灣族古樓樂舞》（1996年）；後任財團法人原舞者文化藝術基金會董事（2001年至今）。

2015 | 2007 | 2002 | 2000 | 1992–1996 | 1990

任中研院民族學研究所研究員至今。

任臺灣民族誌影像學會第一、二屆理事長（2000-2004年）；任臺灣民族誌影像學會理事（2000年至今）；2001年任臺灣國際民族誌影展第一屆、2013年任第二屆策展人；任臺灣國際民族誌影展主席（2001年至今）。

任臺北市政府藝文組市政顧問至今。

1989

十六釐米紀錄片：《矮人祭之歌》。同年入選美國紐約自然史博物館瑪格麗特．米德紀錄片影展；1990年獲美國休斯頓國際影展族群文化紀錄片金牌特別評審獎、入選法國巴黎人類博物館主辦之國際民族誌影展、入選英國皇家人類學會主辦之國際民族誌影展。

1986

專書：《性與死》，臺北：時報文化。1993年出版《性與死》新版，臺北：張老師文化。

1984

專書：*My Mother-in law's Village: Rural Industrialization and Change in Taiwan.*（《婆家村落：臺灣農村工業化與變遷》）Institute of Ethnology, Academia Sinica, Monograph Series B, No.13. Taipei: Institute of Ethnology, Academia Sinica.

十六釐米紀錄片：《神祖之靈歸來：排灣族五年祭》。中央研究院民族學研究所出品。1985年入選美國紐約自然史博物館瑪格麗特．米德紀錄片影展。

1982

專書：《媳婦入門：田野心影錄》，臺北：時報文化。出版公司。1997年出版《媳婦入門：田野心影錄》增訂版，臺北：時報文化。書中收錄〈媳婦入門〉獲第一屆時報文學獎小說類佳作獎（1978年）；〈困境〉獲第二屆時報文學獎小說類優等獎（1979年）。

十六釐米紀錄片：《愛戀排灣笛》。同年獲臺北國際紀錄片雙年展影片類評審特別推薦獎；2001年入選法國馬賽國際紀錄片影展競賽片、美國人類學會年會影展；2002年入選法國巴黎人類博物館國際民族誌影展、英國皇家人類學院國際民族誌影展；2007年入選北歐視覺人類學大會影展。

十六釐米紀錄片：《蘭嶼觀點》。同年獲金馬獎最佳紀錄片、美國芝加哥國際影展紀錄片藝術與人文類銀牌獎；1994年入選法國巴黎人類博物館國際民族誌影展、德國哥丁根國際民族誌影展；1995年入選紐約自然史博物館瑪格麗特．米德紀錄片影展；2014年入選印度亞洲女性影展。

2001 | 2000 | 1997 | 1993 | 1991

專書：《燃燒憂鬱》，臺北：張老師文化。

十六釐米紀錄片：《穿過婆家村》，為臺灣第一部在商業電影院放映的紀錄片，開啟紀錄片在商業電影院公映之風潮。1998年入選德國哥丁根國際民族誌影展、愛沙尼亞國際紀錄片與人類學影片展、1998年美國紐約自然史博物館瑪格麗特．米德紀錄片影展；1999年入選荷蘭國際民族誌影展。

專書：《排灣族的鼻笛與口笛》（胡台麗、錢善華、賴朝財合著）。
臺北：國立傳統藝術中心籌備處。獲2002年「金鼎獎」優良圖書推薦獎。

DV紀錄片：《穿過後》，同年於臺灣國際紀錄片雙年展首映；2007年入選第十屆英國皇家人類學會國際民族誌影展競賽片、臺灣女性影展、德國柏林民族學博物館民族誌影展。

DV紀錄片：《遇見尚．胡許》。2004年受邀參與法國巴黎國際民族誌影展、德國哥丁根國際民族誌影展。
專書：《文化展演與臺灣原住民》，臺北：聯經出版。

2006 2004 2003

十六釐米紀錄片：《石頭夢》。同年入選金馬獎最佳紀錄片，並獲年度最佳電影工作者獎、獲金穗獎優等影片獎、入選荷蘭阿姆斯特丹國際紀錄片影展競賽片；2005年入選法國巴黎國際民族誌影展、以色列南方影展、義大利那努克影展；2006年入選德國哥丁根國際民族誌影展、入選日內瓦民族學博物館臺灣電影節、入選明尼蘇達亞洲紀錄片論壇開幕片。

DV紀錄片：《讓靈魂回家》。同年獲法國巴黎Jean Rouch國際民族誌紀錄片影展非物質文化傳承推薦獎，入選義大利Sole Luna國際紀錄片影展競賽片、莫斯科國際視覺人類學影展、臺灣女性影展；2013年獲美國休士頓國際影展影視製作族群與文化類金牌獎，入選美國亞洲研究學會AAS 2014影展；2014入選德國哥丁根國際民族誌影展。

2012

2011

專書：《排灣文化的詮釋》，臺北：聯經出版。

專訪零雨

採訪、整理、撰文／沈眠

攝影／王志元

前言

1

零雨。零雨是樸實的謎。零雨是神祕的總和。

2

過著隱士生活的零雨，鮮少有活動，要近乎是意外，才有可能在詩歌現場上發現零雨的參與。直到第七本詩集才舉辦了零雨本尊現身的講座活動，此前，零雨多半是低調無聲的。

然而，隨著時歲推移，零雨的詩歌藝術越發受到重視，成為臺灣最重要的詩人之一。在重度詩歌愛好者之中，零雨越來越常被提及。零雨是緩慢的煙火，安靜沉潛，唯其風華奪目終究難掩，關於零雨詩藝的討論、評介、專訪與學院博碩士論文，也持續累增中。

3

和她的詩歌所展現的凜冽、悠長、黑暗、純粹、天啟等風貌不同，零雨本人異常親切，講起話和緩日常，一點也不壓迫。零雨亦不滿嘴賣弄文學高深，反而像是日本導演小津安二郎保持在低處的視角鏡頭，平和而無所不容。與零雨談話，有平靜的意味。外界再翻天覆地，萬眾喧嘩，去至零雨那裡，一切都將被龐大如天地玄黃的意念所撫平，人自然而然就能安靜下來。

談到詩歌或其他藝術，她謹慎寡言，一句一字又嚴厲又溫柔——嚴厲源自於她自覺必須對話語負責，溫柔則是她對待每一個詞語都如同對待親人。她的思維是明亮，她的情感是深邃。

《老子》有言：「大方無隅，大器晚成；大音希聲，大象無形。」

零雨其人其詩完全體現這樣的精神。她寫「一個時代分娩出另一個／時代。那最聰慧的真實／將要誕生？／／我們仰賴宇宙的浩瀚／宇宙的浩瀚仰賴我們？」（〈語詞系列（10—18）〉，《關於故鄉的一些計算》），展現廣大無邊的宇宙感，不僅僅是把宇宙相關的意象填入詩歌，是更進一步的，命詩歌與宇宙一起移動，讓人目睹詩歌龐大起來可以達到怎樣不可思議的境界。而她到三十歲才因為接觸《現代詩》刊務而認識詩，對詩歌產生無與倫比的熱情，果真大器晚成。至於蘊藏在零雨詩歌裡的沉默，彷彿所有聲音的集合，譬如她寫「一種古早，早於早晨／早於我，早於我寄居的時代／早於星球，早於宇宙／那種浩瀚，我不能／述說，我讓鏡子／說話。但鏡子亦不能／／穿過我的身體／又塑造我的形貌／只能回身看它／看我的軀殼／（——在它的軀殼之中——）／變幻難測／而不能言說」（〈瀚海〉，《木冬詠歌集》）。以及，她所寫的「我們互相面對一種生存／的急迫。呼吸。喘氣……預估牠冬眠時變成一個／詩人。並想起關於死亡／倖存或處方。這些／語言的問題／／新的手杖。出現一些結構／的改變。味道轉換。還有／宇宙的軸心傾斜。或平衡／……最後。宇宙翻覆／我溜進草叢。牠丟掉／手杖。最後。語言的問題。並不／存在」（〈野地系列 14與蛇相遇〉，《關於故鄉的一些計算》），令得無以計數的形象，在她的詩歌中融會於空無，成為零雨式的自然美學。

零雨擅長在已知的既定的慣用的語詞，重新發現語詞的力量與形狀，如她寫「黃昏／我的憂愁／跑到平原最遠處／／綠色稻田延展／和天空連手／／送來雲的坐騎／我的憂愁還是我／誰先坐上去」（〈黃昏〉，《田園／下午五點四十九分》）。她還給每一個語詞樸質無染的樣貌。她洗淨人類附加在某些字詞上粗鄙、低俗、暴力、色情的印象，如「幹」、如「屁股」等，一旦被零雨使用，就重新活過，恍如對語言基本單位進行還原或初始化。

她製造詞語的寰宇。

她透過詩歌造字，使原有文字綻裂，生出新的主體。

4

在《發達資本主義時代的抒情詩人：論波特萊爾》[1]這本書裡提到卡夫卡（Franz Kafka）的日記：「無論什麼人，只要你在活著的時候應付不了生活，就應該用一隻手擋開籠罩著你的命運的絕望……但同時，你可以用另一隻手草草記下你在廢墟中看到的一切，因為你和別人看到的不同，而且更多；總之，你在自己的有生之年就已經死了，但你卻是真正的獲救者。」

每一次重讀零雨詩集，都像是獲救，都像親身經歷整個世界的再活一次。譬如她寫的「吃力地／鑿開宇宙的一角／我呼吸／肺生病了／由於身體／在箱子裡／／我聽見一二句人聲／——他們不明白／這是箱子。我聽見／黃昏的陰影鞭打／我的脊骨，但不能／再低下了／我已經——貼近宇宙最邊緣／人的形狀」（〈箱子系列　用一隻箱子的空間呼吸〉，《消失在地圖上的名字》），她寫「每一天的閱讀，都從黑暗開始」（〈有果實的客廳〉，《關於故鄉的一些計算》），她與黑暗協商，與自身、世界的暗面乃至於宇宙無所不在的黑暗，然後在黑暗邊緣，充滿千萬種深情地誕生光。

5

卡爾維諾（Italo Calvino）寫：「我覺得對一個作家而言理想境界應該是，接近無名，如此，作家的至高威信才得以遠播。這個作家不露面、不現身，但他呈現的那個世界占滿整個畫面。」[2]

零雨自言：「波赫士說『我認為詩應當是匿名之作。』我要再加上一句：『詩人也應是匿名之人。』」[3]

訪談

問：您的文學啟蒙與養分為何？

答：我雖然生於坪林，不過，自有記憶以來就已經在臺北，以前記得是住在通化街，後來遷至龍泉街北段（今為師大路），一直在臺北成長、生活。小學的往返路程滿遠，要從師大路住家移動到成都路的西門國小。放學回家到衡陽路搭〇南公車時，有時會順道拐進東方出版社。那可能是高年級以後的事。我開始對書本產生好奇。東方出版社出版了一套偉人傳記，林肯傳、南丁格爾傳，我一本接著一本看。有一年暑假，我還自製了一本成語字典。這應該是我對「字」迷戀的最初經驗。

有個回憶滿有趣的，當時，西門國小是名校，滿嚴格的，我記得小二的月考就開始有作文，而且占二十分的樣子。有一次作文題目是「家」，我採一行一句的形式寫，類似詩，寫的是我的家在山上，有點牧歌的情調。老師給了相當高評價，完全沒有扣分，等於是滿分。這或許是無形的鼓舞，此後我對作文就特別感興趣。

上了中學後我開始大量閱讀，古典、現代，詩、散文、小說，都不放過。讀得最多的是小說。初中國文老師有一個特別要求，就是每一課都要背，白話文也不例外，連小說，如《老殘遊記》也要背。這種語文訓練對我而言，好像也不難，而且滿能勝任愉快。

此外，我小學時就喜歡美術、音樂，被甄選為學校合唱團，參加校外比賽；同時，也崇拜藝術家，以後想當畫家。這兩個嗜好，陪伴我一輩子。我從中汲取養分，也讓我掌握藝術的核心精神。

問：文學生命的展開？

答：我的文學生命開啟得很晚，我總是迂迴繞路，要繞很久才抵達目的地。從臺大中文系畢業，因為不想當老師，所以想試試看當編輯。恰巧中華書局登報應徵，就去報考。那是一九七四到一九七六年的事。做了兩年多，對朝九晚五的工作，很感疲憊，就任性辭職了。後來，因初中國文老師張素貞的推薦，加入《臺灣時報》[4]，擔任副刊編輯，從一九七九到一九八一年，當時主編是詩人梅新。

一九八五年從美國回來，在基隆的崇右技術學院當國文教師。也是那時候，因為梅新老師的邀請，我一邊在

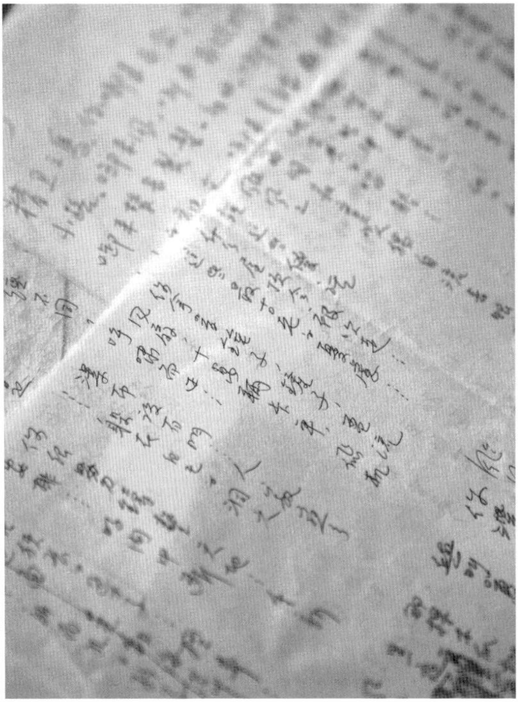

零雨手稿。

《國文天地》[5]擔任副總編輯，又於隔年接任《現代詩》[6]主編。這段時間是我人生中非常忙碌的時期。《國文天地》一星期得去一兩次，需要採訪、記錄和開會討論，已經不輕鬆，再加上崇右是私立學校，壓力很大，我逐漸吃不消。到了寒暑假，又得編《現代詩》，必須從無到有，包含收稿、送工廠打字、校對、編輯、跟美編配合、印製、裝箱、配送至書店、收款、寄書給讀者、作帳等，都是些非常細瑣的事，跟現在有電腦、網路完全不一樣，一切都是要手抄、手作，親力親為。

三份工作占去我大部分時間，最後身體不適到了頭暈目眩的程度，不能負荷，就一一辭別。《國文天地》的工作到一九八八年結束，其後三年我離開崇右。一九九一年我前往哈佛大學，是為了休息，可是一時之間，《現代詩》沒有適合的人選。要直到隔年，我推薦當時也在《現代詩》發表詩作、已有名氣的鴻鴻接任，總算卸下編務。

這些編輯工作雖然忙碌，卻也是我的詩創作萌芽生發的時期。

問：編輯工作對您創作的影響？

答：我出身中文系，很古典的中文系，要讀各類經典。我的學院訓練，讓我的文字容易固定在某一個套路。在《臺灣時報》從事編輯，因為採訪、記錄跟作家接觸的緣故，寫作的意欲又湧上來。再加上報紙需求，當時只要有開天窗之虞，編輯就要在前一天馬上動手去寫；而且梅新老師也要我負責寫一個專欄。

後來發現，那時經歷的是長期的文字訓練，包含採訪、記錄、補白、專欄、作家生活軼事、勵志文章、看圖說故事等等。報紙哪部分缺三百、五百字，你得想辦法立刻補上，不可有空白。對寫作來說，這種訓練與經驗挺好。這些報刊編輯工作，讓我逐漸從舊式的語言牢籠解放，一點一滴拆除古典語言對我的限定、綑綁與箝制。不過，當時我對詩一無所知，只想寫小說。

問：寫小說的經驗是？又為何投入詩歌？

答：大學時期，幾位學姊在校刊發表小說，寫得非常好，十分羨慕，很自然開始做很多筆記，記錄想到的點子和故事，打算日後發展為小說。當時，壓根沒想過要寫詩。詩歌，非常遙遠。不過，整個大學時間，完全沒有寫，只是做種種寫小說的預備動作。現在回想，我大學畢業後，不想當老師，而去書局作編輯，心裡面應該存著想要寫點什麼的隱祕想法。

小說發表時期，該是落在從事《臺灣時報》工作之際，大部分是短篇小說，五千字、八千字左右，也有少許散文，發表於各個晚報副刊，以及《中外文學》[7]。但全部都是不同筆名，應該沒人知曉是我寫的。這些小說全部都沒有留下，內容現在我也不太記得，大概是跟生活相關的一些事。筆名好像有紀昀、穀雨，其他都忘了。

其實，小說帶給我的痛苦比較大。我身子原來就弱，小說書寫的長度比較長，如果修改再謄寫一遍，明明是五千字，但可能需要手寫至少兩萬字，對身體負擔頗大。寫完小說，有種歷劫歸來的虛脫感。另外，做編輯時要寫五千字採訪稿，一樣道理，如果重整就需要再抄五千字，也很難吃得消。

我之所以轉進詩歌，純屬意外。而我所有關於詩的起點，都是與《現代詩》接觸有關。在《國文天地》時，梅新老師已經在做《現代詩》復刊。那是一個開始。因為校對，我才接觸詩，讀詩稿時心裡常想：原來這就是詩，詩就是這樣寫的。於是，對詩開始有感覺，也試著寫詩。而且我發現寫詩輕鬆多了，像寫〈城的歲月〉（收錄於《城的連作》），就算是幾百行，對一篇小說要手寫數萬字的我來說，不過小事。詩歌手寫的負擔，相比小說，真是猶如天堂。

後來，從美國回來，梅新老師就屬意我接編《現代詩》。他認為我對編輯實務非常上手。那會兒，還沒有真的很清楚作為知名詩刊主編的意義，只單純覺得這是服務性質的苦差事。梅新老師既然吩咐，我也就接下。面對生命，很多時候我都是被動的，不是主動去參與、介入，往往是某種意外、某個機緣，一切就來了。

所以，詩歌對我來說是實戰主義式的狀態。我一邊主編刊物、製作實務、舉辦活動，一邊也開始認真對待詩壇的組構和眾多詩人的特質，更重要的是我竟然一頭栽進詩這門藝術，持續思索詩可以怎麼寫，對詩歌不斷有新的認知與體會。

問：小說有影響詩歌創作嗎？

答：可能是組詩方面。我寫了很多組詩，一節接著一節，我講究結構，講究段與段之間的銜接。第一本詩集《城的連作》，連作兩個字好像就接近於小說的表現。《我正前往你》將系列連作特點加以發揮，《田園／下午五點四十九分》也有不可拆解、綿密的扣合感，這些應該都是小說章節連續性的遺留。

問：生命裡的第一首詩？筆名的由來？

答：應該是〈上山〉，發表於《現代詩》復刊第二期。當時有一陣子，我很喜歡爬山，〈上山〉也就莫名其妙完成了。之後，一發不可收拾，完全傾洩，攔也攔不住，很像是密集的爆炸。接連又寫了〈日出〉，發表於《現代詩》復刊第三期，然後是幾百行的〈城的歲月〉，在《現代詩》復刊第四期刊載。發表〈上山〉的時候，還不是用零雨，用的是隨機想到的「傅梨」。到〈日出〉時，就覺得該要有個固定筆名。

以前在《臺灣時報》、《國文天地》時期寫很多東西，取很多筆名，都是在《詩經》等等經典中，擷取詞語作為筆名。要選擇筆名時，隨意翻到某一頁，讀到某句子就選用。零雨也是這樣來的。《詩經．國風．豳風．東山》開頭是：「我徂東山，慆慆不歸。我來自東，零雨其濛。」一讀到零雨其濛，覺得「零雨」很順，不假思索的，就用了。我的生命裡很多時候都是率性而為，別人以為我經過深思熟慮做的決定，但其實完全是直覺、或者說無意間的選擇。一切順其自然。

問：什麼時候意識到成為詩人？

答：迄今為止，我依舊感覺被稱為詩人挺尷尬。我不是選擇成為詩人，而是詩歌將我帶到這個位置。但寫〈城的歲月〉時，有種定調的感覺，好像我終於確定了自己真的喜歡寫詩。這首長詩的完成給我一種酣暢淋漓之感，情感不可控制，無須多想，詩句自然傾瀉而出，一直流出，非常順暢，覺得寫不下去，就可以停了。停了，詩歌就完成了。這跟寫小說的吃力耗時全然不同。寫小說最痛苦的莫過於它快不得也急不得，須要耐心琢磨，注重結構、人物、情節、對話、過場等等，無法一吐為快。

我其實是個急性子的人，有感受就想馬上傾吐。雖然，我的詩歌常給人悠長緩慢的感受；一首詩的確可能花好幾年時間，緩緩在心中熟成，但寫的當下，卻是迅速強烈的爆開。然後，我會用一樣長或更長的時間決定它到底要不要發表、收錄於詩集又或者刪除。快慢關係，或許是一個人的內在層次與外部狀態的反差與對比。所以，是詩歌協助我、確立我作為詩人，而非我先意識到自己想要成為詩人。這跟早期想要當小說家很不一樣。寫詩，讓我找到表達自己的方式。

問：在您的七本詩集裡，有自己比較滿意的嗎？寫作的緣由為何？

答：我很喜歡《關於故鄉的一些計算》，特別是〈野地系列〉。不過有一些朋友反饋說，他們喜歡詩集中的同名詩〈關於故鄉的一些計算〉，覺得動人，但總共十四首的〈野地系列〉

則是看不懂。〈野地系列〉的野地不是指宜蘭，而是坪林。這是離坪林街上還要走一個多鐘頭才能抵達的深山，我祖父母和叔公堂兄弟等大家族居住的地方。我在那兒出生，但已無記憶。我很小就跟著父母搬到臺北，回坪林通常是寒暑假的時候，在高中、大學時有些特別深刻的記憶。

但我的家鄉後來再也回不去了。主要是產業道路不斷延伸到深山裡去，老屋因而下陷，親戚們陸續搬遷到較便利的平地，家屋自然荒廢，地貌大大不同。有一年回返時，就覺得故鄉被徹底毀了。我懷念祖父母，還有他們居住的那個地方。我極力想把那些回憶寫下來，寫了很多，但都不滿意，太老套了，覺得想要表達的並不是那樣，那些詩作就被毀棄。我知道我得等待。

有一天，〈野地系列〉突然來了，它是突然出現的，我無法停止的寫，總共十四首，一次寫完。很多人以為我寫了很久，其實沒有。〈野地系列〉就是自己來了，它似乎是應我的召喚而來。

《關於故鄉的一些計算》的故鄉或〈野地系列〉的野地，是想向祖父母致敬。祖父母是農人，非常辛勤懇切，我很心疼他們的艱苦。所以，故鄉其實是人，是我的祖父母。通常一個地方讓我在意、想念，是因為特定的人，而非它有多美的風景。人和人之間的情感，才會讓一個地方發出光芒。有真正在乎的人，才有故鄉。

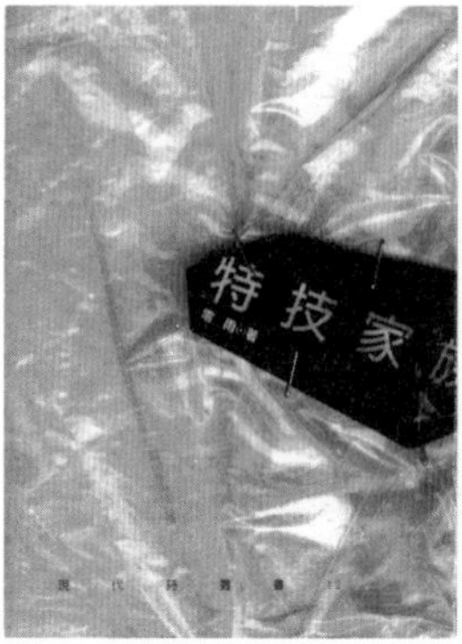

故鄉不是一時一地的，故鄉是龐大的精神原鄉。我原生地是坪林，然後來到臺北，可說是道地的臺北人，現在卻居住在宜蘭，好若擁有多重身世，它們都帶給我精神原鄉的意涵。

從美國哈佛大學回來，需要有穩定的工作過活，正好有個朋友拿報紙給我看，是宜蘭農工專校[8]在徵國文老師，也就遞了履歷，也就去了宜蘭。我並不是因為喜歡宜蘭，所以特別挑選宜蘭，而是有個機緣就去了，從一九九二年到現在，都在同一間學校教書，也就好像變成宜蘭人。宜蘭成為我居住的故鄉，實屬意外。我自己知道，我其實是個永遠的異鄉人。

問：談一談您早期的詩集《消失在地圖上的名字》、《特技家族》、《木冬詠歌集》？

答：寫作有滿大的部分是為了追憶，而追憶無疑是徒勞的。正因為徒勞，重構才成為可能，並能賦予意義。同名組詩〈消失在地圖上的名字〉，寫崆峒、蓬山、驪山、陽關、虞淵、昭關、藍毗尼園、龍場，這些原屬於文化符碼的地名，已是經典中的語詞。我只能加以重構，藉此追憶；如此一來，它們也就在我的手中再活了一遍。另外，〈箱子系列〉也延續《城的連作》這本詩集的主題——對都市生活隱喻式的書寫，風格則多了一份冷冽。

《特技家族》的同名詩作〈特技家族〉是組詩，共九節。大約在一九九一年，因主編《現代詩》的緣故認識插畫家石某，他畫了幾張插畫，其中有跳火圈等馬戲團特技表演。我看了心有所感，不久就完成這首組詩。當時，我已出版兩本詩集，很想嘗試用簡單的句子寫詩。這首〈特技家族〉是實驗後的成果，沒想到引起很大回響，並得到一九九三年的年度詩獎。另外，〈戰爭中的停格〉，則是延續運用古典素材的特點，把神話搬到詩中。〈鐵道連作〉則是我日後一連串鐵道書寫的起點。〈劍橋日記〉九首，寫的是我到哈佛大學的經驗。

《木冬詠歌集》第一輯，如〈創世排練第一幕〉暴露我基督教信仰的養成。其實早在《消失在地圖上的名字》，如〈失眠晚課〉、〈生病的眼睛〉、〈護送夢的過程〉、〈紀元1999〉等等，我就已經運用聖經素材。這些古典題材一直縈繞內心，不吐不快。我總感覺我的靈魂很古老，老到岩窟時期，老到天地初開，因此在第一輯中也收了〈遠古〉、〈瀚海〉、〈水火〉、〈噴泉廣場〉等等與古老有關的詩。另外，值得一提的是，我開始書寫在地經驗，並意識到我所居住的是一個島，因此有〈龜山島詠嘆調〉等詩篇；並寫下〈父親在火車上〉，流動的火車旅行與身世的重疊書寫，也由此開始。

問：您很喜歡寫系列詩作，《我正前往你》尤其特別多，有什麼特別原因？

答：時間是一個謎，我想要深入它的虎穴。它一直往前走，但人總想透過回憶與情感不斷地折返，回到昔日乃至最初。無論是組詩、系列詩作的嘗試，又或者包含以火車、鐵道為主題的詩歌，我都想要以詩歌感覺時間的存在與流動，甚至與它抗爭。

《我正前往你》的同名詩作或〈我和我的火車和你〉都有連續不斷的動作與意旨，前往的同時，回返也在發生。這一本詩集裡的組詩，應該是我的詩集裡最多的；詩集的序也很長，可以是泛小說，也可以是雜文思索，也可以是對詩歌在當代的認識與廓清，所以，它也是論理性最強烈的一本。是一次很特別的爆發。

而《我正前往你》的你，可以是自己的分身，可以是失眠狀態，可以是文明，可以是荒廢，可以是時間，更可以是資本主義，是非常複雜、有機體也似的第二人稱。《我正前往你》同時也是《城的連作》的回應，或者說後續更深入的探討。《城的連作》當時已經有不少詩作是針對資本主義去想去寫，那也許是我的詩歌最早的主體與核心。

《城的連作》所寫的城，既是臺北城，也是資本主義之城——這樣的大城市都有著相似感。其後，此一主題淡化，但我從未遺落它。相隔多年後，我再次回返同樣主題，突然的飽和、突如的爆發，也就有了《我正前往你》。

《我正前往你》是我全面性地將多年以來存活於資本主義社會的痛苦，以及長期觀察到種種資本主義帶來的敗壞與瘋魔，集中性地表達出來；當然也反思詩歌在人越來越機械化的時代究竟還能何所作為。那是在絕望之中非得逼迫自己說出話來不可。它應該是我長期處在各種對機械過敏情勢下的最終引爆，所以相較其他詩集，它的聲音比較尖銳，有種淒厲的感官強度。

問：《田園／下午五點四十九分》的主題是？

答：這一本寫臺北和宜蘭往返所見所感，是行旅之間的詩，同時也寓意著資本主義全面勝利後，身為一名詩人的哀傷。

原先這本詩集想要命名為《田園》，因為我悲觀地認為田園已經沒落，現在的田園跟我過去目睹親歷的田園是兩回事，現在田園都是人造的，太人工化了。但只叫這個書名太單調，也沒有新意，我就想要再加入幾個字，看到〈下午五點四十九分〉直覺很搭。〈下午五點四十九分〉是黃昏時刻，亦即白晝沒落了。

這就有雙重奏的意思。

也呼應前一本《我正前往你》，主題前後銜接，也像是雙重奏，兩本詩集既對立又貼合。

問：您的創作方式為何？詩集都只用數字分輯，不用輯名？好像特別重視標點符號？如何編一本自己的詩集？

答：有時候坐車，忽然看到一個風景，就拿出紙隨手寫下來。別人剩下不要的紙，我收集起來放在包包。我的筆記本是不能給人看的，因為各種紙都有，很雜亂。過一段時間，我會重看筆記，做些修改，定稿時才打字存檔。

我覺得詩集不列輯名，只用數字，像是一節一節車廂掛在一塊。每一輯裡的詩都有某種相同的氣味，這樣就夠了。另外，組詩的詩作也常常以數字分開。我確實在乎連續性，數字無疑可以產生類似的效果。

至於標點符號，我在猜想，跟我擔任過專業作文老師有關，對每個標點符號做了一點小研究，所以會很講究。更重要的是，我以為每一個標點符號都有它獨具的形貌和意義，都應該要為它們安排、發現最適合的用法。那些句號、破折號、刪節號乃至於空格的本身都應該是詩歌的一個單位，都有它們自己的生命，不能輕忽。

以前寫詩，就像體內有一條大河，自動流淌，真如黃河之水天上來。突然想寫，可以一揮而就。寫詩，對我來說，是情感的綿延不絕，完全順乎天然，不須修改。我的詩歌其實就是我生活方式的體現。編詩集的時候，我會先選定某些詩集的主題放著，累積到一定的量，再決定要不要出版。通常我會花好幾年的時間去選去編，仔細斟酌，考量它們出版的意義與價值。

像〈我正前往你〉就是失眠晚上寫的，在迷糊之際，腦中劃過的句子，我把它記下來。所以這組詩有很多東西不合邏輯，有種急迫，有種千萬種碎片加總起來持續推進的意味。這組詩的句子都又短又急促，寫了七、八十首。最後決定出版時，經過篩選，去除一些重複的，留下三十八首。我或許是用小說的眼光去編詩集，所以希望每一首詩都能扣住詩集的命題，而不是無意義的集結。

這幾年編詩集基本上都是這樣，偏向於依據主題去編，而不是把同一時期的詩歌全都放在同一本裡。《田園／下午五點四十九分》也是這樣，因此裡面的詩，時間的幅度滿大，有的甚至跨越了十年。

問：現在的創作方法跟以前有不同嗎？

答：美國漢學家宇文所安（Stephen Owen）談過上層修辭與下層修辭的概念。上層修辭是文學菁英、知識分子經過雕琢與層疊技法的語言，下層修辭則是俚語的、直接口語表達的一般人寫法。

寫詩越久，就越不能倚賴上層修辭華麗典雅的造句技法，那容易僵化固定，同時也無法打動我。回到最簡單、樸素的語言是否也能抵達真實的美麗？我想給自己一個挑戰。這和我年紀漸長，寫詩的經歷和生命的經驗進入另一階段有關。我想嘗試回到語言的素描狀態。我想透過素描，重新接近寫作的生命力。而素描與下層修辭是不同的，後者仍然停留在修辭裡，可能是對詩歌的過度簡化。如今，現代詩來到下層修辭的年代，所有人都看得懂。但問題是，詩歌並不是所有人都看得懂就好了。我要追問的是，接下來呢？現代詩的下一個階段是什麼？

對現在的我來說，素描是非常重要的一件事。素描是最基本的工夫，素描也是直接的敘述。我近年來開始試著以素描的方式書寫世界。我以為，素描工夫是直覺直觀的，無須經過修辭處理，也就是簡單幾筆勾勒出事物形狀，而能立刻呈現本質。例如收錄在《田園／下午五點四十九分》裡的〈降臨〉就是，希望在素描風景以外，還有內在的層次在醞釀流動。我所謂的素描，是去追溯事物的原典，去透視事物的本質。

中國畫家黃賓虹八、九十歲依然到處寫生素描，他的筆觸極為有力，雖然描繪的始終是中國水墨的山、房子和小船等符號，但線條就是他生命力的展現。純粹用文字去捕捉人、事、物的基本線條，卻又能展現生命的多姿與力度，我現在想要在這方面做一點嘗試。我知道這很難，但反叛自己，本來就不容易。

寫詩前期，一切都是容易的，不用多想，詩句就能不停流出。那時寫詩是憑著情感、青春和浪漫，而且往往是浪費也似的寫出無數句子。到我這樣的年紀，情感已然沉澱，很多經歷讓人變得冷硬，如何在詩中展現生命另一風貌是嚴酷的考驗。

或許素描可以讓我反思生命的原始本質。

素描是靜觀、是直觀，或許詩歌素描可以稱為無修辭。這很難。我正在前往，還沒有真正達到。但我認為這對現代詩很重要。現代詩正處於停滯狀態，我們一直活在各種詩歌傳統的大束縛中，無從伸展。很抒情很感人很甜美或很憤怒激昂狂暴的句子，都是年輕時期才能寫的——而現在已累積太多相似的東西，變成陳腔舊調。如今現代詩應該帶著直接敘述的修辭優勢，走向下一個任務。素描可能就是一個出路。

問：在您的詩歌創作中，語詞是非常重要的，比如有〈語詞系列〉、〈單字系列〉（收錄於《關於故鄉的一些計算》），而且語詞這兩個字也星布在您的各個詩集中，它似乎是某種啟動的開關？

答：所有語詞都是生命的單位。寫詩的動能，也在於此。必須為被覆蓋太多意義與用法的每一個詞語，重新認識乃至重新發明，讓它們再次復甦。

有時候，會因為忽然迎面撞上某個語詞，覺得驚嘆，而為它寫一首詩。但不一定當下就寫，往往需要等待。散步或坐車之際，或許是外在環境刺激，或許是情感狀態，那個語詞突如滾雪球般的在腦中不斷增生，自然寫成詩，一點都沒有勉強刻意。語詞要成為完整的詩歌，其實需要好幾年時間，需要意外的觸動，也需要天然的熟成，然後爆開。跟語詞一起自然地移動，是我最喜歡的時刻。

問：您參與的詩社有哪些？經驗為何？

答：最早是《現代詩》，在臺灣是梅新老師主導，美國有林泠老師的大力支持，許多經費來自她，她每年都會回臺，非常關心刊物，也給予實質支持和鼓勵。梅新則經常召集陳克華、鴻鴻、莊裕安、萬胥亭、王浩威和我，到他家裡吃吃喝喝、聊天開會。我當時擔任主編，總是希望可以更快進入每一期詩刊的主題。但文學有時真的是聊出來的，在各種看似離題的討論，經常電光石火也似的，燃燒、點亮你的內心，對詩歌產生了新的認識與想像。

一九九七年，梅新老師去世。他的突然離開，讓大家措手不及，一時之間不知如何是好。後來黃粱很熱心，他覺得我們應該要繼續辦詩刊，碰巧夏宇從法國回來，鴻鴻就邀請她參與。夏宇當時建議用「在」取替「代」，就這樣《現在詩》出現了。有她那樣強大的生力軍加入，《現在詩》於二〇〇一年創刊，一開始，夏宇就曾說我們編十期就好，我以為是開玩笑。到了第十期《無情詩》之後，就真的自然地停下來。再加上鴻鴻辦《衛生紙+》，形成新的詩歌聲勢。夏宇是說你們可以繼續編啊，但因為有趣點子都來自夏宇，她如果沒有積極參與，其他人也意興闌珊，畢竟，夏宇的實驗性很強，可以帶給我們嶄新的觀點與作法。《現在詩》是否停刊，目前是個未知數。

《現在詩》採用輪流主編制，希望每個成員都有編到，每一期的主題，是成員們一起集思廣益做成的。不過提出點子的，大半都是夏宇。我雖然對編務覺得疲倦，但他們還是希望我能負責一期，也就是《日曆詩》，出版沒多久就賣光，我自己也很吃驚。至於《歪仔歪》詩社，它早在二〇〇五年就成立，但要到二〇一〇年才透過宜蘭高中王沛芬老師跟我聯繫。後來碰面聊天，他們邀請我當顧問。我在宜蘭教書已經很久，幾乎是我的第二故鄉，沒有多想，就很自然的首肯。《歪仔歪》詩社目前（二〇一七年）出版十五期，穩定中不斷成長，累積相當豐碩的成績。

問：有不少學院論文研究都以您與夏宇作比較。您怎麼看待？

答：夏宇讀戲劇系，不像我中文系出身，她寫來就是活潑靈動，能夠操作非常現代的語言。而且夏宇很早就寫詩，跟羅智成、楊澤他們一樣，年輕時期就開始發表詩作，少年天才，一出手就驚艷詩壇。我要直到三十歲才寫詩。雖然我跟他們是同代人，但他們其實是寫詩的前輩。我太晚寫詩，所以當初寫，有點自卑，想著會不會太晚？

我所受的文學訓練很古典，而後在編輯工作上獲得一定程度的解放，讓語言變得靈活起來。但夏宇的詩歌語言更進一步地刺激我，因為她，我才得以從古老、套式的語言困境解放開來。我從夏宇那裡認識到語言的自由度。

不過，我與夏宇仍有所不同。夏宇為詩歌藝術帶來語言解放的可能，但對於詩歌，我想要再給予，以及還原。也因此，西方及東方、古典與現代的衝擊和衝突，在我的詩作是常見的。

問：衝擊與衝突是指？

答：我非常喜歡中國藝術美學，尤其是重視樸拙、不求纖巧這一點。我的詩歌也傾向修辭歸於樸簡，比如先前提過的〈降臨〉寫「天空有三層。一層灰煙在下面／一層白雲在中間。一層湛藍在另一邊」，結尾則是「山一直在變化。在變化。在變化／有時沉穩。有時青春。有時像神／要降臨」，就是停止追求修辭的體現，詩裡寫一種直觀，以文字將風景的層次與變化直接描摹下來，讓它的深意自然地從直觀中流露。

而西方往往是一種主義興起，推翻上一個主義，如印象派、後印象派、現代主義、超現實主義、後現代主義乃至普普畫派等，新風格的出現，奠基於對舊風格的反叛，所以技巧、題材不斷翻新。中國藝術從繼承開始，花長久時間臨摹、學習，十幾二十年後慢慢地找出自己的路。兩者概念是衝突的，一個是信徒，另一個則是成為叛徒，確實是矛盾的。但它們同時在我的生命生長，也變成我詩歌的一種特質，匯集了中西概念的衝擊。比如我的〈草書〉（收錄於《關於故鄉的一些計算》）寫：「最甜蜜的那些字／在風中毀壞。灰燼／集合。從草原裡走出」，就是把中國書法和讀德國詩人保羅．策蘭（Paul Celan）詩歌的印象，連結在一塊兒。

另外，古典與現代也會揉雜一氣，同時同在的體現，如〈李清照和她的姊妹〉（收錄於《關於故鄉的一些計算》）運用現代的語彙，寫宋代女詞人：「一封簡體字／擺在豐盛的餐桌」或

「在古塔高處／那顆未成形的星球」等等。

所以，我的詩往往是矛盾與撞擊的結果。我接受著各種相左的、矛盾的、衝突的事物與精神一起發生，試著讓它們同時展現，也就有了另一種風貌。我的信與叛是雙重的，而不是單向，或許像環形吧。

問：您受邀參加臺灣和國外詩歌節的經驗有哪些？

答：國外是二〇〇四年的鹿特丹國際詩歌節和二〇一一年的香港國際詩歌之夜。臺灣的是臺北詩歌節和太平洋詩歌節。臺灣的詩歌節內容豐富多樣，國外詩歌節比較簡單純粹，各有不同。

我始終認為對詩人最大的回饋，就是好好讀他的作品，而不是聽詩人談論詩，或參加活動。我記得，鹿特丹詩歌節的開幕式是邀請所有詩人站在臺上，有自己特定的位置，在一片漆黑中，當主持人介紹到時，燈光就會打在那名詩人身上。明暗的視覺感，讓氣氛變得迷人。

在香港國際詩歌之夜，舞臺燈光打在詩人身上，聽眾席一片漆黑。我朗誦〈野地系列〉，憶起祖父母，中間一度哽咽，有好幾分鐘無法發聲，心下很急，但臺下讀者還是安靜等待，有一種詩歌值得慢慢來的美好感受。

問：您有篇散文〈黃荷生的弟弟和我〉，收錄在《觸覺生活》[9]**。當時讀到，還真以為您認識黃荷生的弟弟。除了詩集外，可有別的出版計畫？**

答：這篇散文發表於《現代詩》復刊第十八期。那是讀黃荷生的詩〈未來和我（一）〉而寫下的，是想像，不是我真認識他弟弟。詩中黃荷生寫道：「且帶著一個弟弟，在街頭」實際上他有沒有弟弟，我也不甚清楚。所以，我是把詩人的詩看成更真實的存有。有時確實會讓人誤以為真。

最近，《印刻文學生活誌》做敘利亞詩人阿多尼斯（Adonis）專輯（編按：二〇一七年八月號），請我寫一篇。我寫了前往大馬士革的事。實際上我根本沒去，我上網查資料，讓它在自己的內在真實化，彷如真的去過，這是想像的移動。文學作品不宜以真偽標準去檢視，並非真要親臨當地才能書寫，通過想像，也可以心到筆到，栩栩如生。

另外，我最近的確想過出版散文集，但只是萌芽。散文是從我的隨手筆記出發，可以說散文是比詩歌長一點的筆記。目前累積一定的量。這些東西從未發表過，有點像是《我正前往你》的序文，但更短一些，不會那麼長，不那麼專注於論述，比較隨心所欲。與其說是散文集，我覺得更像中國古代文人的筆記，在隨意即興中，放任語詞的發展。在散文裡，放一些自己的塗鴉，我可以考慮。詩集我就不想這樣做，我還是想要讓詩回歸純淨，保持無添加物的天然。我比較重視詩歌的唯一性，詩歌本身應該就是一本詩集裡真正重要的東西。如果是散文集，我倒覺得可以做不一樣的出版嘗試。

問：詩作可有改編成影像或音樂藝術？您覺得與詩作的差異是？

答：二〇〇一年師大音樂系研究生陳君宜將〈特技家族〉做成音樂劇場演出。同一首詩在二〇一五年，交通大學音樂研究所的李子聲教授，將之改編為女聲二重唱，在誠品松菸店演藝廳演出。

客家歌手羅思容為〈關於故鄉的一些計算〉譜了曲，《田園／下午五點四十九分》中的〈我喜歡〉、〈頭城——悼F〉也被年輕人譜成歌曲。

另外，朱賢哲導演的短片《弱囚》「2003影像詩」，在公視播映。其中用了〈特技家族〉中的5與7，以及〈鐵道連作〉中的3與5。我的〈創世排練第一幕〉也由朱導演改拍成短片《創世紀・排練》，在臺北電影節和公視「2007影像詩」放映。朱導演最近完成劇情長片《白蟻：慾望迷網》，頗受注目。

臺北詩歌節也委託詩人、影像創作者葉覓覓拍攝〈你問起那盞燈〉（收錄於《膚色的時光》）。還有，飛閱文學地景也委託民視拍過我的〈太平洋〉和〈從頭城到雙溪〉。詩人吳俞萱也為〈卜居〉（皆收錄於《田園／下午五點四十九分》）拍了影像詩。

一旦被改編，基本上就和我無關了。它們將會是另外一種藝術形態。我都是歡喜並且信任的。

問：社會對詩歌一直是漠視的嗎？如果是，您何以堅持至今？

答：我有一份工作，可以養活自己，所以我可以不必理會社會是否漠視。我始終視寫詩為我內在的活動史，它和我外部的生活不相抵觸。我對詩歌或詩集的出版，比較像是我人生階段的完成，和社會的關係不大。我幾乎是放任詩歌去自由生長，在內心自由生長。然後，誕生出一首自己喜歡的詩，這似乎比社會漠視或重視更重要。詩歌的現實機能，比如功利之類的，可能產生自詩以外的東西，例如權力的運作、資源的分配等等，不是我的能力所能掌握的，也就無從去在意。我深信，只要人存在，詩歌就不可能消失。詩歌的強大，在於它的精神性，只要人類有存在感的需求，詩就有存在的理由。

另外，詩歌受到社會漠視的困境往往不是來自外部，而是源於內在。正因如此，困境來時，恰也正顯示出要求突破的契機。困境與突破是綁在一起的雙重概念。每個時代的詩人都有自身的書寫核心，那也會形成新的困境、新的問題，留待下一個時代的詩人去解決。一旦沒有獲得解決，詩歌前進的力量就會削減乃至於停頓。

譬如抒情詩，這麼多年來，臺灣的詩歌依舊以抒情詩為傳統，大部分人對現代詩的理解也停留在這裡，好像沒有別的可能。但我認為，詩人不能永遠只寫一樣的詩。人的生命在前進過程中，它的繁複多樣、變化萬端，決不是一個抒情就能全面概括。我們讀詩，不妨培養更深更廣的品味，容納更多的可能性。生命的困境亦然，尤其是那些無法繞過的深淵，比如生老病死愛恨離別，該怎麼辦呢？只有不斷提昇自己，淬鍊自己來面對生命。所以，寫詩的困境如同生命的困境，必須要加以拓展，盡力讓詩開出各式各樣的奇花異朵。

編註

1 班雅明（Walter Benjamin），《發達資本主義時代的抒情詩人：論波特萊爾》，二〇一〇，臺北：臉譜，頁四六。

2 卡爾維諾（Italo Calvino），《巴黎隱士——卡爾維諾自傳》，一九九八，時報文化，頁二一七—二一八。

3 〈書面訪談錄——陽小濱專訪零雨〉，《特技家族》，一九九六，臺北：現代詩季刊社。

4 《臺灣時報》，為綜合性日報，創立於一九七一年八月二十五日。

5 《國文天地》雜誌於一九八五年六月一日創刊，由正中書局發行。後經改組，成立萬卷樓圖書公司，現由萬卷樓圖書發行。

6 詩人紀弦於一九五三年二月在臺北創辦的詩刊。至一九六四年二月停刊，共發行四十五期。

7 《中外文學》期刊雜誌，於一九七二年六月創刊至今，由臺大外國語文學系暨研究所發行，國立臺灣大學出版中心出版。

8 一九九八年升格為國立宜蘭技術學院；二〇〇三年改制為國立宜蘭大學。

9 黃荷生，《觸覺生活》，一九九三，臺北：現代詩季刊社。

＊ 書籍封面提供：零雨、小寫出版。

- 1952　出生於臺北縣（今新北市）坪林區。
- 1955　移居至臺北市。
- 1958–1964　就讀臺北市西門國民學校（今臺北市西門國民小學）。
- 1964–1967　就讀臺北市立古亭女子初級中學（今臺北市立古亭國民中學）。
- 1967–1970　就讀臺北市立景美女子高級中學。
- 1970–1971　就讀國立中興大學中文系，1971年轉學至國立臺灣大學中文系，1974年學士畢業。
- 1974–1976　任中華書局編輯。

- 1976-1979：任《國語日報》作文班老師、國中代課老師。
- 1979-1981：任《臺灣時報》副刊編輯。
- 1983-1984：美國威斯康辛大學東亞語文研究所碩士畢業。
- 1985-1992：任私立崇右技術學院國文教師（崇右影藝科技大學）（1985-1991年）；任《國文天地》副總編輯（1985-1988年）；任《現代詩》主編（1986-1992年）；於哈佛大學任訪問學者（1991-1992年）。
- 1992：任國立宜蘭農工專科學校（今國立宜蘭大學）國文老師。
- 2002：與夏宇、鴻鴻、曾淑美、阿翁創辦《現在詩》。
- 2014：於國立宜蘭大學退休，任兼任國文老師至今。

1982　首次發表新詩〈上山〉於《現代詩》復刊第二期。

1990　詩集：《城的連作》，臺北：現代詩季刊社。

1992　詩集：《消失在地圖上的名字》，臺北：時報文化。

1993　詩作〈特技家族〉獲爾雅年度詩獎及年度詩人。

1996　詩集：《特技家族》，臺北：現代詩季刊社。

1999　詩集：《木冬詠歌集》，自印出版。

2004　受邀參與鹿特丹國際詩歌節。

3月，詩集：《膚色的時光》，臺北：印刻文學。

中英對照詩選集：《種在夏天的一棵樹》（*A Tree Planted in Summer*），法國：靈敏出版社（Vif Editions）。
翻譯菲奧娜．施．羅琳（Fiona Sze-Lorrain）中英對照詩集：《無形之眼》（*Invisible Eye*），法國：靈敏出版社（Vif Editions）。

受邀參與香港國際詩歌之夜。

詩集：《我和我的火車和你》，香港：香港中文大學。

主編《現在詩06期：2008日曆》，臺北：唐山出版社。

2018 2017 2015 2014 2011 2010 2007 2006

詩集：《關於故鄉的一些計算》，自印出版。

詩集：《我正前往你》，臺北：唐山出版社。

詩集：《田園／下午五點四十九分》，新北：小寫出版。
2015年，詩集其中十首詩獲吳濁流文學獎新詩類佳作獎。
2016年新版增訂附錄：專訪與詩評，新北：小寫出版。

獲太平洋國際詩歌節年度詩人獎。

專訪黃庭輔

採訪、整理、撰文／蕭淑如　照片提供／黃庭輔

前言

幾年前某個春天午後的三或四點，我看了一部短片《03:04》，螢幕上如是演繹：寂寥的鄉間村景，破落老宅內幾個顯得百無聊賴的軍人進食摸魚、沒人搭理的野狗吠叫、人們作醮，鞭炮炸開紙花飄散，接踵而來的跳接畫面，沒有故事線也無旁白，還有讓人以為電視機壞了的噪音音樂持續瘖啞嘎響，面對明明可以個別指出是什麼的行為和物件，經過這番蒙太奇剪接，電視機前的我懵然了。因為不理解，十六分鐘顯得莫名漫長，暗忖是哪個標新立異的年輕人，莫名生猛的紀錄影像，激發微怒，那是第一次和黃庭輔的作品交手。

影片花絮收錄黃庭輔大約五分鐘的訪談，不長很短，出乎意料是個掛著大鏡框的中年大叔現身。相較高深莫測的實驗影像，他談起作品用詞淺顯，寓意深遠，咀嚼起來很有意思。他說：「也許大家無法承受那種無聊的、沉重的力量，他們會認為有所不滿足，難道金門真的是這樣子嗎？或是說，難道臺灣每一個小村落，不是這樣子嗎？」接著又說，「這就是一個人的通性嘛，當你被限制在某一個地方，無聊的生活，你還能夠幹嘛？幸福就是在最大的限制裡面找尋自己的快樂，不管快不快樂，至少我們都在等待另外一種快樂。」經過導演這番良善動機的表態，我重新再看《03:04》，那些落寞的鄉野風景與祭儀安魂的片段，喚起了我成長於鄉下受困感的熟悉記憶。對創造如此前衛影像感的導演，進一步再搜尋，原來他的正職工作是電影資料館（今財團法人國家電影中心）的文書人員，突兀的反差感，無法理解的奇異影像，引發我對此人的好奇。

黃庭輔從小出生金門，那時仍有單打雙不打[1]。在宣傳彈未至的日子裡，棒球以及各類型的電影幻象，臺語片、廈語片、黃梅調電影、武俠片等等，大篇幅地充滿他的童年畫面。他曾經夢想當個畫家，卻沒能補習術科考試技巧，未能考取美術科，轉而就讀廣電科。雖然如此，倒也順應命運地從靜態圖像的畫布，轉向動態影像的電影一途。在國立藝專（今國立臺灣藝術大學）時期，他開始接觸大師的影像作品，也開啟獨立影像創作，團隊簡約，主創者通常就是黃庭輔與陳麗玉[2]。

二〇〇〇年前後，當臺灣劇情片產製量跌落谷底，幾部感人、勵志的紀錄片為院線帶來新的票房生機，院線之外，周美玲導演發起的《流離島影》實驗紀錄片計畫[3]，黃庭輔的《03:04》名列其中，確立了先鋒實驗性格。之後，他接連驚艷國內外影壇的《指月記》、《黃屋手記》，如入無人之境的直視與窺看的大膽紀錄手法，再加上嶄新的實驗影像形式，樹立在臺灣紀錄片的一席之地。

黃庭輔向來不做美化謳歌人間溫情，也很少為觀眾解說接下來將看到或正在發生什麼事情，放任觀眾在混沌中自由解讀或等待被解答的焦慮。在臺灣少有影像作品，像他如此認真的審視真實世界中人、物的行為狀態，不管是無聊、發呆、發睏、搔癢等等許多再平凡不過的行為舉止，放在莊嚴而巨大的白幕面前，其作用猶如美術館展示空間的遼闊白淨，難登大雅之堂的叛逆者，大舉化身成為使人肅穆審思的引題人——某個空間裡人的存在狀態的意義。

自一九八五年首次拍八釐米至今，黃庭輔生活規律，善用零散公餘時間創作，雖然獲獎無數，家中獎牌悉數被收起來了。客廳的整面書牆，相較於電影書，詩集、哲學、美學、歷史、文學等文類反而占了大多數，他曾說[4]喜歡看書多於看電影，年輕時會想多看不同電影的表現形式，但發現看電影的進步並沒那麼快，反而提升自己的感覺比較重要。因此在作品中，運用能夠觸動自己情感的日常片段，來傳遞對被攝環境的情感與思維。

這次訪談，他坦言正面臨年紀、體力與改變風格的考驗。不過基於人生總得找個有意義、有趣的事情消磨，他會繼續探究其創作母題——生而為人，面對無法逃離的時空限制，人類身體的處境如何等待，如何終結。

訪談

問：小時候在金門有接觸哪些文化活動？或者養成？

答：我家早期稱不上有文化，剛開始很窮啊，祖父三十幾歲就過世，祖母靠做豆腐、粿養家，八二三砲戰以後開食品家庭工廠，家族的經濟才慢慢好轉。我大伯、叔叔開食品行，我爸年輕時曾經跑到新加坡的工廠當外勞幫忙煮大鍋飯，但沒什麼發展，去不到一年就回金門開服裝行，後來就和我媽結婚。我們這一代大多都是念書，沒做什麼生意了。

小時候就是打棒球和看電影。電影算是我們主要的生活娛樂，雖然我家很早就買電視，但那時候金門沒有轉播站，所以收訊不穩定也看不清楚，到了冬天訊號更差，根本不能看。我大部分是在金城的戲院看電影，偶而到山外。金門大部分是放臺灣兩、三年前就上映過的片，等輪到金門放映，膠卷會因為放過太多次，放映時常常斷片，但阿兵哥看片的需求量還是很大，戲院一個星期會換兩次片子。那時候還有單打雙不打，單號晚上不放電影，因為宣傳砲曾經擊中過戲院，再加上燈火管制，所以金門人不太有天黑以後的夜生活，晚上九點已經算很晚了。

我估計小時候看過幾千本漫畫，因為我爸每年都來臺灣採買衣服、雜貨，順便買一大箱的漫畫，等我家的小孩看過以後，再拿給嬸嬸轉租給小學生。那時候日本漫畫還沒進來，但不知道臺灣哪來這麼多漫畫，像武俠類的《三國演義》、《西遊記》、民間故事、劉興欽的

《阿三哥與大嬸婆》、牛哥、陳海虹、陳定國等等，也有科幻類的。

到了國中，我堂哥那時候念東海大學，他會借翻譯小說回來看，像是赫曼·赫賽（Hermann Hesse）的小說、諾貝爾名家的小說、詩，雖然我看不太懂，但還是會硬看。再加上我大哥、二哥那時候想寫作，會開書單叫我跑腿，所以也滿常逛書店。

國中時我幾乎每天很早就到學校散步，思考人生啊、生死之類的問題，可能是看了那些書的關係吧。我覺得人的思維應該是國小、國中就建立了，有些天生的價值觀可能出生時就決定了，像小時候我媽常叫我去買東西，找的零錢就給我，但我會堅持還回去，如果她不拿，我甚至會丟到地上，她覺得我這個人很奇怪，但我覺得需要的時候再說。

問：您說過[5]小時候很喜歡看人家做事情？

答：我覺得看人家做事情，就好像看一部電影、一本小說那樣，做事從開始到結束本身就是一個過程，這個過程不是每個小孩子都會從頭看到尾，也是要有興趣和耐心才待得住。像小時候修理腳踏車的人來村子裡，會先沿街宣傳拉客，等客人上門，就從拆零件、洗刷、再把零件一一組裝起來，這樣一套流程走完就要花好長的時間囉，這也算是一種技術的表演。

這些行走江湖的手藝人，不管是補鍋子、補碗或者收破銅爛鐵，就好像外來的表演者，久久才來一次。生活平淡的金門類似傳統的農村社會，只要有外來者進到村子裡就是一件大事，畢竟神廟請戲班來演戲的機會少啊，況且也沒有人天天在修車，只要是超越平常的事件，就有觀賞的趣味在裡面。

另外有個深刻印象，就是小時候我會看祖母削腳皮。我祖母幼年時綁過一陣子小腳，沒多久就放了，每隔一段時間她會拿個小椅子在庭前削死肉，用類似男生刮鬍刀的刀片，就像削蘿蔔那樣，厚厚的，一塊一塊的，好像也只有我會蹲在旁邊靜靜看。她穿傳統的黑色唐裝，頭髮留得很長，通常會抹上一些透明的髮油或者蘆薈再梳頭，然後再慢慢地盤到後腦勺上，束成一個髻。我喜歡去看這些過程。

問：怎麼開始接觸繪畫？接受了哪些訓練？

答：我念國中的時候，學校選了一些功課不錯、畫畫也不差的學生，發個紙條問家長是否同意讓貴子弟念美術班？我就這樣念美術實驗班了，那時候全國有實驗班的學校應該沒幾間。我們每星期上連續四堂的美術課，老師幾乎什麼媒材都教，素描、水彩、木雕、版畫、絹印、製圖、國畫等等的，也會到公園寫生。那時候我回家幾乎都在畫畫，對美術產生很大的興趣，也滿認真的，像是寒暑假跑去寫生，去歷史博物館、新公園的省立博物館、國泰美術館、故宮逛展覽，看《雄獅美術》、《藝術家》這類藝術雜誌，也會到大陸書店買西洋畫冊。我特別有印象的是文藝復興以後的名家，很多會用人體來呈現事件和思想，覺得為什麼中國沒有？我就想，以後要以畫人為主。

我們很常參加繪畫比賽，像是青年商會、國泰保險公司都會舉辦，不過我大多得佳作，只有一次得第三名。為什麼只得佳作？因為得獎作品通常是寫實風格的水彩畫，但我會故意使用廣告顏料，然後把顏料塗厚、筆觸比較明顯、色彩鮮豔、線條簡單但不那麼寫實，應該都只是想要吸引目光的投機取巧啦。我當時是有研究過曾景文、克利（Paul Klee）的作品，因為他們的色彩表現方式比較特別，偏鮮豔但又能搭配暗色。

我國中時想當畫家，但到高一除了參加學校舉辦的寫生比賽，之後就中斷繪畫了。主要是考量自然組比美術科系有前途，所以念甲組、理工方面，想說念建築，和畫畫多少相關。課餘時，我會看些西洋哲學、社會學的書，電影偶爾才看，還是會看展覽。當時因為焦慮聯考沒考上就要當兵，所以心情很差，課業壓力太大了，結果兩次聯考都沒考上，還是去當兵了。

問：為什麼想讀臺灣藝術專科學校？談談藝專的生活與學習，選修哪些課？

答：退伍的時候，覺得應該做自己有興趣的事情，考美術科也算是完成小時候的一個理想。再加上遇上臺灣錢淹腳目的時代，社會對廣告業、娛樂需求都很盛行，美術相關科系畢業後的出路變多了，家人也不像過去那麼反對。

那時候考美術科，學科考過術科沒過，因為我沒去補習考試技巧，還是按直覺畫，考試時畫不完。後來按分數高低排名讀了廣電科，在廣電科其實沒學到什麼，老師大多在打混，也沒教什麼技術，不知道是時代不對還是怎麼樣？我有修電影科的課，像電影概論、編劇、聽張昌彥老師講解蒙太奇，修過余為政老師一學期的動畫課，做過幾秒鐘的動畫。不過我自己本身看滿多電影的書，也參加電影社的活動。

沒有考上美術轉向電影也是命運使然，美術和電影有關，也講畫面構圖，至少比電視還講究影像美學。其實真實人生本來就是如此，考不上就想辦法繞道做自己喜歡的事情。

問：藝專時值解嚴前後，感受到怎麼樣的社會氛圍？

答：解嚴前後出現比較多有文化的雜誌，像是《文星》復刊、《人間》、《南方》、《當代》、《新新聞》，我幾乎每期都買來看，也讀一九三〇年代的禁書，像是巴金、老舍、吳濁流、費孝通、沈從文、魯迅、史明的書等等。

那時和同學黃德立、林正英同寢室，黃德立買了七、八十本李敖談歷史、政治的書，所以我也跟著都看完了。那時候黨外活動很多，民進黨常常舉辦演講，像陳水扁的「蓬萊島事件」，在板橋中山路一所國中舉辦坐監惜別晚會，我們兩個也騎摩托車去聽。

問：大概看了哪些電影？又怎麼開啟創作的契機？

答：那時候讀廣電科、電影科的人幾乎都會加入電影資料館（以下簡稱電資館）的會員，我一年級就參加電資館在中華路上的會員放映活動，他們每個星期都會安排節目，放映不那麼通俗的法國、德國的電影，那時候會發行錄影帶的幾乎算是比較通俗的經典，像費里尼、黑澤明、小津安二郎的作品等等。

一年級上學期的時候，同學王冠群邀班上對拍電影有興趣的人參加金穗獎，我和林正英有興趣，所以我們三個就輪流當導演、寫劇本。王冠群在宿舍先拍《碟仙》，後來換我拍《流火》，再來林正英，我們幾乎都只拍一、兩卷八釐米。《流火》是講一個準備赴聯考的學生，聯考前夕想到小時候的事情，隔天就去參加聯考。林正英的父親是攝影師林鴻鐘，他會幫小孩子拍每個階段的成長照片，那時候比較少人會這樣記錄，我運用了這些照片，以及穿插一些紅色、白色大概持續一、兩秒鐘的畫面，因為受到在電資館看到的外國電影的影響。畢業作拍《515檔案》，是講湯英伸事件，一個原住民和漢人老闆起衝突殺了人，被判死刑。那時候《人間》雜誌報導「槍下留人」，覺得不應該判死刑，可是湯英伸還是被槍斃了。那個算單元劇，很簡單的演繹，拍得很簡陋，結果得了廣電基金會的獎，之後就畢業了。

問：您剛畢業時先到「映像觀念工作室」[6]，有學到什麼嗎？這段期間拍了比較多的實驗短片？

答：我是在中華路電資館的電梯上看到映像觀念在徵求攝影助理，打電話過去，老闆就叫我直接去上班。公司是幾個金穗獎得主組成的，呂欣蒼是主要的負責人，我去的時候剛成立一、兩年，接的case大部分是廣電基金會的案子、結婚攝影、工商簡介。

據說公司剛開始滿熱情的舉辦一些課程活動，但我待的這段期間沒什麼活動，也沒什麼生意。比較特別的人，像是「息壤」[7]有來跟我們借過場地辦畫展，成員有陳介人（編按：後改名為陳界仁）、高重黎、林鉅、王俊傑這些人。另外像是《自立晚報》的潘小俠、葉清芳，大概有五、六個攝影記者常是下班、跑完新聞就來這邊喝酒聊天，但我跟他們不熟啦，我通常下班就直接離開。

那個年代的記者應該滿活躍的，因為社會上開始有街頭運動，到處都是抗議。像高重黎當時在《中國時報》當攝影記者，他也是映像觀念的老闆之一。高重黎會用社會上發生的事件或廣告，延伸創作拍成八釐米，用來諷刺時事，金穗獎得過五、六次，報紙還有介紹。我那時候看了他的作品，覺得不錯，心想自己應該也要想辦法拍點東西。

那時候金穗獎算是激發拍短片的唯一機會，假如你想要朝創作這方面發展，還是要參加比賽累積作品，否則沒有人認識你，那是必然要走的路。假如拍劇情片，就要花比較多的錢和力氣去達到想要的模樣；拍實驗電影，形式、經濟都比較自由，也較能拍出自己的想法，會比較有意義。

在映像觀念因為只是擔任助理，好像有學到又沒學到什麼。剛去沒事做就看錄影帶，那邊有比較少見的日本新浪潮導演的片子，像黑澤清、森田芳光。後來在藝專電影社認識的蕭明達說電資館要徵人，因為工作、薪水都比較穩定，我就過去了。

問：在電資館穩定工作邊創作，您好像都是以自己能力做得到的方式去創作？

答：畢竟家裡也不是很有錢，需要有固定收入，電資館的工作比較單純，下班後有時間可以創作，至少在這邊也跟電影有關。其實就只是很現實的考量，很多走純藝術的藝術家也都是這樣子，一般就是當老師嘛。

我拍片不會想要借上百萬來拍，不會想說畫面非要拍到某個標準不可，因為那樣就要請攝影師、找助理、打燈，我不太喜歡那種很主流的拍法，主流就是要比較有故事性、戲劇性、畫面要拍得很漂亮，讓一般人都能看得懂的紀錄片。我拍片最多就是跟我媽借個幾萬塊，標個會就還她了，不至於花太多錢。

一般來說，拍攝紀錄片最基本的要求是，影片本身至少是建立在真實事件的基礎上。而主流的紀錄片形式有兩種，一個是從主題出發，導演會根據腳本主動安排事件、行動，或者用訪問，讓影片發展成他想要的樣子，產生比較大的戲劇性，因為要在現實裡等到自然發生的戲劇性事件其實很困難；另一種就是用報導的方式，採用旁白主述故事，沒有的畫面就使用照片、動畫、新聞畫面之類的串連，這種方式觀眾也很容易了解。

但我拍的時候，不會想去改變環境原本的樣子，我會想辦法在原本的限制底下，去找出環境裡的意義和氛圍，然後順應環境的模樣。其實就像我從小到大比較站在旁觀者的位置，不會參與它，頂多改變自己的觀察位置。

問：可是拍攝畫面不如預期，不會失望嗎？

答：剛開始會，可是拍一段時間後，覺得也沒那麼嚴重，你可以使用其他的畫面啊。像我剛開始拍《廖瓊枝》，是覺得廖老師表演苦旦的哭調和臺灣歷史有關，所以想記錄她。報紙報導過廖老師，麗玉也跟她學過一段時間的歌仔戲，所以就寫企劃書申請輔導金、寫劇本。不過和老師真正接觸過後，發現不必然要用預想的畫面去表現她的故事，其實我本來想用比較戲劇性、用重演的方式來呈現她的成長片段，但是她的歌聲跟藝術上的成就，不應該由我用重演或者旁白的方式來述說，應該讓她自己呈現自己，她的藝術成就超越我的紀錄片。

1992 年，《廖瓊枝——台灣第一苦旦》於贊益公司棚內拍攝，黃庭輔（左）與廖瓊枝（右）。攝影：薛惠玲。

這部是用十六釐米拍的，因為同步錄音，旁邊同時還要有錄音師，很麻煩啦。膠卷一次只能拍大概十分鐘，像她在舞臺上表演的段落，

1995年，《台灣魔朵》畫室人像外拍。攝影：趙光華。

因為舞臺打燈後很熱，汗流浹背，根本連看觀景窗都看不清楚，也不知道有沒有失焦，拍的時候只能聽著她的歌聲，鏡頭盡量跟著她的節奏走，基本上只要鏡頭和錄音都有錄到，就覺得上天保佑。我覺得那就好像是一個偉大的歌手呈現她的最佳狀態，不可能還有第二次，這就是紀錄片令人激賞的地方。

問：為什麼拍《台灣魔朵》？怎麼進行拍攝？這部片對您有什麼影響？

答：當初是聽到同事吳青蓉說她有朋友當人體模特兒，報紙也報導過「人形藝術工作室」，我先詢問負責人戴月願不願意接受拍攝，她同意後我就開始拍她，慢慢有些人也同意讓我拍，有些人不願意，反正人也是來來去去，拍久了比較常拍到就那幾個人，慢慢發展。

其實只拍模特兒本身有限，所以拍攝的時候，我會特別觀察繪畫者和模特兒之間的互動、小動作，還有周邊的物件像時鐘，從這些細節無形中可以對應到模特兒處於怎麼樣的環境，反映她的內心。

那時候已經算是拍十六釐米的末期了，所以可以用便宜的價格買到一些二手的設備，像CP16攝影機、Steenbeck（剪接機）、Nagra（錄音機）。拍長片很辛苦，常會不知道怎麼走下去，拍了五年，剪接了一年，換了十六個版本。

剪接的時候，因為模特兒都是來來去去，所以我故意把人物打糊、不標名字，希望觀眾不要注意誰是誰，只要注意到她們的想法、生活狀態就好。因為我一開始就沒打算透過交朋友的方式，問她們為什麼要做這個工作？碰到什麼困難？而且她們流動性那麼大，所以你沒辦法講清楚；如果你真的這麼做，恐怕也沒有人願意讓你拍。拍《黃屋手記》的檳榔西施流動率也很大，也面臨這樣的問題。

可能一般人看片習慣追人物來了解故事，所以觀眾看我的片子應該看得很辛苦。雖然到現在，觀眾也沒有習慣這樣的拍攝方式，我會遇到很多不被接受的挫折，但我不會有錯誤期待，只要期待少部分的人看得懂就滿意了，因為本身就不是主流類型的紀錄片，可能一百個觀眾裡只有五個人可以接受，不是嗎？

問：為什麼拍《03:04》？請說一下拍攝過程和想法？

答：當初周美玲在公視提出《流離島影》實驗紀錄片拍攝計畫，她找幾個導演拍臺灣十二個離島，鼓勵導演拍超越一般市面上可以看到的紀錄片形式，發揮實驗創意。

《03:04》之所以會選金門歐厝村的「順天商店」當主要場景，是因為之前董振良拍《單打雙不打》（一九九四年），我去幫忙演了幾個鏡頭，離開那天我看到這間雜貨店，光線比較昏暗，印象裡面有個撞球檯、賣一些簡單的雜貨，覺得這間店的氣氛很特別，有機會要來拍。

這間雜貨店附近有營隊，所以有很多阿兵哥會來這邊來摸魚，我們跟這些阿兵哥也不熟，就好像一個外來者入侵到他們的生活空間，再加上十六釐米的機器很笨重、很吵、很難隱藏，剛開始我們躲著偷拍，可是慢慢的，阿兵哥好像習慣我們的存在，我們也就越來越大膽的把機器擺到他們的面前。其實比較像是拍攝者的心態調整，剛開始會害怕阿兵哥抗議反對，但他們對被拍沒有太大反應，經過一段日子，習慣彼此的存在以後，就能拍到很自然的狀態。

這部片是想展現金門被軍事控制的那種氛圍，因為金門從明朝末年到現在，都被當做重要的軍事據點，兵災在無形當中控制著這些老百姓，可是老百姓也沒有辦法對抗。所以我用雜貨店當做一個隱喻，阿兵哥對金門來講應該是恐懼的源頭，但後來又變成經濟的主力對象，會產生一種曖昧。現在金門已經大幅撤軍，少了很多阿兵哥，剩下的這些阿兵哥除了

1999年，《03:04》於金門歐厝順天商店，藏身雜貨間操作16厘米攝影機。攝影：陳麗玉。

等退伍、找機會摸魚，也不知道要幹嘛，當地人主要是養老，大家也是這樣耗著，這兩者的狀態滿像的，就把它們組合在一起。

我覺得這部作品還算滿足自己的想像，又沒有想太多的把它完成，很難得，因為被拍的人也不是每天無時無刻都是那樣子。其實很多作品就看你有沒有碰到對的時間點，拍久並不一定有用。

問：為什麼想拍《指月記》？如何進行拍攝和剪輯？

答：二〇〇〇年完成《台灣魔朵》跟《03:04》以後，我就到處走走找題材，後來到萬華龍山寺，覺得這邊的氣氛很特別，雖然龍山寺看上去很吵，但這裡也有很靜的氛圍，像是唸經、睡覺這種反差的對比。那時候我快四十歲，對身體各方面都有點焦慮，來龍山寺的人大部分年紀都很大，他們要怎麼度過晚年，我想透過這些人的狀態應該可以講點東西。

這部是用DVCAM攝影機拍的，因為機器滿大臺的，所以也沒辦法走來走去，只能在被拍的人旁邊或者對面坐下來，把機器放在膝蓋上拍，那邊觀光客很多，拿著攝影機不會太顯眼啦。雖然是大剌剌地把機器拿出來，但要讓人家感覺你沒有在拍東西，拍的時候視線也不會對著他們看。為了不要讓那邊的人覺得我好像很熟悉、很常來，我每個星期只去一、兩次，也會換不同時間去，每次限制只拍兩小時，把握這些拍攝原則，要讓自己像個觀光客那樣。

剪接的時候，聲音就請Dino（廖銘和）做一段大約四十五分鐘的噪音音樂，基本上音樂跟影像都需要幾段式的結構來產生節奏，使用上就稍微調整聲音的段落，有時聲音跟影像不搭，反而可以造成一種拉鋸，強化畫面的力量。整個影片結構，主要就是從龍山寺的建築外圍慢慢進入到寺院，觀察人的活動，最後甚至zoom in到手指，象徵進到人的內心裡面。

問：差不多這時期您提出「感覺為唯一真實，內心的真相存在於表面。」請解釋這句話以及如何體悟？

答：《台灣魔朵》主要還是拍一個工作的狀態、氛圍，這句話應該是到《指月記》時具體化呈現，寫《黃屋手記》的簡介時提出的。

所謂表面主要是說，從一個人的外在行為，可以知道他心理的感受狀態，所以我會去觀察人在環境中的行為，去拍比較細微的動作。人在某個環境裡的狀態，這是一個大主題，也是我比較有興趣的觀察對象，換了環境就會想能怎麼樣去拍，所以我的拍攝工具會改變，但主題差不多。

所謂「表面的真實」，是指當你被事物或情境吸引後，不能單憑著被吸引就依直覺反應、不經思考的去做，你必須要透過重新思考、重新確認這個感覺然後再去拍攝。像有些影展就是看你的最初「直覺」多不多，雖然可能講不清楚、拍得不好或是不能成理，但有個特別的氛圍在就好。可是像我們拍得比較久，直覺會變少，也就是說你累積了很多經驗，會產生一套模式出來，這樣就需要常常推翻自己、請別人給意見，一旦產生慣性，並不一定是對的。

問：有時候慣性造就風格，這樣不好嗎？自成一格？

答：風格那是有商業利益存在，可是藝術成績並不會太高，如果每張畫的風格都不一樣，商業上沒有辦法行銷，所以風格跟商業比較有關係，跟藝術沒有關係，甚至論及藝術上的成就時，反而比較差，會覺得怎麼都一樣。

創作者要常常否認自己、打敗自己，最重要的是，他是不是可以提出新的看法？這個問題不管在哪個時空都很重要。假設有人畫荷花畫出名，可以靠畫一樣的東西過好一輩子，可是對於一個創作者來講不應該是這樣，你面對不一樣的時代，應該要有一些反應，或者新的想法，怎麼可以始終如一呢？

不過要保持什麼都不考慮，維持這種狀態也不容易耶，你需要跟名利對抗，打破自己的慣性，因為觀眾可能習慣你這種風格，這會牽扯到創作者希望得到認同、希望被看到，每一次創作都會遇到這樣的拉扯，我這樣子做可以嗎？人家看得懂嗎？可以接受嗎？尤其拍電影特別有這個包袱，因為它要考慮成本，可能花了一千萬、五百萬回收不了，倒貼還沒人看，還要被老婆、影評罵一頓，或者拍出爛作品，搞爛自己的招牌。

問：為什麼拍《黃屋手記》？如何拍攝和思考剪接？

答：我是在二〇〇〇年產生拍檳榔西施的念頭。因為每次我和麗玉回她屏東的娘家，下高速公路九如交流道後就會看到整條街的檳榔攤，我在想，能不能來記錄檳榔西施和買客之間的關係，這裡面應該有很大的性的吸引力。

拍檳榔攤這樣的題材，需要一些當地人的關係幫忙打招呼，我是先看過幾家裝潢比較特別的店家，再透過麗玉的姊夫請朋友介紹。但拍了一陣子，遇到店面轉型成傳統檳榔攤或者不給拍了的狀況，後來找到九如這間算第四家，也是托姊夫幫忙，請店主同意拍攝。

其實拍前面三家，不太知道怎麼樣拍才會比較自然，因為店面只有一、二坪大，怕被人家發現有人在拍而影響檳榔攤生意，只能使用一臺攝影機從檳榔攤的對街或旁邊往裡面拍。九如這家店面二、三坪有吧，玻璃攤後面又接著住家，拍攝時，我們就在後面和老闆聊天。因為空間比較大，我就能把一臺迷你家庭式的DV放在櫃檯上拍外面的客人，固定角度擺在那邊；另一臺機器就拍西施，錄製的時間差不多了就出去換帶子，變換拍攝角度。

原本剪接是想用畫面去帶出畫面，但西施的一些對話也滿能表現主題，所以也用了她們講話的部分。雖然檳榔攤裝潢得很炫麗，小姐也都穿得很漂亮，整個五顏六色的，但我希望拿掉這層顏色，專注在她們的行為上，再加上影片都在不同天拍，黑白比較單純好剪接。

問：《黃屋手記》受邀在不少國外影展放映，甚至得到世界級重要影展——瑞士真實影展國際競賽評審團特別獎的肯定，您覺得東、西方觀眾關注的差異為何？

答：國外放映可能是因為西方人覺得東方人對性相對保守，這部片是由一個東方男性滿直接的去談這個問題，作品本身又不是那麼煽情的表現方式，他們可能覺得滿特別的，西方觀眾會對議題本身比較感興趣。

我在臺灣常常會遇到這樣的問題：你怎麼沒講她背後的故事？為什麼不訪問家庭狀況？家人對她做這行的看法？很容易考慮家庭的問題，我會回答，我就是不要（笑）。東方人不談理，或應該說很希望得到八卦的滿足，比較缺乏理性的思維，西方人比較有理則學的訓練，這種訓練在台灣比較缺乏。

問：為什麼再次回到金門拍《島》？怎麼進行拍攝？這部有別於以往的實驗性手法，而相對紀實樸素？

答：以前我拍過幾次金門都是以短片為主，所以想再做比較長的記錄。有一年我參加大姨的喪禮，看到喪禮上吹奏的西樂隊，他們就是由幾個來自各行各業的中老年人組成，我想也許可以透過他們反映金門目前的生活和狀態。因為西樂隊的隊長在沙美老街開理髮店，所以我也常去沙美記錄，我注意到這條街上的人的互動滿好玩的，後來就以這邊為主。

拍片期間（編按：二〇〇七至二〇一〇年）遇到二〇〇八年總統大選，所以也特別回金門拍選舉開票的狀況。其實多數金門人的想法是，兩岸統一才不會發生戰爭，我想透過這部片看金門人在臺灣、中國之間的狀態，還有老百姓對時局的看法；再來就是老百姓對死亡的想法，表達金門人長久以來對死亡的恐懼。

這部之所以沒打算用實驗的手法，是我覺得應該回歸看看現實這個東西，這也是對自己的挑戰，當你不做實驗，可以拍出什麼？所以，這次比較像拍劇情片那樣，是以偶發事件為主，用事件去串連，但是我又想平衡，想呈現紀錄片那種比較真實的感覺，所以用現場的聲音，而不使用音樂。其實《4891》手法也類似，不過因為沒有太大的議題、視覺衝擊或者特別的形式，片子要參加影展都滿困難的。

問：為什麼拍《4891》？這時候拍龍山寺的周邊跟拍《指月記》的時候有什麼不同？

答：《4891》這部是我主動跟公視提案，以臺北車站、西門町、萬華龍山寺附近的流浪漢為主。會拍這部是覺得臺灣經濟變得沒那麼好，萬華這邊的流浪漢比起《指月記》那時期更多了。那時艋舺公園還沒蓋好，公園蓋好後，有一次我經過艋舺公園，有個流浪漢不知道是喝醉了還是怎樣，全身髒兮兮的躺在那邊，好像屍體一樣，我有點被這個畫面嚇到，覺得應該拍這些流浪漢的狀況。

因為流浪漢本身防衛性、敏感度都比較高，所以要更隱藏攝影企圖。我不可能使用攝影機，攝影機起碼三十公分太大了，所以我把相機掛在胸前，讓人覺得好像沒有在使用。拍的時候是用廣角鏡頭，基本上就不看畫面，大概抓一個固定的焦距，也要習慣拍攝角度，看到想拍的對象時，還沒走到對象面前就開始拍了，拍的時候一手扶穩，一手偶爾調整角度。

剪接時也沒有想要使用實驗性的手法，因為呈現社會狀態也是一種紀錄。影片中那些監視器的畫面，用來象徵政府的角色，監視器雖然是一種防範犯罪、保衛人民的機制，但也表示犯罪的自由減少了，因為到處都是監視器，很快就會抓到兇手，所以現在犯罪都改用高科技的方式，像詐騙之類的。回到這部片本身，現在監視器這麼多，其實政府也都知道流浪漢的處境，只是貧窮的問題依然無解。在公視播出後好像沒得到特別的回響，可能臺灣人見怪不怪了吧。

問：聽起來從《03:04》到《4891》，您對於拍攝陌生人的顧慮上減少很多？要偽裝得不像在拍攝也需要一點演技啊。

答：是啊，現在比較有辦法融入拍攝環境當中，不過還是要視拍攝對象的態度和當時的狀態而定。其實拍流浪漢，你必須先改變自己的心態，彼此是一樣的，而不是認為他們是值得被憐憫的對象，因為同情很容易讓對方感覺到階級差異，好像你比他高一等。你也必須要蹲下來和他們平視，聽他們發牢騷，讓他們感覺到被關心，所以我常被誤認為記者或社工。

問：請談談剛拍完的作品《不在》？為什麼會拍這部？

答：二〇一四年我回金門時去了一間軍史館，從觀景臺的望遠鏡看到對面的獅嶼，島上幾個阿兵哥在打籃球，就想到可以拍跟阿兵哥有關的片子，這部也是向公視提案。為了這次拍攝，我去了大、小金門以前不太去的軍事據點，這些據點裡面有很多阿兵哥的塑像，表現手法從卡通到寫實的都有，這當中呈現了不同塑造者對阿兵哥形象的不同想像。

我是想透過這些塑像，重塑當年阿兵哥當兵的感覺，讓沒有生命的塑像，經過金門自然環境裡風聲、雨聲、炮聲、海浪聲的洗禮，變得好像有了生命，有點召喚靈魂的作用。希望讓沒有去過當地的觀眾，可以想像當時戍守外島阿兵哥寂寞、恐懼跟無奈的心情，因為他們不是主動要來金門的。

這部拍得比之前的《島》還要平淡，需要靜下心才有辦法體會，參展大部分都摃龜。因為

2017年，《大象會跳舞》於臺北木柵動物園拍攝。攝影：陳麗玉。

影片裡面大多是沒有人的空鏡頭，這對我來說也是一個挑戰。

問：請您介紹正在進行的作品？

答：這部片叫做《大象會跳舞》，拍了三個月，現在（二〇一七年九月）剛完成粗剪，我們拍了高雄壽山跟臺北木柵的動物園，以臺北為主。會拍這部是因為公視節目部提出「時光臺灣專題」，他們找了十三位導演，請導演使用劇情或新聞片之類的舊影像來創作，長度大約二十分鐘。

我是用「動物園」的新聞片段，因為之前電資館有執行臺影（編按：臺灣電影文化股份有限公司）新聞片數位化的案子，我對一九五二年、一九五五年兩輯圓山動物園，用動物表演來招攬顧客的畫面印象很深刻，像是猴子騎車、獅子跳火圈、山羊踩木桶，還有猴子模仿武俠電影形式過招，牠們戴著孫悟空及跳加官的假面具，手裡還拿著劍比劃，用這些畫面做實驗性的處理。

透過動物睡覺的畫面，牠們在夢裡回想到以前表演的情境，例如無限繞圈的騎腳踏車，或者不停的跳火圈。這些表演其實已經造成牠們心靈上的創傷。這部影片以動物的主觀視點為主，拍牠們被關時無聊的打哈欠、很熱的樣子，或者在閘門旁邊等待食物，還有各種動物的吃相。

主要還是站在動物的角度，揣摩牠們的心情，看牠們處在時間跟空間都被限制的環境，如何去抵抗自己的宿命？其實就只能用動物的本能吃啊、睡啊、性啊、重複性動作來度過被關的時間，牠們很可能這輩子都是這樣子，不然你說牠還能幹嘛？活下來就是一種無言的抵抗，也許透過傳宗接代，看下一代有沒有機會獲得自由，不然也沒有方法了？

問：從創作環境來看，您覺得過去和現在，作品在宣傳、映演管道的差異？政府有何幫助的措施？

答：我現在沒有在做宣傳，因為宣傳了也沒什麼人要看。《指月記》那時候滿多邀請放映，幾乎一整年都在放這部片子，到了《黃屋手記》就沒什麼邀片放映。以前宣傳也只是放放DM，至少會有四、五十個觀眾，現在最多就十幾個觀眾吧。

其實現在反而不知道怎麼推片，除非是上戲院，比較可以達到目標觀眾。可是在戲院放映也只是第一步，因為上戲院不一定能夠回收租影廳、投廣告的錢。尤其像我們這種太小眾、藝術性的片子，上戲院就虧錢，所以主要還是靠影展放映，或者被邀請到某些藝文空間放映，變成長效性的方式去推廣。

目前影片還是讓同喜代理授權，一年可以收到一萬多元的授權費，大部分是授權給學校。如果放在網路上，就算是幾千個人點閱，也不知道對象是誰？也許是不小心點進來，但真的都看了嗎？

整體來看，現在政府補助應該是增加了。但我已經很久沒申請補助了，《黃屋手記》後就沒再申請，大多是用自己的費用或者向公視提案。補助比較像政府拋磚引玉來促進相關投資，給新人或小眾開拍的機會。臺灣的市場畢竟很小，現在連電視臺都減少自製，通常只做低成本的節目，或者買外國的節目，可是一旦連自己人都沒有機會做節目，相對整個市場會更萎縮，變成惡性循環。

問：您期待怎麼樣的創作環境？就您觀察臺灣現在的創作環境表現如何？

答：只要是可以容許各種作品存在的環境，就是健康的環境。臺灣現在大眾、小眾的作品都有，應該算是健康的環境，只是它的市場太小，對國際上的影響力不大。

臺灣現在大多拍鄉土、溫情、議題之類的一般性的作品，但純藝術的探討變少了，也就是說具有強烈個人特色的作品變得比較少。照理說年輕應該什麼都可以嘗試，但心態好像變保守了，也許是變得比較實際？

問：一九九三年您說過要拍一輩子[8]，現在還是這麼認為嗎？如何維持創作？

答：其實要做到這句話也不容易啊！年紀大了容易累，變得沒有那麼大的衝動，比較不會想去做太爭議的作品，所以我現在也是要重新調整心態，不能只做太保守的作品，因為太保守的形式其實很難談出新東西。我覺得在這個時代是有可能創作到七、八十歲，因為是做比較個人的作品，創作工具也越來越簡單、平價。

一個專業的創作者是隨時處於創作的狀態，他是以創作為主，生活為輔的。你必須每天都要面對創作，持續有創作的氛圍，你需要去思考、看書或看看電影，也許中間休息一陣子，但必須要有毅力的持續創作，吸收新知。雖然付出不等於回報，但努力是必然要做的功課，就算天才也是要有點底子啊。

維持創作最重要的，第一個身體要好，維持一個基本的平穩狀態；再來就是意志力；第三是運氣。創作時，你只能想辦法自我突破，不要因為任何因素而妥協，如實呈現自己的想法就可以了。對人來講，可以持續專注在某件對你來說有意義的事情，這是最快樂的。

編註

1 單打雙不打：一九五八年十月二十五日，中華人民共和國國防部長彭懷德宣布「單日打炮，雙日不打」的炮擊策略。直至一九七九年一月一日，美國與中華人民共和國建交，與中華民國斷交，中華人民共和國停止炮擊。（參考整理自：李筱峰，《臺灣史100件大事》（下），二〇一四年，臺北：玉山社。）

2 陳麗玉，黃庭輔夫人，屏東人，畢業於國立藝術專科學校美術科。

3 《流離島影》係由成立「螢火蟲映像體」影像工作團隊、「金門縣紀錄片文化協會」的紀錄片導演董振良，與導演兼製片人周美玲共同企劃，召集十二位電影創作者，對十二個臺灣離島進行的紀錄片拍攝計畫。計畫獲公共電視部分補助，於一九九九年啟動，並於二〇〇〇年完成，包括拍攝小琉球的《浮球——海上旅館漂流紀事》（李志薔）、拍攝澎湖的《西嶼坪》（朱賢哲）、拍攝金門的《03:04》（黃庭輔）、拍攝烏坵的《輻射將至》（周美玲）、拍攝馬祖的《馬祖舞影》（簡偉斯）、拍攝北方三島的《噤聲三角》（沈可尚）、拍攝龜山島的《鄉愁對話錄》（李泳泉）、拍攝綠島的《我的綠島》（許綺鶯）、拍攝基隆嶼的《基隆嶼的青春紀事》（吳介民）、拍攝釣魚臺的《誰來釣魚R》（陳芯宜）、拍攝東沙的《南之島之男之島》（李孟哲）、拍攝蘭嶼的《清文不在家》（郭珍弟）。（參考整理自：李志薔文，金成財等攝影，《流離島影》，二〇〇一，臺北：唐山出版社。）

4 蔡崇隆主編，《愛恨情愁紀錄片：臺灣中生代紀錄片導演訪談錄》，二〇〇九，臺北：同喜文化。

5 蕭淑如，《日常的碎片：黃庭輔紀錄影像美學研究》，二〇一三，國立臺南藝術大學動畫藝術與影像美學研究所碩士論文。

6 映像觀念工作室：一九七八年，由行政院新聞局創辦的「實驗電影金穗獎」（今「獎勵優良影像創作金穗獎」），鼓勵電影工作者拍攝製作非商業、實驗性影像。映像觀念工作室由多次獲得金穗獎的影像創作者呂欣蒼集資成立，成員包括同為金穗獎獲獎創作者的王仁里、高重黎、杲中孚、石昌杰等人。（參考整理自：陳琬尹，《論述機器：高重黎的電影（一九八四—二〇一〇）》，二〇一五，國立臺南藝術大學動畫藝術與美學研究所碩士論文。）

7 息壤：一九八五年，臺北市立美術館策展時，發生館長蘇瑞屏以「作品會帶來死亡恐怖的聯想」為由，要求參展藝術家王建富撤除展品，導致王建富憤而退展並對蘇瑞屏提起訴訟的事件。當時，與王建富一同參與聯展的陳介人，受事件影響，號召高重黎、林鉅、王俊傑、王尚吏、陸先銘、麥人傑、邵懿德、倪中立等人，一九八六年於臺北東區空屋、一九八八年於映像觀念工作室、一九九一年於臺北某空置地下室、一九九七年與一九九九年於大未來畫廊，舉辦地下展覽《息壤》，被視為「反美術館」、「反體制」的藝術團體。（參考整理自：李維菁，〈臉是我一生的地圖——陳界仁〉，二〇一七，《藝術家雜誌》第二九三期；〈台灣藝術家訪問記錄——陳界仁〉，網址：http://www.itpark.com.tw/people/essays_data/664/855。）

8 《電影欣賞》，一九九三，第六十五期，頁七十八。

1961
出生於福建省金門縣。

1967—1972
就讀金門縣莒光國民小學。

1972—1973
十二歲移居臺北縣永和市（今新北市永和區），就讀網溪國民小學。

1973—1976
就讀永和國民中學美術實驗班。

1976—1977
高中聯考落榜重考。

1979—1980
就讀臺北市立復興高級中學。

1980—1981
大學聯考落榜，補習後重考，亦落第。

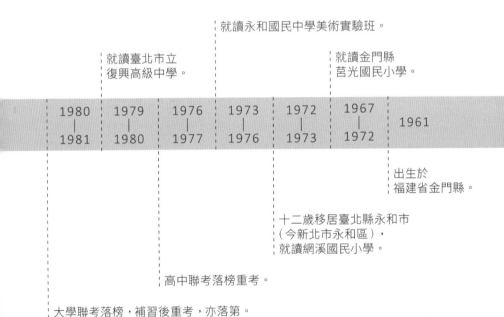

2016
5月，自國家電影中心退休。

1999—2000
參與公共電視之《流離島影》拍攝計畫，回到金門完成《03：04》。

1989—2016
於國家電影資料館（後改制為國家電影中心）從事蒐集與整理國產電影工作，負責影像保存、修復與典藏，業餘時間從事劇情片和實驗片的拍攝，並於1992年開始拍攝紀錄片。

1988—1989
任映像觀念工作室攝影助理。

1988
國立藝專廣電系畢業（今國立臺灣藝術大學廣播電視系）。

1984—1988
重考，國立藝專（今國立臺灣藝術大學）美術科落榜，考入廣電科修習。

1981—1984
於金門、基隆等地服役。

2000

《台灣魔朵》，2000年臺北金馬獎最佳紀錄片入圍，同年受邀參與臺灣國際紀錄片雙年展、德國萊比錫、巴西、烏拉圭、法國、香港、曼谷等國際影展；2003年加拿大hot doc國際紀錄片影展臺灣專題。

《03：04》，2000年臺灣國際紀錄片雙年展；2001年日本山形國際紀錄片影展、臺北金馬獎最佳紀錄片入圍、瑞士尼翁真實國際紀錄片影展、西班牙巴賽隆那國際影展、西班牙馬德里短片影展；2017年捷克JIHLAVA國際紀錄片影展。

1993

《台灣第一苦旦——廖瓊枝》，1993年電影基金會短片輔導金影片、臺北金馬獎紀錄片專題放映；1994年金穗獎優等獎；2014年嘉義國際藝術紀錄片影展。

1992

《結婚照》，2010年EXiT 2010台灣國際實驗媒體藝術展。

1991

《人算》，2010年EXiT 2010臺灣國際實驗媒體藝術展；2018年嘉義國際藝術紀錄片影展。

1990

《碗》，1990年《中時晚報》非商業專題放映。

1989

《鏡子》，1989年金穗獎優等影片。

1988

國立藝專廣電科畢業製作影片《515檔案》，1989年廣電基金會優等劇情片。

2018	2017	2013	2011	2006	2002

《指月記》，2002年臺灣國際紀錄片雙年展；2003年加拿大Hot Docs國際紀錄片影展、臺北電影獎傑出聲音設計獎、日本山形國際紀錄片影展、法國真實影展、臺北金馬獎最佳紀錄片入圍、金穗獎最佳紀錄片獎、葡萄牙AVANCA國際影展；2004年美國雪城國際影展亞洲最佳電影獎、新加坡國際紀錄片影展、西班牙國際人權影展、布魯塞爾紀錄片影展、阿根廷Doc Bs Aso 4紀錄片影展。

《黃屋手記》，2006年臺灣國際紀錄片雙年展臺灣獎首獎、尼翁真實國際紀錄片影展評審團特別獎、臺北電影節、臺灣國際紀錄片雙年展臺灣獎首獎、法國南特三洲影展最佳紀錄片金獎、捷克JIHLAVA國際紀錄片雙年展、里斯本國際紀錄片影展、西班牙巴塞隆納L' Alternativa獨立影展、荷蘭影子國際紀錄片影展、黎巴嫩貝魯特DOCUDAYS國際紀錄片影展；2006-2009年法國ARTE電視臺節目；2007年布達佩斯TITANIC國際影展。

《短歌行Tanka》，
2006年臺灣國際紀錄片雙年展；
2008年澳門國際電影及錄像展；
2010年法國國家藝廊影展。

《島》，2012年臺灣國際紀錄片雙年展、臺北電影節、公共電視臺紀錄觀點節目；2013年廣州先鋒光芒藝術影展。

《4891》，2013年韓國首爾獨立紀錄片影展；2014年臺灣國際紀錄片影展，公共電視臺紀錄觀點節目。

《不在》，2017年公共電視臺紀錄觀點節目。

《大象會跳舞》，2018年公共電視時光台灣專輯節目，臺灣國際紀錄片雙年展。

專訪鍾永豐

採訪、整理、撰文／虹風

攝影：鍾聖雄。

前言

生平第一次聽歌被淚水蘊濛了雙眼，是〈下淡水河寫著我等介族譜〉這首歌。當時我才成為觀子音樂坑的樂迷不久，驚聞他們解散、又重組成交工樂隊，發表第一張專輯《我等就來唱山歌》。那時，反水庫運動已經進入決戰時刻，那時，我已經去過可能會成為水庫地的美濃，因而，當耳邊響起生祥激昂宛轉的歌聲，手邊拿著客語、中文對照的歌詞，跟著進入美濃被山環抱的場景，開山祖師對天地的祈告之時，內心激動地幾乎要擋不住湧溢而上的淚水：

阿太介阿太太介時節
下淡水河撩刁起雄
武洛莊水打水抨
涯等介祖先趨上毋趨下
尋啊到美濃山下

奄打林築柵撿石做堋
將厥片殘山剩水
變啊做好山好水
奄緊手緊腳做細食粗

結果田坵……
田坵滿園青溜

奉請
今晨吉期
開基福神
新壇甫竣
我等同心誠意
祭告山川
懇祈上蒼
佑此土可大
亦因可久
將奕世於瀰濃（瀰濃莊開基碑文末段）

那時，我還不知道，往後很多年，我會一再地被永豐的詞撼動；那時，我只知道，交工有了一個「專屬」的筆手，專輯裡大部分的詞，都由這位寫手來負責；那時，我也還沒有意識到，自己耳邊正聽著的是詩——那是歌，那是詞，那其實是詩。

開始意識到客語詩的存在，對我來說是一件大事。在我的教育養成裡，「方言」成詩是從來沒有想過的事；當然也沒有想過，任何長久存在的語言之中，都存有豐沛的民謠、歌與詩的傳統——不只是我們曾經奉為經典、為之傾倒的西洋音樂，就在我們自身的島嶼內部，就有這樣的珍貴寶藏。

但這些，不曾出現在官方學校系統的教育養成裡。

成長之後的許多年，陸陸續續接觸到許多反抗主流社會價值與意識的運動，眼睛才一點一滴地被「打開」來——其中，反核與反水庫的運動，對我來說，是最重要的。

經由反水庫運動的路徑，以客語創作為主的交工樂隊，再把我帶進客語詩的世界裡，也逐漸「聽得見」臺灣其他語系的創作樂手。

二〇〇八年，小小首度邀請客語詩人、音樂創作者羅思容與永豐一起談客語詩歌[1]。這場座談所開啟的，是我將永豐作為交工樂隊、生祥樂隊筆手的詞，視為獨立的詩歌創作。在當時所萌生的念頭是：永豐應該要出詩集的啊！我沒有想到的是，與樂隊合作的這一張張的專輯，不正是他的「詩集」了嗎？

不曾這麼想的原因很單純。永豐的詞曲創作與生祥樂隊是緊密不可分的，雖然，每一首詩詞都可以個別獨立來唸誦，但是它們與樂曲交纏、融合在一起，整張專輯概念的完整性，相對地，也讓「詩詞從中獨立出來」這件事變得怪異。

像少了什麼一樣。

但明明專輯裡的每一首詩詞都如此完整，即便抽離了樂曲，它依舊能以詩的樣貌呼吸。

因而，「詩人鍾永豐」應該要出一本自己的詩集的念頭，莫名地緊緊跟隨我好多年，直到這次訪談，我才恍然、直面這個提問：「詩人鍾永豐」與「筆手鍾永豐」這兩者的距離有多遠？又或者，它們所存在的並非是「差異」，而是身分上的轉換，及工作時程、執掌上的不同——一個是面對自己詩詞創作上的身分，一個是進入與樂隊合作時的身分？

懷抱著這樣的想像，在這次的訪談裡，便預先將重點多聚焦在「詩人永豐」的養成與創作。亦即，若要談「筆手」，那麼著重的是與樂隊的合作歷程；但若要談專輯裡的詩詞創作，其內核依舊是詩，因此，便大幅度地減低他與交工、生祥樂隊合作的歷程訪問，從詩人養成的方向切入：從漢語詩創作，轉往客語詩；從左翼寫實主義詩歌、現代詩歌轉向，轉向歌、詞；從西洋音樂，轉向民謠；從音樂系譜的考察，挪向在地語言的使用、蒐集與考察。

沒想到，最終，我所獲得的，是一個完全不同於過往所想像的詩歌創作歷程——詩人也好，筆手也好，都不過只是名詞而已，詩歌的對話性、其對話的對象，才是永豐所真正關切的。尤其在創作方法，以及他對於當代詩歌的質疑、以及在自我的創作路線修正這幾點上，讓我備感共鳴、受益良多。

訪談

問：可否談談童年時期音樂上的養分？

答：童年時候，村裡曾經來了一個人類學家，當時就住在我家。那個人類學家離開之後，書房裡留了一些他用過的家具，更多是他沒有帶走的一些、拍我們村子的相片。那是一個人類學家，以一種我們平常不會用的視角，用相機去記錄我們的村子。那也是我第一次與人類學接觸的經驗：第一次用他者的眼光，看村子裡的人、事、物。這個印象，對我的童年記憶影響深刻。

他離開之後，我們家裡的孩子，陸陸續續把那個空間當做書房——從我二叔到我的大姊、二姊，那裡面留下他們學生時代買來看的書。很有意思，他們沒有放教科書，而是他們買的書，以新潮文庫為主，還有遠景。所以小時候在家裡，能看到遠景出版的早期前輩文學家的作品，及諾貝爾文學獎系列。

我二叔上基隆海洋大學之後，他們在學校裡瘋所謂的熱門音樂，或西洋音樂。他喜歡跳舞，回來就央我父親買一套電唱收音機，當時日本話做登吉古（でんちく，電蓄，「電気蓄音機」的簡稱），內含拉吉歐（ラジオ，即英語Radio），加黑膠唱盤，當時不算是便宜的電器產品。這臺音響，一直到我二姊念大學時也用，所以他們每年寒、暑假回來，就從臺北把他們喜歡、或者追求的一些音樂帶回來。他們放的時候，我們孩子就會去書房，好奇他們聽哪些東西、用哪些音樂跳舞，很有趣的景象。開學，他們離開以後，我就嘗試播放那些唱片。所以，從小學開始，每年寒、暑假他們離開之後，我就開始聽新的一批唱片。

到我念大學的時候，聽翻版唱片已經有點沒辦法滿足我，一則是種類少、二則是翻版唱片的音質也不好，很想要有一套進口的音響。我高四時在臺南念書，就開始注意到，因為臺灣的經濟發展，都市鬧區開始出現一種對我很有吸引力的店——音響店，裡面會擺一些稀奇古怪的進口音響，大部分是非常奢侈的東西嘛，所以店的裝潢很特別，會放一些錄音很好的唱片，引發我對音響聲音的注意。

除了開始對聲音講究之外，我當時聽音樂也已經沒辦法單純只是聽廣播或電視播的流行音樂，會想要溯源、想要知道搖滾樂的根源，想要知道搖滾樂更廣的系譜。雖然臺南有幾家唱片行可以找到一些東西，不過種類還是少，所以我都是積了一點錢之後呢，搭國光號上臺北，去中山北路的上揚唱片翻找那些搖滾樂、爵士樂、實驗音樂，還有古典音樂。

問：對閱讀的興趣也是從小就有嗎？

答：我真正開始閱讀，是在補習班準備重考那一年。整個高中三年，我基本上不讀書，都在打排球。高四時，開始讀俄國文學、讀俄國文學史，讀歐洲在十九世紀重要的寫實主義的小說，以及美國的寫實主義文學。

其實起初是嘗試要念哲學。我當時自以為應該要有一個思想體系，但因為我之前沒有任何的閱讀基礎，進去之後，就知道沒那麼容易、啃不進去，覺得從哲學下手不是辦法，便轉了個念——從小說下手，從那時候開始大量地閱讀小說。

高四那段時期，通過這些閱讀，對我比較大的影響是，練就了閱讀跟思想的毅力與耐心。因為那些書都很厚，尤其是杜斯妥也夫斯基，常常一本就四、五百頁，字又很小；或是索忍尼辛，像《第一層地獄》，還有他比較小本的《伊凡．傑尼索維奇的一天》……等等。我好不容易把杜斯妥也夫斯基的小說看了七、八成之後，有一天，下定決心要看托爾斯泰的《戰爭與和平》、《安娜．卡列尼娜》，才看幾卷，就發現，我的耐心已經都用完了。

問：何時開始寫詩的呢？

答：我國中就開始寫詩，我記得是國中二年級吧，第一次莫名其妙產生寫詩的衝動。早期大家寫詩，都是形式不拘、亂寫一通，但我第一次寫詩的時候，我第一個問自己的問題就是：詩的形式是什麼？

我便想到，如果是中國的文學傳統，最早就是詩經，詩經是四個字，我就從四個字的詩開始寫起。

第一首詩是寫給一個女孩。我每天騎腳踏車回家，出了學校的第一個轉彎是公車站，每天，有一個隔壁村很漂亮的女孩子，會在那裡等公車。她跟我同是龍肚國小畢業，小我一屆，人長得很漂亮、很標緻，我每天右轉，就會看到她在那邊等公車。我就寫那個經驗，用四個字一句，寫了二十行左右。後來我念大學時，她去念銘傳，印象中有請人輾轉把詩送給她，不過，那首詩我沒留著。

而這四個字一句的形式，直到我在《野生》專輯裡面，寫母親的葬禮，才又抓回來用。

現在回想起來，當時對於形式的追索，是因為我隱隱約約覺得，形式牽連的是節奏。我從形式裡面想到的、我越來越在乎的東西，是形式裡的節奏，所以，形式是為了要解決節奏的問題。這個才是真正的進入到、聯繫到我後來把詩跟歌慢慢串接起來的基礎。

問：在您開始寫詩的這段時期，應該是寫實主義與現代主義在臺灣正勃興的時期，寫作與閱讀上是否有受到任何影響？

答：我開始寫詩，大概也是臺灣戰後第一波左翼寫實主義詩歌運動出現之時，譬如像《春風雜誌》，或是在這之前，臺灣幾位寫實主義詩人也影響著我，包括廖莫白、還有林華洲、詹澈，以及後來的鍾喬。但我總覺得有一點不足。雖然他們的創作主題圍繞著農民、工人，或是政治批判，但與寫作的主體之間的對話性，我讀不太出來。譬如說，他們寫農民處境，我就會想像，那些詩回到農村，唸給農民聽，農民能不能聽得來？這個對話性，一直是我在想的問題。

在臺南念書時，嘗試寫一些東西。一九八〇年代下半期的臺南市，老區處於沒落的階段。像在中國城那一帶，那時的電影院，已轉向成人電影了。但成人電影也沒撐多久，接著演牛肉場。對我而言，是很奇特的一種沒落，沒落裡面又隱隱約約有一種情欲流竄；流竄的情欲裡面，又帶有一種邊緣性跟階級性。那是很深刻的東西，我曾經以此寫過詩，但是寫完又覺得，這個詩的對話對象是誰，我自己感到很疑惑。

問：除了從寫實主義的詩歌前輩那裡得到的反思之外，同時期的現代主義詩歌、文學或創作觀，是否也曾提供給您養分或衝擊？

答：大學被退學之後，我就去東引當兵。那裡每個營區都會有中山室，就是大家上莒光日的地方，裡面會有一些書。我記得有一本雜誌叫《軍中文藝》，我發現，它竟然連續十幾期，非常系統地介紹臺灣的現代主義詩歌，從瘂弦到洛夫、羅門啊羅青，一路殺到夏宇，所以，那陣子我等於是把臺灣現代主義詩歌的系譜爬梳了一遍。

那時也已經讀了很多的現代詩，不過，我都覺得它沒有解決詩的對話性這個問題，跨不出來。我後來意識到，現代詩歌裡，即便是幾個寫實主義很強烈的詩人作品，這種現代詩的寫作方式跟寫作題材，它的寫作者跟讀者，經常只有一個人，就是作者本身，這也是後來我沒有辦法寫現代詩的原因之一。

另外，青年時期讀了很大量的翻譯小說之後，我感覺到，翻譯文學的語言節奏，包括寫作者內在的情緒節奏，好像已經轉了兩層，讀起來不僅拗口，氣也不順。當然也有一些很有才氣的翻譯者，比如說我曾經在早期的攝影刊物裡面，讀到有一篇張照堂翻譯葉慈的詩，我覺得那個氣超級厲害。

現代主義裡面，雖然也有一些形式感非常強烈的東西，譬如說形象詩、圖像詩，但那對我言而不是形式。像張錯、洛夫那一輩的詩人，在形式創造上下了很多功夫，包括用文字寫聲音、場景與意象的關係，我仍覺得沒有很好地解決內在的問題。內在，包括剛剛所說的情緒與靈魂的呼吸；而這個呼吸，要能跟讀者產生一種由外而內，或者由內而外的對話。因此，我認為，形式必須要去統合三個東西：一個是語言的節奏，一個是情緒的節奏，再來是意義的結構。很多現代主義的形象詩，更多是一種裝飾性的形式，內在連結的能耐較弱。

問：一開始您是用漢語寫詩？何時開始轉用客語寫詩呢？

答：就是去東引當兵的時候，我開始用客家話寫詩。在東引的第一年，我父親過世，就想要寫個東西向我父親致敬。但又感覺到，用漢語寫那種文謅謅的東西，我父親沒有感受啊。所以，我就決定了兩件事情：第一個，我要用客家話寫；第二個我要嘗試用農民的語言來寫，用農民的客家話來寫。

如果以後見之明來看的話，就是說，在這樣的寫詩過程裡的他者想像，這個他者，漸從單數的「他」變成複數，這是這件事情對我的主要影響。

問：何時創作上由詩轉而往歌？

答：轉而往歌，大概始於我當兵寫詩給父親的時候。我一共寫了兩首，寫了非常久非常久，一首詩大概寫七、八個月。我不斷地唸，不斷地檢視這裡面的所謂的農民性，或者，至少存在於農民的語彙裡的字彙，不斷地唸，不斷地唸，唸的過程裡面，我覺得有幾個很好的練習：慢慢去掉一些語言跟節奏的贅肉，剔到後來，詩作為一種語言的身體，越來越靈活，它甚至具有一種脫離作者的行走能力，到後來，我覺得最低程度可以達到，不僅是有他者的想像、有他者的聲音在裡面，而且，詩能夠進行某種程度的對話。

我當完兵回美濃，把那首詩貼在我的書房。有一天晚上，我在寫東西時，我媽進來我的書房，她不識字，問我：「貼在牆上的是什麼東西？」我說，這個是寫給父親跟你的詩。她說：「喔，是喔。」我說：「我唸給你聽要不要？」她說：「好噢。」我唸給她聽的時候，她眼睛泛著淚光。我覺得，倒還不是她感動這件事情讓我感動，而是她 catch 到，竟然這個東西讓她有感。

問：這是第一個聽到您唸詩的讀者？

答：對。但是，我在心裡面，想像唸給我父親已經唸了千百遍了。所以，我唸完之後，很確定我母親聽得下去、而且有感受。對我來說，是我完成了我一直在乎的：用農民的語言寫詩，讓農民可以聽得下去。

問：轉用客語詩歌寫作，從生活語言、日常對話要進入詩歌之中，是靠「唸誦」來解決？或者也需要靠其他工具輔助？是否還有其他的客語學習養分？

答：當初並沒有很好的工具書，所以是自我研究，僅僅用我手邊的一些國語字典，以及中文跟國學知識，進行考據。有些東西後來證明我的寫法是對的，不對的就再修正。更後來要感謝很多的客語研究工作者，他們把各種話系的辭典編出來，在工具書上就有各種選擇。不過，在自我研究的階段，有時候會有一些很深刻的驚喜。雖然說有些字詞是我們從小聽到大、講到大，可是當我們用文字逼近它的時候，會發現一種我從來沒有領受到的詩意。這個詩意進去，又會發現客家話裡面的哲學性。

譬如說，在一九八六年，我當兵那一年寫給我父親的詩裡面，有一首詩裡的第一個字，就是用「臨暗」。那首詩我從傍晚寫起，當我發現，我們客家話的「傍晚」，是用「臨暗」這兩個字的時候，我非常非常開心。我覺得臨暗這兩個字真美、真有詩意，而且帶有某一種對宇宙的觀察角度，這個「臨暗」，比「傍晚」、比「黃昏」更好。它有一種漸層，在這個漸層裡面，隱然有很多很幽微的情緒。我第一次領會到臨暗，原來是這麼樣的厲害、這麼

樣的詩意，這麼樣總結了農民對時刻演替的觀察時，內心又是感動，又是驕傲。

後來我會寫《臨暗》專輯，即從這兩個字的體會開始寫起。

問：用農民的語言寫詩，是因為寫給父親的詩而萌發，不過您後來的創作，也都以農村的處境為題，有無其他的外部因素影響？

答：從給我父親寫詩，還有意識到語言、詩歌的對話性，決定要用我所知道的、我父親的語言來寫詩……種種，都只是開了門而已。那時候起，我發現我渴望聽到更多的、我父親那一輩農民的講話方式。

後來有一個機會，在一九九一、九二年時，回家鄉與我妹妹會合，去做從屏東到美濃的客家農民訪談。當時她也想要回家鄉，便接了中研院民族學研究所一個老師的計畫。因此，她要我也回去的時候，對我而言，那是我渴望了很久的機會，可以聽到各種農民的話語、形式跟話語的能力。連續一、兩年，跟她一起每天進行各式各樣的農民訪談。我非常專心、著迷地聽那些口才很好的農民，講各式各樣的題目。雖然是從政治經濟學切入的農村研究，後續也需要政治經濟學分析，不過同時間，我開始大量聽到不同職業別、不同背景的農民講客語的方式，農民語言裡的音樂性、文學性、社會性，讓我能夠進入另外一個非常豐富的世界，對我來說，是一個很大的收穫。

我那時開玩笑地把當時訪談的農民排名，這裡面的農民語言藝術家，第一名是誰、第二名是誰。我所謂的農民語言藝術家，就是語言很厲害，又幽默，表達又強、意象又豐富，而且觀察又深刻的那種人。第一名的農民，人稱「滑溜」，幽默，記性又好。訪談任務結來後，我央我堂哥幫忙，帶我去找他聊了好幾次，天南地北地讓我隨便亂問。他甚至連美濃的路口設置紅綠燈的順序，記得一清二楚。

問：從詩的創作轉往歌，除了詩的對話性、農民語言的田野調查與探索之外，在音樂的聆聽上有無其他的養分？

答：主要是民謠這種音樂形式。我最早聽到民謠，是從國小五、六年級開始，從我二叔帶回來的搖滾樂唱片裡發現的，當時就有Bob Dylan。到我國中一、二年級，我大姐念輔仁大學時，會帶回一些古典音樂唱片，還有包括早期的校園民歌，像是榮星合唱團、臺灣民謠等等。她也會聽美國流行音樂，但她會特別去挑裡面比較民謠的，像Joan Baez。

我從那個時候發現，民謠挺好聽的，覺得民謠性的東西很有趣。雖然國中時期還聽不太懂英文，也沒有深究自己為什麼喜歡，不過，當時進來的唱片裡，同樣一首Bob Dylan的歌，你會聽到其他的翻唱者的版本，像是Joan Baez的翻唱，或是從民謠到搖滾的各種翻唱版本，但就覺得，Bob Dylan的原唱還是最厲害。他的民謠演唱方式，有一種很特殊的說故事的方式在裡面、很特別的一種精神狀態。

大學那幾年，我有一套不錯的音響，然後自己也到臺北去買、也從許國隆[2]先生那邊借了大量唱片，到了大學二年級，搖滾樂越來越往回聽，就會聽到爵士樂、聽到美國的藍調、民謠，那時候開始對各式各樣民族音樂產生興趣。當時臺灣開始可以買得到從法國進口的民族音樂唱片，最多的是法國國家廣播公司所出的，由民族音樂學家在全世界所錄的民族音樂學的唱片，當時就買了一些，包括非洲的、亞洲的、南美洲的民謠唱片。

那時，臺灣的第一唱片公司也出版了許常惠跟史惟亮在民謠收集運動裡面，比較好、比較完整的錄音，出了四十張，包含原住民、閩南還有客家，客家我記得有四到六張，其中有一張就是賴碧霞的山歌。賴碧霞所唱的山歌，讓我聯想到小時候所唱的山歌。雖然她所唱的是北部的山歌，但是跟南部山歌還是有共通之處。

後來慢慢了解，美國在一九六〇年代能夠形成那麼厲害的流行音樂，不管是叫做搖滾樂、爵士樂，或者叫靈魂樂，都來自於幾個重要的基礎：來自於藍調，或者白人從歐洲各個地區帶去美國的各種民謠。民謠，就是從各式各樣的生產、生活裡面所發展出來的東西，所以當時回去美濃做農民調查時，會注意聽美濃山歌。

這說來有一點慚愧。我不是在客家的傳統裡去聽八音，而是去到臺南念書，聽了一大堆搖滾樂到民謠之後，再從這裡面去聽山歌。那時聽山歌的感動，有一點聯繫於我聽藍調的感動、聯繫於我聽各式各樣民謠的感動。回去美濃之後，更會近距離地聽山歌。客語對我來

2000年，交工樂隊於菸樓錄音室團練。攝影：鍾明光，照片提供：山下民謠。

說，就是一個，乘載一個很豐富的民謠傳統的語言，就好像其他語言，也乘載了一定程度的豐富民謠。

問：您的父親是客家人，母親是閩南人，這對您的語言經驗來說是否有影響？

答：比較大的影響是來自我的母親。她是閩南人，但她會記很多客語的山歌歌詞、客語或者閩南的俗諺語，她有這樣的天分。因為我們家種很多田，她必須要帶很多工人去下田，從種菸到種稻，必須要招呼很多人的點心，吃點心的時候，或是在勞動過程裡，會聽到各種的交談。有時候，她就會從這裡面記下來很多很有趣的對話、山歌歌詞、客家的俗諺語。她回娘家也是回到閩南的語言裡面，周圍也住了很多閩南人，也會聽到很多閩南人的俗諺語，特別是閩南人取笑客家人的俗諺語，這些對我來說，都是很有趣的語言經驗。

我們回美濃做田野的時候，會問我媽這些東西，她記性很好，很多她講述的東西，後來證明是美濃很重要的謠諺系譜。像我媽媽這樣的人，當時美濃每個村子都會有，但我覺得我媽特別厲害。有一年我回家，我媽突然問我說：「我看電視上說，你跟林生祥唱的東西，得金曲獎，是嗎？」我說：「是啊」，我媽接著問我說：「你怎麼會那些東西？」我說：「是你傳給我的啊。」

問：您的創作主題，往往連結到家鄉更長遠的土地文化與歷史，在第一張專輯《我等就來唱山歌》裡，〈下淡水河寫著我等介族譜〉這首歌有一段〈瀰濃庄開基碑文〉衝擊性很強，像這樣真實的碑文，也是當年田野時發現的嗎？

答：當時回美濃做田野時，會特別去看美濃的客語，如何表現在很多地方，譬如，表現在廟的對聯上面。從廟的對聯裡，你可以看得出這是當地的、傳統的農民知識分子，怎麼去講他們跟神，還有神跟這個地方的關係。比方說，一間水口的土地公廟，這個土地公廟一定掌管這個地區的灌溉嘛。他怎麼站在神的角度來看神跟水、跟種植，跟這邊的村落生活與命運的關係。

我拜訪美濃的廟，去讀它們的對聯。很有趣是，對聯裡面都有結構，我發現，每一間廟的對聯、形式都不太一樣，有長有短，此外，有一些是奇數結構跟偶數結構的關係也不太一樣，都帶給我很大的樂趣。

那些對聯是由各式各樣的農民寫的，也不乏專業者，譬如造廟人、專門寫這類東西的地理師傅，每個地理師傅寫不一樣的風格。有一天，我們去美濃的開基伯公（編按：為美濃第一座原型土地公），我們童年時期也都會去那裡，但從沒想過要去讀碑文。那陣子回美濃時，到了每一個廟，不管大小，裡面的字我都會去讀。開基伯公旁的開基碑，非常吸引我，我覺得是美濃我所讀過各式各樣的碑碣文字裡最厲害的。那是一個拓荒者，到了一個新的地方之後，不僅是祭天、昭告天下，而且也是跟他的子民講述，氣勢非常宏偉。裡面的語言形式、語言的節奏感實在是真好，唸過之後就被它感動。

我一開始大概只能唸個七、八成，就抄回去就問我一個做地理師的叔公，他教我唸完整首。那陣子去做美濃的土地公、廟研究時，我大概就抄了兩、三百個對聯。我覺得那就好像是，你作為一個雕刻師，你還是得不斷地拿木頭、石頭來練。去抄那些對聯，就是去看各地的語言工匠，如何去琢磨那些文字。對我而言，是很多非常道地的學習。

問：從寫詩、田野、語言的學習到與樂團合作，反水庫運動是一個滿關鍵的原因，也發了第一張專輯《我等就來唱山歌》，當時便想到要用音樂來作為運動反抗的一環嗎？

答：一九九七、九八年在美濃搞運動的時候，會想要產生一個同時間並行的文化運動的想法。因為你翻開全世界重要的近、現代運動，不會只是一個社會運動，同時間還會有各式各樣的文化運動。這並不是說要趕時髦，而是搞運動你不可能只是靠你的邏輯性語言、不可能只是靠宣傳，一定要有一些東西，是可以遠遠超過邏輯、語言所能夠到達的邊界以外再以外的東西，這樣你的社會運動的力量才會大。

那時候已經做了很多嘗試：曾經異想天開想去找侯孝賢拍反水庫相關的電影；碰到來美濃做紀錄片的人時也會想，這個東西能不能搞個紀錄片；遇到鍾喬、王墨林的時候，就想說，能不能我們也搞個劇場運動……都試了。有些是條件不足、有些是想法不好，有的是根本沒有對的人力或者資源，所以也都沒有搞成。

後來在一九九四年遇到生祥，便嘗試合作看看，那時合作的第一首歌，是〈夜行巴士〉。當時我有幾個感覺：一是我確定這個年輕人是有天分，而且他的音樂能力是厲害的。第二個就是，他有很好的領悟力。因為，一首詞要轉換成音樂，要進行很多層次的消化：從它外在的結構、節奏，到內在，到整個語氣、情緒，到音樂，這其實是要往復好多趟。除了要有很好的理解能力之外，也要有很好的轉化能力。所以，他唱〈夜行巴士〉給我聽的時候，我就非常確定這個年輕人有我剛剛所講的幾個能力，這就會鼓勵我繼續寫。

因為反水庫運動的關係，先寫了第一張《我等就來唱山歌》，但是，對我而言，《菊花夜行軍》才是我的第一張創作。

問：《菊花夜行軍》的主題，或者概念，是何時萌發的？

答：大概在一九八〇年代末期，一九八七、八八、八九那幾年，我回農村去做農民調查之前，美濃已經出現菊花了。在那個時期，臺灣正努力加入GATT。一九八七年，臺灣政府正式讓美國

的菸草跟酒進來，首當其衝就是美濃的菸農，以及東勢種葡萄的農民，那時已經有一些農民運動出來。同時間，美濃也有農民意識到這個問題，也開始嘗試轉作其他經濟作物的。所以，不僅僅是菊花，也有人試圖種咖啡，當然都是很荒謬的失敗。

因此，「菊花」對我而言，有雙重的意義在：一則是農民被逼上一條他不確定、可能後面也沒有支撐，前面也沒有人接的一條農業的路。那條路上，農民是完全孤單的，要面對的是一個殘酷的、越來越全球化的市場。當我看到美濃出現菊花的時候，讀到的是來自於全球到美濃的衝擊。從那時候起，我的腦子裡形成了一個畫面——這些衝擊，如果要寫一個什麼東西來說明，我在當時所看到的這些農村的轉化，它的標題，一定叫作「菊花夜行軍」。我所看到的菊花景象，就是菊花晚上在行軍，跟我們當兵時，晚上行軍一樣。這就決定，未來不管是用什麼方式表達，如果我有能力的話，我一定要寫菊花夜行軍。

問：與樂隊合作的詩詞，理當是不同時期整理而成，可否談談將詩詞整理成專輯的工作過程？這跟一般詩人的詩被譜成曲的方式有何不同？

答：有點不太一樣。我寫詞，但同時，我寫詞的時候，已經有音樂的想法在裡面。這個意思不是說，這個詞會產生什麼樣的音樂，不是。而是，詞通過反覆唸誦，有其音樂性，也有音樂的空間在裡頭。有些詩人的詩被轉成音樂，可是這個詩人可能平常不太聽音樂、或者他沒有聽這麼多音樂、或者他聽的音樂跟作曲人的音樂，其實沒有太多的銜接，又或者是，他可能只是冀望說，只要能夠變成音樂，他就很開心。

生祥樂隊《菊花夜行軍》15週年紀念演唱會。攝影：鍾聖雄。

但當時我們想法更多，跟單純從既有的詩譜成曲的方式不一樣。第一個不一樣是說，從一九三〇年代到六〇年代，在各式各樣的運動裡產生的運動音樂，我們已經有很多的例子，所以跟生祥他們有很多的共同討論；第二個不一樣是在於，生祥念淡江大學的時候，從民謠到搖滾樂也聽了很多，所以我們兩個有共同的音樂背景，等於是說，我們其實是一起製作音樂專輯，這個關係不太一樣。

此外，不是每一首詩都可以變成詞。早期可能會寫十幾首詩，裡面可能有一半或超過一半以上比例的東西被剔除掉。但不斷地練習之後，贅肉會越來越少。最開始寫的時候，簡單說，就好像是你在登山，沒有山徑，所以你要判斷，水的流向、山的走勢，去決定要走哪一條路可以抵達山頂。你可能會走很多冤枉路、可能會迷路、可能會摔一跤。試了很多次以後，已經操練得很好了，你一看就大概知道說，這要走哪一條路。不會走多一條，或者可能不會多走一公尺，不會砍掉一些不必要的樹，會變得更精確，也會更精準。

問：從早期您對於寫實主義、現代主義詩歌的反思，到後來探究民謠的形式，對於您寫作上的影響有何不同？

答：我覺得，早期所受到的寫實主義的影響，那種詩歌形式，是「我要說給你聽、我要講給你明白、你不能不明白、你一定要理解、你一定要理解我的痛苦、我對問題的分析、我的主張、你一定要看著我的眼睛」這種；而抒情詩歌，則是揪著你的心，我後來覺得，也很累啊。這些詩歌的表達方式，你的手段和目的剛好相反。你的目的，是要確保你的對話是完整的、有效的；但你的手段，是讓這目的達不到。所以，Bob Dylan 他那種民謠敘事的方式，帶有一種疏離性，乍看或乍聽之下，手段跟目的好像是背道而馳，但是其實是讓目的更好地到達。

不過，我會試著用後面這種方式來創作，也是到滿後面的時期，大概是從《臨暗》那張專輯吧。

問：《臨暗》是交工解散之後，生祥與其他樂手合作的開始，唯有筆手依舊是與您合作。從交工時期的《菊花夜行軍》，到關注勞工的《臨暗》，談一談這張作品的創作與過程？

答：對我來講，《臨暗》還是一張農村的專輯。因為它所談的是，離開農村去都市裡面，去工廠、去服務業，在不同職場裡流浪的這些農村勞動力。我不認為《臨暗》就是一張勞工專輯。它當然是，但是它是從農村所延伸出來的，其實是《菊花夜行軍》的前傳，交代這一個《菊花夜行軍》的主角，在他決定回鄉之前，在都市經歷過什麼過程，職場的、感情的、性欲的、空間的、時間的，經歷過哪些變化。

不過，《臨暗》那時候真的處於撞牆期。你的第一部作品，或你的第一張專輯，你已經準備了一、二十年了，已經揣摩、練習、提煉了一、二十年了，只要你肯寫出來。所以厲害的創作者，第一張都很厲害，第二張也不差，那第三張呢？因為創作者很在乎自我抄襲的問題，所以到第三張，你就會意識到很多需要注意的東西。比如說，新的題材，你的研究或理解比起前面兩張，沒有足夠好的深度與深刻性？還有，你要嘗試新的語言形式。眼睛往旁邊一看：厲害的人那麼多，那是在一個很恐怖的創作階段啊。

很多人在這個地方就不行了。

所以，在寫《臨暗》的時候，我去做了不少臺南大賣場的觀察跟訪談。我要確定，我對勞工的理解是update的。因為我當時很清楚，我要做的勞工，是已經進入服務業的勞工。服務業的勞工跟製造業不一樣，而且年輕的勞工已經有低薪化的趨勢，而且因為低薪，產生了職場上的漂泊。慢慢串聯起來之後，譬如說，很多臺語歌講漂泊，可是漂泊可不可能找到當代性？我覺得我找到了。我找到很紮實的當代性，是年輕人在職場裡面的漂泊。在職場的漂泊，也會聯繫著他們在愛情關係上的漂泊、他們在家庭關係上的漂泊，將這些東西串起來之後，我便有把握去做這張專輯。

《我庄》時期的生祥樂隊，由左至右為：吳政君、早川徹、鍾永豐、林生祥、大竹研。
攝影：李威儀，照片提供：山下民謠。

《臨暗》對我來說，還有另一個轉折點是，開始從農村外面看農村，所以，才會有後面的《圍庄》。當然從《臨暗》到《圍庄》也試了好多方法，這中間的《種樹》、《大地書房》、《我庄》都是在農村裡面。但我覺得，中間這幾張，老實講，都還在練習。練習形式也好，練習我對主題的掌握能力也好，都在練習。但我這樣說，還是有點相對性。當時《我庄》出版的時候，我也覺得前面寫的東西都是練習；寫了《圍庄》之後，我覺得《我庄》也只是練習。

問：有些創作者到某個時期，可能對於形式的探索會減緩，或者是成為某種慣性，寫到《圍庄》時，還會想要探索新的形式嗎？

答：如果沒有新的形式的話，我就覺得不用寫了；或者說，若沒有探索出新的形式、或是既有形式沒有辦法讓我產生新的樂趣，即便是很小的，我就覺得這個作品是不夠好的。

寫《圍庄》那陣子，我讀到杜甫的方法論，我覺得，我是用邏輯歸納去讀杜甫。杜甫的詩，形式、精練不在話下，可是，這種精練是服務於以下幾個東西：歸納、提煉，還有對話。杜甫厲害的是，他把很多邏輯上的需要，用很簡單的形式，很少的字表達出來。所以他的文字裡面，有非常重比例的歸納的任務、串聯的任務，提綱挈領的任務，後來寫《圍庄》裡面幾首，比方說〈保生大帝〉，我就想用杜甫的方法：我要歸納前面階段抗爭的過程、很多人參與，我怎麼歸納、我怎麼意象化、我怎麼前後串聯，我是用杜甫的方法來寫這個東西。

問：最近讀到的書是什麼？跟下一張進行的創作主題有關嗎？

答：最近在念《山海經》。我覺得《山海經》的敘說形式很有趣，它描述形象的方式、描述空間距離的方式很有趣。《山海經》我一直都很有興趣，我最近得到很好的《山海經》的繪本，但它不是完整的篇章，而是舉《山海經》裡面很有趣的一段，裡面就有很多歌的可能在裡面。還有最近在讀花蓮的作家，叫方梓，寫阿美族的食物。她可能是客家跟閩南的後代，在東華教書，會注意到阿美族採集植物的婦女，採集什麼樣的東西，不過，她不會純粹從阿美族的觀點寫，因為她本身是漢人。

從寫《我庄》之後，就開始對植物書寫產生興趣。

問：對於寫詩的人，或對創作者而言，您覺得最重要的事情是什麼？

答：我覺得，對於寫詩的人而言，到後來，你還是會難以放棄，你內心裡關於詩意這件事情的在乎。而詩意，或是詩性，每個階段可能都不太一樣。每一個階段，我可能都還會想要有更好的提煉方式，因此，對我現在進行的下一張創作而言，我也覺得《圍庄》是一個練習，是一個不斷進行的東西，但是至少，我覺得，我好像還沒有到創作盡頭。

不過，不管是哪一種語言的創作者，你永遠要去解決對話性與當代性的問題，這是我永遠都要面對的課題。

編註

1 「每日．臨暗．種樹——羅思容&鍾永豐客語詩歌／詞對談／彈」，二〇〇八年五月三十一日。網址：https://goo.gl/B2HZbN。

2 許國隆，惟因唱碟名店的主人，自號「苦瓜道人」，受他影響的聆聽者無數，多尊稱他為許先生。惟因唱碟位於臺南市中正路巷內，專賣坊間少見的LP與CD，為臺灣唱片行的傳奇據地。

＊ CD封面提供：山下民謠。

- 1964：出生於美濃鎮菸農家庭。
- 1970–1976：就讀美濃區龍肚國小。
- 1976–1979：就讀高雄市立美濃國中。
- 1979–1982：就讀高雄市立高雄高級中學；1982年高中自動退學，前往臺南補習。
- 1983–1986：就讀成功大學土木系。1984年認識啟蒙者許國隆。1986年大學退學，去東引當兵。
- 1987：父親過世，開始以客家話寫詩。
- 1990：與妹妹鍾秀梅、建築學者李允斐參與徐正光研究員的「小商品政治經濟學」計畫，於高雄縣美濃及屏東縣北部地區進行農戶訪談。
- 1992：取得淡江大學土木工程學士學位。
- 1994：就讀佛羅里達大學社會學研究所，1996年碩士畢業。同年「美濃愛鄉協進會」成立，為美濃在反水庫運動的重要在地組織；結識音樂創作者林生祥（當時為觀子音樂坑主唱，後為交工樂隊、生祥樂隊主唱）。
- 1995：與夏曉鵑前往印尼外島從事有關「外籍新娘」的社會學訪調工作；為美濃地區的「外籍新娘」開設識字班。
- 1996–1999：任「美濃愛鄉協進會」總幹事。

1999	與林生祥整理家中傳統菸樓，成立「第七小組菸樓錄音室」與「交工樂隊」，任交工樂隊筆手，並設立「串聯有聲出版社」，獨立發行《我就等來唱山歌》音樂專輯。同年任高雄縣政府機要室秘書。
2000－2001	任高雄縣政府水利局局長。
2001－2002	任行政院客家委員會主任秘書。
2002－2003	任臺南縣府新聞室主任及機要秘書。
2003－2009	任嘉義縣政府文化局局長。
2004	任「生祥與瓦窯坑3」筆手。
2006	任「生祥與樂團」筆手。
2014－2016	任「生祥樂隊」筆手。
2014－2016	任臺北市政府客家事務委員會主委。
2016	任臺北市政府文化局局長至今。

1999

與交工樂隊發表專輯《我等就來唱山歌》。2000年4月，以《我等就來唱山歌》與林生祥、陳冠宇同獲第十一屆金曲獎最佳專輯製作人獎，並入圍最佳作詞人獎。

2001

與交工樂隊發表專輯《菊花夜行軍》。2002年交工樂隊以《菊花夜行軍》獲第十六屆金曲獎最佳作詞人獎。

2004

10月，與「生祥與瓦窯坑3」發表專輯《臨暗》。2005年以客語歌詞〈臨暗〉獲第十六屆金曲獎最佳作詞人獎。

2006

與「生祥與樂團」發表專輯《種樹》。2007年《種樹》入圍第十八屆金曲獎六項獎項，獲最佳客語歌手獎、最佳客語專輯，並以客語歌詞〈種樹〉獲得第十八屆金曲獎最佳作詞人獎。

2009

與「生祥與樂團」發表專輯《野生》。2010年《野生》獲第一屆金音獎最佳民謠專輯獎。

2017 2016 2015 2013 2010

2016
與「生祥樂隊」發表雙CD專輯《圍庄》，同年《圍庄》獲得第七屆金音獎最佳專輯獎、評審團大獎，專輯中〈南風〉獲最佳民謠單曲獎。2017年獲第二十八屆金曲獎評審團獎。

2013
與「生祥樂隊」發表專輯《我庄》，同年《我庄》獲第四屆金音獎評審團大獎、最佳專輯獎、最佳樂手獎；2014年，以《我庄》入圍第二十五屆金曲獎最佳作詞人獎。

2010
與「生祥與樂團」發表專輯《大地書房》。2011年《大地書房》獲第二屆金音獎最佳專輯獎、最佳創作歌手獎、最佳民謠專輯獎。

2015
散文集：《我等就來唱山歌》，上海：中國上海文藝出版社。

2017
散文集：《重遊我庄：踢著影子去旅行》，北京：中國電子工業出版社。

專訪駱以軍

採訪、整理、撰文／游任道

攝影：陳建仲。

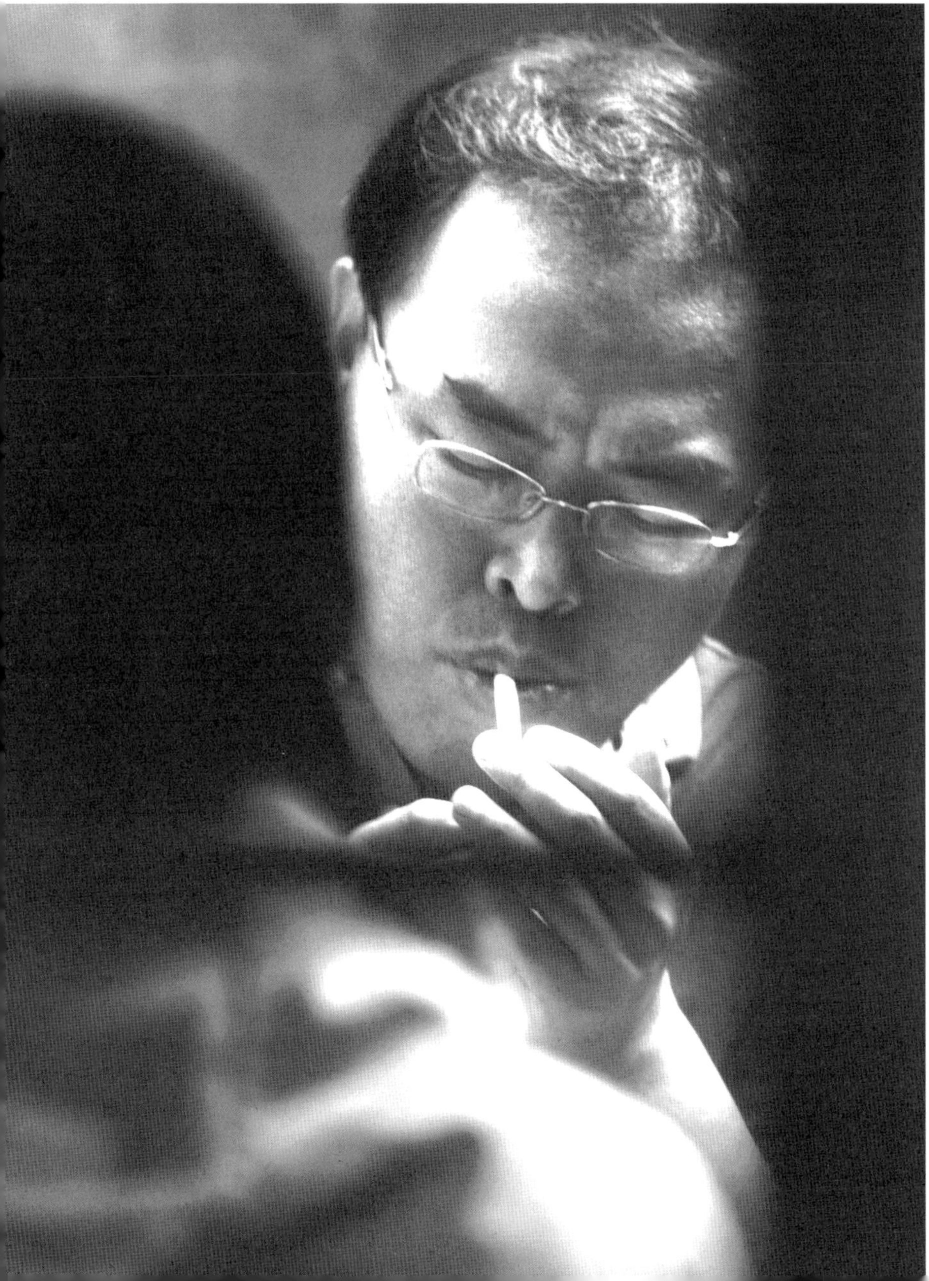

前言

在接觸駱以軍的作品之前，我只是個從小讀武俠、科幻小說，看電視、看電影、聽音樂長大的一般少年。我真正的閱讀養成於上個世紀九〇年代的中後期，在我念大學之後。當時所謂的後現代、後設理論早已時興，並在學院的各個學術領域制度化。

因為學術訓練的關係，當時我閱讀小說，完全是從論述與文本分析的角度進入，目的在印證這些知識、理論在小說中的操作；小說書寫對我而言，只是理論知識在不同文類裡的實踐：一種反抗知識霸權的工具。我還記得第一次讀到駱以軍的作品，是當時甫得獎沒多久的〈手槍王〉、〈紅字團〉等早期的短篇小說，之後再讀他的長篇小說《月球姓氏》與《遣悲懷》。我深深為其所擅長的破碎敘事，以及拼貼敘事者的夢境與意識，不斷在故事中摺疊、召喚另一個故事，所形成的敘事迴圈所吸引；而小說中模糊現實與虛構界線的後設技法，還有嘗試在其中反思小說書寫的意義等等，都讓我在閱讀的過程中獲得一種知識驗證的喜悅。

經過多年，等到我再次閱讀駱以軍，它已經是我與小說家的肉身接觸。

二〇〇八、〇九年，因為精神官能上的長期困擾，我已經完全無法進入各種文字的閱讀，包括電視、電影的字幕。當時為了讓自己可以出門，回到一種規律的狀態，同時抱著「只要讓我可以讀完一句簡單的句子就好」的心理，我跑去參加各種讀書會還有寫作課程，也就是在這個時候，我真正地碰觸一個小說家的文字與精神的肉身。那時我參加的其中一門課程是《幼獅文藝》雜誌辦的青年寫作班，駱以軍是當時小說課裡其中一位講師。他的經驗分享、他對創作的堅定與執著，以及相伴而來的各種病痛與孤寂，讓我穿過他的文字與身體，進入到我自己的肉身。

我記得小說課結業的時候，每個人都要交一篇短篇小說給主辦單位評選，我寫的短篇，被駱以軍老師選中，成為這個寫作班其中一篇優選作品。當小說家以「小說家」之名描述我的時候，給予我的鼓勵與期勉，讓我對可能的未來充滿想像。於是，我相信，我可以拋下我已無能面對並厭倦的知識框架，找到另一種閱讀的可能：透過「寫」，讓我重新愛上文字的世界；我相信，也許有一天，我也可以成為小說寫作者。

這次在整理訪談稿件的過程，回憶起當年小說家對我的鼓勵，實在汗顏，我既沒有成為小說寫作者，也沒有那份為小說獻身的覺悟；我亦忘卻了小說家在創作的高燒熱情背後，是一次又一次反覆地嘗試，失敗與再奮起的歷程。屬於駱以軍小說技術的摸索與練習——不間斷地自我鍛鍊與超越的肉身實踐，提醒我自己：那條路，我還有一段非常遙遠的路程要走。如果我下定決心。

對於一位寫作將近三十年，有著小說、散文、詩與劇本等近二十部著作的職業作家，要在短短的篇幅中詳細交代他所有的書寫歷程與主題，實屬困難。因此我將訪談整理的重點，放在小說家駱以軍的閱讀啓蒙、創作方法的養成，以及《妻夢狗》、《第三個舞者》、《月球姓氏》、《西夏旅館》與《女兒》等，這幾部我認為具代表性的作品的寫作過程，與對主題的思索。訪談中提及預計出版的小說《匡超人》與「字母會」的相關作品，後來皆已陸續出版，文中另以編註標示說明。

最後，我以小說家在訪談裡，因文脈之故，而未能收錄的一段談話作結：究竟小說書寫對於駱以軍而言是什麼？希望帶給同是創作者、或是讀者的您，重新思考對小說的認識。

「……我們都困在現代性的極限裡，在社會發展不斷解離的狀態下，現代小說的書寫也是處在不斷地粒子化，朝向內向書寫的世代[1]轉換過程；從冒險、英雄式的大敘事、大的運動性視覺經驗，走到對『個我』的描述：這個獨一無二的『我』是什麼——我的經驗、感官的極限究竟是什麼？在大家的經驗都同質化之後，我們要如何從這些相似的冰雕小孩裡，找到『真的』？去找尋到底為什麼我（們）會變成現在這樣的怪物？〔…〕整個現代主義以來的小說實踐，講故事並不是它的重點，而是透過小說的反覆回望、勘探，回到那個一切將要發生轉變的現場，把那些已經在現代化、都市化過程，被商品、媒體與強權者話語所吞噬、汙染中毒的生命救贖出來。這其實是小說『追憶似水年華』式的形上學，在沒故事可說、話語中毒的狀況下，當試用小說對世界作出回應。我覺得它是小說給予個體，或是給予人類在觀看方式上，巨大的無限承諾；也是一種對抗冷酷異境、對抗大家一致化的搏跳過程。如同波赫士在〈第二次的死亡〉[2]中寫的高喬人（Gauchos）士兵的故事，透過小說給予生命另一種可能的版本。」

訪談

問：您是何時開始對文藝產生興趣？

答：應該是在我高中之後，重考大學的那段時間。我記得重考班就在信義路鼎泰豐附近，但是當時我根本就不想考試、不想考大學。因為重考班那時沒有管得很嚴，所以我好像很常跑到隔壁一家百貨公司，在裡面賣書的部門亂逛。我當時就是在那一櫃一櫃賣書的小格位裡，被兩本書電到。一本是余光中翻譯的《梵谷傳》，我站在那邊看，突然間好像被雷打到，覺得他就是我的神！覺得藝術家之路就是要像梵谷，在最年輕、最精華的時期創作出作品，然後三十七歲，就拿槍把自己打死；另一本就是張愛玲的《半生緣》，當時我也不知道張愛玲是誰，可是看完之後，也覺得像是被雷擊！我那時心裡也不知道在想什麼，就覺得，靠！這本書實在太屌了，要是我把它全部背下來，應該就可以武林無敵吧。

可是在這之前，國中到高中的青春期，我有長達六、七年的時間，是在一個很不順利的過程。在學校長期都是最後一名，中間經過重考，也有跟迌迌仔混在一起。後來我重考考上成功高中，不過念到高三的時候，也是被退學沒有畢業；我當時就是教官會找麻煩的那種學生。但是很怪，差不多就是在我十九、二十歲，重考大學的那時候，在還不知道文學跟寫作是什麼的情況下，我好像就模模糊糊地跟真實世界脫節了——像一部電影，突然啪一下地被切到默片的狀態，我就跟身邊所有的人都切割開來，進入到小說文字的一個虛構世界裡。後來運氣好，還是有考上文化大學森林系，考上之後我就跑到我媽在深坑土庫買的房子那裡，那邊堆了很多我爸的書，我就在那裡翻這些書。我爸是老一輩的中文系老師，他那時有很多像魯迅、沈從文這些作家的書，有的在當時可能都是禁書。所以很怪，就是我的入門款書籍，或閱讀啟蒙，並不是讀那些現代主義，或是後現代、魔幻寫實的作品；反而是從讀魯迅、沈從文，然後左派的一些作家，像老舍、巴金、蕭紅這些人的小說開始。後來一直到我讀到夏志清先生寫的《中國現代小說史》，才理解原來他們是「中華人民共和國」上個世紀三〇年代的作家群。

問：您何時決定以小說作為創作的文類？還記得當時的文學氛圍嗎？

答：大概就是在重考的時候，到大一暑假去參加文藝營的這段期間就決定了，之後我就轉去念中文系文藝創作組。那時參加文藝營的年輕人裡，都會有一些很厲害的念理工、念醫科的人，或是校刊社的編輯……他們會在那裡講馬奎斯（Gabriel García Márquez）的《百年孤寂》、魔幻寫實，或是什麼後現代、後設小說等等這些；那時我的老師張大春超紅，也是這個路數的。我當時就是碰到這種文學氛圍，然後自己就會跑去重慶南路買這些書來看。雖然我們那時候文大的老師除了小說家張大春，還有詩人羅智成跟楊澤，都是一九九〇年代最好的、正處在創作巔峰的天才，年紀大概都大我十歲，但我覺得我的性格和才氣並不適合寫詩、成為詩人，因此我那時就已經清清楚楚地做好要寫小說的準備。

問：大學這段期間，您都透過什麼方式培養自己的寫作能力？

答：我考上文大以後，中間經過延畢到考上北藝大戲劇研究所，一直到畢業，大約是到我二十八、九歲左右，中間至少有十年的時間，我不是住在家裡，也不是學校宿舍，是自己租在陽明山上很爛的、阿婆在出租的那種房子裡。我想如果我後來能成為一位創作者，這段在山上的時光，像是一個青年藝術家的準備，我在那時打的一個底子是很硬的，那個底子就是書寫跟閱讀。

大學時期。照片提供：駱以軍。

我那時候讀了像志文《新潮文庫》的一些書，讀夏目漱石、芥川龍之介，讀卡夫卡（Franz Kafka）、卡繆（Albert Camus）這些存在主義的東西。然後很著迷杜思妥也夫斯基（Fyodor Dostoyevsky）、太宰治、川端康成，還有張愛玲的小說。我大一、大二花很長的時間在慢慢抄讀川端跟張愛玲的小說，很像運動員在練習技術，用抄寫的方式在讀這些小說、吃這些書。當時臺灣翻譯了非常多川端康成的小說，除了比較有名的《睡美人》、《雪國》跟《古都》之外，還有沒什麼人知道的《淺草紅團》，都有翻譯。我那時候就是抄寫，練這種川端的文字、新感覺的語言風格。另外，因為我們老師張大春當時是馬奎斯、魔幻寫實這個路數，所以我也讀了《百年孤寂》。年輕的時候讀《百年孤寂》覺得很難，所以我花了很大的力氣抄寫過幾次。慢慢到大三、大四，開始讀到卡爾維諾（Italo Calvino）的作品，也讀了昆德拉（Milan Kundera）的《生命中不能承受之輕》，就是一些過去大家比較不熟悉的歐洲當代作家。我記得當時還讀了光復書局出的一套《當代世界小說家讀本》，它挑了像巴撒美（Donald Barthelme）、巴斯（John Barth）、聘瓊（Thomas Pynchon，現通譯為品瓊）等等作家的作品，都是非常怪的後現代小說，那時臺灣根本還沒什麼人在談後現代理論。

我覺得年輕時期的我，很好的一個狀況是我很認真地在抄寫跟慢讀。自己一個人在山裡面，很安靜、很孤獨地在抄讀這些小說，吃這些字，到最後這些作家、每一個字，都很像在腦子裡燒那個符咒，開始出現那種妖幻之境。

問：這個練習到現在（二〇一六年）仍持續在進行嗎？

答：因為我一直有持續在閱讀，只是我的方式跟很多人不太一樣，我是用抄寫的在慢讀、鋸斷它，吸它的汁液。我記得應該是在二〇〇〇年前後幾年的期間，出版在臺灣正興旺的時候，有一些很好的書翻譯到臺灣來，比如說魯西迪（Salman Rushdie）的書、比如說奈波爾（V.S. Naipaul）的《抵達之謎》，另外像大塊出的一些非洲小說家，或是捷克的赫拉巴爾（Bohumil Hrabal）的小說。這些書也許在國外都出了一陣子，可是在臺灣，我認為是一種遲到來臨的書。像納博科夫（Vladimir Nabokov）的《蘿莉塔》，我其實是到三十歲以後才讀到；包括像莒哈絲（Marguerite Duras）、還有波赫士（Jorge Luis Borges）的大全集，也是我在三十歲以後才真正花時間反覆地讀，把他們的東西很慢速地，吃進來吃進來。這些作家的世界，並不輸給我年輕時當作聖經的拉美小說家。所以，三十到四十歲的時光，就是這些作家的書，很塊狀的、有系列地來臨了，我的閱讀量也就跟著比較大、比較硬一點。

四十歲左右，因為要寫《西夏旅館》這部長篇小說，它的準備工作、閱讀的量就更大，因為我閱讀是為了進入書寫的另一關在做準備。當然在你寫作的那個當下，閱讀是會停掉的，你不太可能在那時做一個長的閱讀。我覺得我的閱讀狀況開始變得比較糟，應該是到二〇一一年，從我四十四、四十五歲沾到電腦以後，我的眼睛跟晚上大部分的時光，變成是在網路上逛，看影片、看YouTube跟玩臉書……當然還是有在讀東西，但閱讀的狀況就變得比較混亂一點。

問：您開始覺得自己能寫一個完整、滿意的作品是什麼時候？當時關注的主題是什麼？

答：大一、大二我可能根本還寫不出任何一篇完整的小說，有寫過可是都很差。像大一暑假文藝營時寫的〈紅字團〉，和後來收在《紅字團》小說集裡的幾個短篇，有的有得一些文學獎，但之後自己再看，都覺得是還很幼稚的東西。真正到能寫出一個比較完整的短篇，差不多要到大三、大四的時候，那時寫的就是〈手槍王〉這篇，當時覺得光是要寫完一個短篇就很難了。剛開始寫作的時候，應該真的相信小說可以將很多東西的反省，像是小說的本質、現實與虛構邊界的曖昧，還是對社會、人性的摸索……等等都倒進去小說裡。不過年輕時，可能因為描寫內心情感的耐心，或是場景的鏡頭能力不足，所以常常用角色的移動、鏡像的關係，或是以雙線的敘事聲音來撐住結構。

我記得我那時很喜歡小說的一個複雜結構，喜歡雙生子的概念，覺得自己在靈魂上，很像是個還停留在青春期的高中流氓男生；喜歡杜思妥也夫斯基的《卡拉馬助夫兄弟》、《地下室手記》，還有匈牙利女作家雅歌塔・克里斯多夫（Ágota Kristóf）的《惡童三部曲》裡的錯位敘事。小說裡經常在講的是有一個「真的」在那邊，然後翻牌過來，原來敘事的「我」是被扭曲的聲音，像「雙生子」或是「真假國王」的對照，有一種「影」跟「體」之間的關係。我第一本小說集裡的幾個短篇，包括像〈手槍王〉、〈紅字團〉，還有另一篇〈字團張開之後〉都是，很愛玩這種「我」和「他」之間的鏡像敘事結構。到後來我寫《西夏旅館》裡的西夏後裔「圖尼克」，跟一個漢人的「他」之間，都還是有這種鏡像關係的設定，但主題和最先開始寫小說的時候已經不一樣了。

其實我在青少年時期、大學以前是人渣，就是廢柴。現在講好像還很丟臉，我是在國中重考時開始學壞，認識一些哥兒們，然後打架、偷東西，整天跟哥們混冰宮、打彈子、打電動。都是一群壞掉的人、被拋棄的故障品，生活在都市的邊緣，很多是發生在永和，還有越過中正橋到另一邊，臺北市的公館一帶。這就是我青春時期，一個很複雜的，少年、流浪漢的成長經驗。再加上我不是在眷村長大，是在經濟上相對貧窮的公務員家庭裡成長的、一個漂浮的外省第二代，所以後來變成文藝青年，很容易就走到存在主義、現代主義的路子上；很喜歡卡繆的《異鄉人》、卡夫卡的小說，或是喜歡村上春樹；走進一個孤獨的個我對個體存在的質問裡。這些都是我大學剛開始寫作小說的材料。早期寫的小說，我認為最乾淨的應該是像〈降生十二星座〉的幾篇，那時並不那麼懂「社會」或「歷史」，寫的是很典型的少年世界，在裡面少年碰到愛情的傷害之後，他對自身意義，以及內心世界很純粹的一個自我空間的再創與找尋。或許和董啟章、袁哲生、黃國峻他們最早期的小說一樣，有一種同代、同齡人在氣質上的相近，都因為對世界的知識掌握還不夠，沒辦法啟動小說書寫去提問題，或是對歷史作出一個辯答。

這些大學時期寫的小說，除了收在《紅字團》裡，另外就是在皇冠出的《我們自闇夜的酒館離開》，是最早期的兩本，之後就停掉、寫不出來，碰到寫作的困境，那時我已經在念研究所。當時遇到一位對我很重要的老師，也是童偉格的老師，叫陳芳英[3]。她很嚴，盯我念了不少理論，所以我在研究所的兩、三年很認真地K了很多論述。但理論與創作，對那時的我來講，像是兩個引擎，沒辦法同時運轉。

這個狀況到我研究所畢業、吃胖去當兵被退訓之後，一直到我結婚，中間有四、五年的時間，我覺得自己完蛋了寫不出東西。很想寫一個長篇，但是到底要寫什麼，我自己腦袋根本想不出來。不知道是不是理論讀多了，反而不會寫？又覺得是自己的生活經驗、故事資產不夠，以為我的寫作資產：青春期的流浪漢生活，已經在我前兩本小說裡的某幾個短篇中就用掉了；但其實不是，因為你不只是要把故事講出來而已，你還要建構屬於你自己講故事的這臺電腦的屏幕；建構出一個個人風格化的空間劇場。可是當時我在寫的過程裡，並不理解、也不懂，就覺得自己是沒故事的一代，不像上一代，或更長一輩的作家，他們經過國共內戰，有大遷徙的經驗；或是像中國新時期的作家，他們曾經歷文革、下放，隨便講就故事一大堆。

問：您是怎麼度過、走出這段時期的創作困境？

答：當時我因為要結婚，有經濟的壓力，就到遠流集團下面的一間小出版社：元尊文化，當一個寫文案的小編輯，一星期只上一天班，當了快三年。那段期間，我剛好聽到雷驤在一場演講裡說他在做「夢的筆記」，於是我也跟著開始嘗試。當時我在記錄一個一個夢境時，是帶著很新鮮的氣味在摸索，學習如何安安靜靜地寫一個空鏡頭、空場景。它其實是在練習建構出我駱以軍講故事的屏幕，長出屬於自己劇場空間的歷程。這些筆記後來有一部分我就把它整理出來，在元尊快要結束前出了一本《妻夢狗》。

我印象很深的是，這本書出了大概一個星期左右，我到那時臺北的敦南誠品去逛，那麼大的書店裡應該什麼書都有，但我發覺沒有這本書，也沒有任何一本我的書。心裡想著這大概是我寫作生涯裡最後的一本書了，那時我也才三十歲。當時很喪志，本來打算放棄，結果這時候我遇到朱天文、朱天心，那時跟她們完全不熟，但她們肯定我、鼓勵我繼續寫。後來剛好當時還在聯合文學的初安民先生跟我邀一本書，但出書時間很趕，問我願不願意？我那時很想創作，也很恐懼沒機會再出書，所以特別在乎這個機會，於是我就把出版社的工作辭了，從陽明山搬到深坑我媽的房子那邊，專心創作。

結果一搬到那邊，我老婆不知怎麼就懷孕了。我有一種小孩要生出來了，我不可能再這樣子耗在家裡的感覺，再加上出書時間的壓力，整個人很混亂、很焦慮。我記得當初寫得很快，大概四十天不到我就拚出那本《第三個舞者》。但它其實是一本無中生有的書，不是我原先就想好要寫什麼的小說。書名《第三個舞者》是之後取的，本來的想法是叫《沒故事可說》，就是當時我覺得我已經掛了、寫不下去了，但後來我很快速地用喇賽（lā sái）、扯屁、講黃色笑話，以一個故事交換另一個故事的方式寫出這本書。就在這個過程裡，我好像開始漸漸抓到自己可以寫作長篇的感覺。所以從《妻夢狗》到《第三個舞者》，我覺得很像一個物種的演化，是創作者自己緩慢地學習、演進的歷程。在裡面我開始試探、練習怎麼統合我不同的技術；慢慢地發覺自己其實是有潛力的，可以像吹玻璃的工人，從虛空中吹出一種形狀，之後我也才比較有自信去碰《月球姓氏》這個題目。

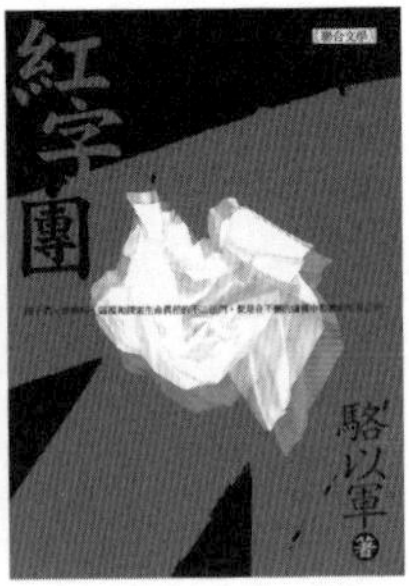

問：怎麼會想寫《月球姓氏》（簡稱「月球」）這本跟家庭、家族史有關的小說？

答：我是在一九九八年底就已經發展了書裡的幾個章節，隔年春天正式動筆開始寫；那時候還沒有那麼多人在寫家族史的小說。我記得當時臺灣整個社會在變動，想建立新國家的氛圍跟民族意識，對我父親這種一九四九年跟著蔣介石、國民黨來臺灣的外省人來講，好像他們的記憶對這個社會是不重要，或是有問題的。

那時我老婆剛懷孕沒多久，我有一種好像才剛結婚，一下子突然變成要有自己的孩子和家庭的感覺，之前我完全沒有想像過自己會成為父親的身分。因為我爸是自己一個人逃到臺灣，當時他才二十出頭，親戚都在大陸；他在臺灣娶了我媽，但她又是養女，所以我們家不像上一輩人，他們有一整套語言，由老人家告訴你，遇到什麼事該怎麼做的禮節和教養，包括像結婚、生孩子這些都是。因此我當時有一種不知道要如何當一個父親的焦慮。大概是在這樣的狀態，讓我想寫家庭這個東西。

這個主題對那時的我來講是我不擅長的。我比較會寫那些被擠壓在都市空間中，被排擠掉的人渣和少年流浪漢的故事；或是描寫現代資本主義社會，在意義不斷地壞毀、解離的過程中，自我的統一感破碎，大家的經驗都被商品化、同質化以後，所產生的一些異質性、神經質的視窗——個體內在跟現實世界間出現一些故障，沒辦法允合的狀態。當時大家都會說我是後現代。所以那時練習去寫這種「波赫士」式的時間幻術、記憶的召喚，尤其試圖去寫老一輩的身世，對我自己也是一種訓練。

這本小說是我寫我爸、我媽，還有我老婆在澎湖家鄉的家族故事。但問題是我當時根本還沒見過我父系家族的其他親屬，再加上我媽是養女，所以我從小到大看到的親戚，就是我爸、我媽、我哥跟我姐，以為全世界的小家庭應該就是這個樣子。它不像張愛玲小說，或是《紅樓夢》裡寫的那樣，他們是在大家族裡生活；也不像我老婆小時候生活在一個閩南、本省的大家族客廳裡，從小就知道各種成人世界裡的人情世故。這些複雜的人情關係結構、所有的教養，以及對它們的理解，在小說裡都是非常重要的寶藏跟資產，但我沒有。我是個在永和這個地方長大的外省第二代，根本不可能像中國的莫言，或是像臺灣的黃春明、王禎和那一輩的本省作家，有那樣的土地跟語言去展開一種「百年孤寂」式的、結構準確的線性敘事。

我所描述的永和外省家庭，其實是像鴿子的耳半規管被刮掉、剪掉了的狀態；很像小說家奈波爾在講他祖父那一代人的故事，他們被當時的英帝國殖民，將他們整個村落從印度連根拔起，遷移到加勒比海（Caribbean Sea）的小島千里達（Trinidad），產生很多移民或離散經驗的問題。我成長的永和就像千里達，為了解決當年幾十萬軍公教人員的居住問題，就突然把他們攤平在首都周邊；街道、村落，一切都是硬蓋起來的，它沒有所謂在地的脈絡跟關聯，沒有任何可以清楚記憶的地標，像是浮水過來、憑空搭建的小鎮。所以我寫的外省家庭其實是漂浮的，像是從天而降、月球來的外星人，憑空出現在這裡。我的家族史，事實上是偽家族史，裡頭也沒有所謂的家族故事。所有我展開的傳奇圖卷，全部都在講一個我根本沒去過的地方：我爸的老家；講他過去大陸的生活、講他一九四九年逃難前，以及逃難時的那個時光。

它實際上是父親的大敘事，一個父親的唐吉訶德冒險之旅。它最大的故事資產來自小說背後一位強大的說故事者，就是我的唬爛父親；他愛怎麼蓋，沒有任何人來指責他，全是他一個人的記憶。但它是啟動這本小說裡，一千零一夜故事的開始。

家族的另一支，母系，作為養女這邊，我當時也很努力去問了我阿嬤，但她自己根本沒有語言去描述。所以我母系的家族故事，寫出來也像是從遙遠星球來的感覺一樣。我認為如果要描述本省老一輩的家族故事，它真正在小說上的形狀應該是舞鶴的〈微細的一線香〉：經歷屠殺、白色恐怖後的餘生，他的後裔在破敗的一間廢宅裡，收拾他父親身後所留下的祭拜禮器，後人不知道這些東西為什麼存在，講不出來、沒辦法講，因為那個話語已經被強姦、舌頭被剪掉了。之後到童偉格在《西北雨》處理一個臺灣集體性的噩夢時，他的家族荒原就更徹底是現代主義式的：父親被砍頭、拔掉了，變成一些死去的父親與親人的靈魂所構成的一齣卡夫卡劇。我覺得這就是在我那個世代，外省跟本省小說家在處理家族這件事情的時候，彼此故事資產的不同；眷村出身的小說家又是另外一種。

有的評論者也許會認為我在小說構造上，是一位把時間空間化的作者。這不是故意的，是因為沒有故事的關係。在寫這本書的歷程，我也是在摸索，藉著一個一個景框的建立，學習調度我的文字，培養自己觀看場景的能力。後來我的確也練習出非常強的空間劇場能力，建構出一個劇場式的家族史。

問：這個主題在之後的小說中有繼續發展嗎？

答：我後來寫《我未來次子關於我的回憶》和《西夏旅館》，都一直在處理相同的問題。因為我的家族史小說並不是在寫家庭故事，而是在問到底為什麼我們會變成現在這個樣子；認同和記憶究竟是從什麼時候開始崩毀、不再可能。透過小說的方式，反覆回去勘探那個毀壞、傷害的現場，找到傷害的源頭。這其實是新興民族國家在十九世紀末、二十世紀初被殖民的過程，受到帝國與資本主義現代化的文化侵入後，他在身世上所必然發生的認同錯亂，或錯譯的現象，產生許多記憶被調包的狀況。包括像日本、臺灣，我認為也是這樣。不過這個問題，是到我寫《西夏旅館》（簡稱「西夏」）才想得比較清楚。

寫「西夏」最初的起心動念，是戴立忍跟我講起他祖父和父親的故事；它跟我父親，或是一般聽到的一九四九年的外省父親的故事：大批難民和軍隊在碼頭擠上船，穿過海峽來到臺灣的情節不同。他祖父當年是幫國民政府在大陸西北修築鐵路的工程師，四九年時祖父帶著當時還是少年的父親，跟許多國民黨文官越過青康藏進入印度，後來成為印度華僑；而後他父親再獨自從印度搭船來臺灣念師大、生活。之後我就開始去採集各種不同人的故事，再將它們拼出來。所以「西夏」裡在寫的已經不是我的家族史，它更是一個「虛構」——小說必定是虛構的，這是廢話——是對「虛構」這件事情的一種極限的嘗試。

我之前在寫「月球」的時候，還是用雙套的DNA染色體在構想，一股是精子，我爸的這整套流亡敘事；一股是卵子，我媽作為本省養女的這半邊。兩股染色體在DNA螺旋體上的旋轉對位之後，到我身上已經變成是更山寨版的雜種。但我覺得光這樣寫，整個滅絕、消失的恐怖感沒辦法出來。所以後來我在寫「西夏」，就徹底將這群外省族裔變為最後一支黨項人騎兵軍。他們成了一群永遠沒有受精、著床的單套DNA染色體——妖魔化的外省後代，只是活在西夏王朝創國的獨裁者，李元昊想要脫漢入胡的幻夢裡。到最後他們的文字與記憶在歷史上也是被甩出去、被遺棄，永遠被放逐到歷史之外。「西夏」裡除了外省裔的流亡，另一部分是寫本省裔的，他們經過日本殖民與二戰，和後來國民黨的恐怖統治，一路從現代化、然後被全球帝國主義入侵，再到二戰結束、國府整批退守臺灣，同時進入冷戰、白色恐怖，或是美國為首的全球資本主義，一個懸置的狀態。這群人的記憶同樣是被強暴，被換成另一種，不是原本那個有著複雜記憶的「自己」。我覺得比較可怕的是，如果沒有一個類似長篇小說來傳遞故事全景發生的世界，所有人的經驗都將被規格化，被商品、媒體跟網路科技的話語清洗掉，也變成一群單套的DNA染色體，另一種意義上的西夏人。

問：從「月球」到「西夏」，十年的創作歷程，您遇到最大的困難是什麼？

答：我覺得就是經濟問題吧！我印象中「月球」寫了一年多，到二〇〇〇年底書出版了以後，王德威老師來邀稿，後來就寫了《遺悲懷》。因為是跟出版社約定好時間的，所以也是寫得很快、很密集地寫，不到一年就完成了。那時我沒有出去工作，經濟上很多時候還是靠我父母在支援我；當時我第一個小孩已經出生，雖然還小沒什麼開銷，但是我已經有經濟上的焦慮。那時不知道為什麼沒

駱以軍全家福。攝影：陳文發。

想到要避孕，結果又懷了第二個孩子。我記得當時《遺悲懷》寫完交出去，我覺得自己的筆都還是燙的，像運動員正處在巔峰的狀態，可是書都還沒出版、第二個孩子正在待產要出生，結果我父親就在中國大陸中風，就是後來《遠方》裡頭寫的，我跟我媽到大陸一個醫療環境很差又官僚的偏鄉，想辦法把我父親帶回來的故事。我爸從二〇〇一年中風癱倒、回臺灣到過世，中間有三、四年吧，到最後我爸媽那邊的經濟也垮了。以那時我對自己創作的規律與期望，當時的狀況會讓我一直處於一種很混亂、很艱難的狀態，不允許我安定地寫作，還必須想辦法找錢、養家。所以後來我也去寫電影劇本，有一段期間還曾在廣告公司接企劃寫文案，可是都不是很順利。

但就在我第二個小孩出生的隔年，我接到董成瑜[4]的邀約，找我去寫《壹周刊》的專欄。後來這個專欄：「我們」，寫了十年，等於我的生活是靠著寫《壹周刊》專欄來維持的，不然我在經濟上可能會出問題。專欄裡寫的文章陸續也有集結出版，就是《我們》、《我愛羅》、《經濟大蕭條時期的

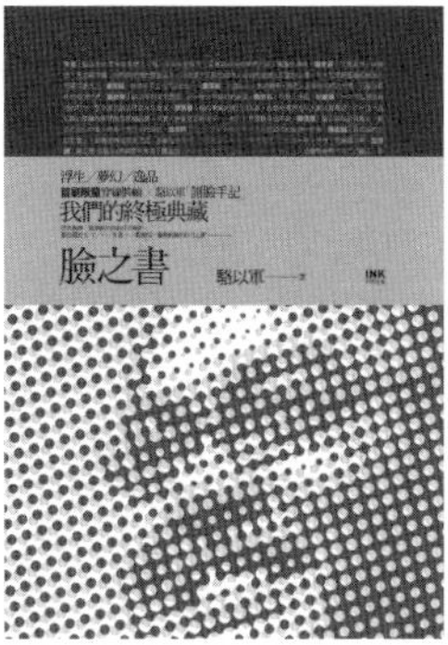

夢遊街》與《臉之書》這些。我覺得這十年也保護了我寫完「西夏」，然後寫《女兒》，所以我很感謝董成瑜。

問：寫《壹周刊》的專欄對您的創作有什麼影響？

答：《壹周刊》專欄一開始對我來講也是一種干擾，一個星期要寫一篇，這都對我寫長篇有影響。像我「西夏」開筆很早，二〇〇四年就定下心決定要寫，可是一直要到〇八年我才寫完。

有些長輩對我寫《壹周刊》表示憂心，擔心我會被《壹周刊》毀掉。但他們不知道《壹周刊》對我很重要，一方面是它讓我可以養家；另一個重要的部分是，寫《壹周刊》專欄的這十年，讓我自己不論處在寫作的高潮還是低潮，或者有沒有在寫別的東西，每個星期固定都要交兩千五百、三千字的稿子。而且我在專欄裡很少談書評，我全部都在講一個一個畫面、人的回憶，很像一個在畫畫的人，一直在做畫面跟人物的素描練習。所以我比許多同輩作家運氣好，在創作的黃金時期：三十五到四十五歲，我有機會穩定地在做這個素描練習，練了十年。如果我是個職業球員，我覺得在寫「西夏」到《女兒》這個過程的我，確實是一個技術已經發展到很好、狀態也調得很好的運動員，只要有筆和紙，我就可以把各種顏色、夢境、各種人的臉一直不斷地召喚出來。

問：「西夏」完成後隔了四年才出版《女兒》，中間有遇到什麼瓶頸嗎？

答：「西夏」之後遇到的瓶頸、它的一個低潮我自己知道，因為我已經是個老球皮了。如果我的靈魂是一座城市，它有點像是我丟了一顆原子彈，它創造出的高爆、高溫，已經把所有的空氣都燒光；把我累積了二十年的文學訓練、所有的技術，各種說故事可能的武器，甚至是設計圖全部都殉葬進去、用掉了，就是梭哈！

誠實來講，我應該不需要再寫下一本書。如果挾持著「西夏」練出來的文字繼續寫，我可能只會被辨視為某種文體家的小說創作者，雖然這樣子做的成功性比較大。但我想做個冒險，想抵抗、不想再次使用之前已經用過的小說語言，所以必須將「西夏」的硬碟洗掉、弄壞再重建。二〇〇八年下半到一〇年時，我比年輕的時候有經驗，刻意去接很爛的廣告文案，一方面賺錢，另一方面想藉著寫這類商業文字來把自己的筆弄壞，把之前的文字忘掉。過程非常痛苦，花了三、四年時間想寫下一部長篇，但都失敗。可是當時我就想賭這一把！

這在你狀況很好的時候，我認為是一件很屌的事。因為你把它毀掉後，要再慢慢長出新的得花很長的時間，而且你不知道自己會如何？年輕時體能好你頂得住，身體內在靈魂的彈性很強，好像小狗身上弄濕了，甩一甩，太陽一晒毛就乾了。但我覺得我已經過了那個年紀，到後來身體弄壞了，腦袋也越來越不好。哎，現在回想起來，覺得當時真是浪費、不值得！當初如果寫一本小一點的小說，用另一種方式來過渡也許會好一點。

問：在「西夏」的硬碟洗掉之後，什麼影響促使您想寫《女兒》這部長篇？

答：從「西夏」到《女兒》的歷程，我受到一個朋友楊凱麟[5]滿多的影響，他是讀法國哲學的，當時在高雄中山大學哲學所任教。寫「西夏」時，有幾個章節的故事，完全是凱麟跟我講的，像〈解籤詩〉裡圖尼克二號，就是他講的故事。它對我這部小說在抽象、形上層面的設定是有意義的。就是剛剛提到的，如果我只用原先外省第二代的雙套DNA染色體來處理「脫漢入胡」，是有問題的。一直到凱麟將〈解籤詩〉的故事給我，才形成我「西夏」的大樑，一根他已經雕刻好，非常漂亮的大樑。後來寫《女兒》的時候也受到他很多的啟發。

二〇一二年底我《女兒》的書寫已經啟動了幾篇。起先我只是想寫一本很小的書，講一個年老的小說家在跟一個由他腦袋所構造出來的，生命受到各種創傷、被世界各種暴力所玷汙的中年女兒的對話。這個小說家製造的AI女兒，就像女版的我，一個雅典娜。這也是一種「波赫士」式的時間魔術：一個老去的自己，跟年輕時的自己的對話，只是這個比較年輕、女版的我，是四十五歲時的我自己。現在的我當然已經很難被傷害、被滅掉，但當時年輕的「女性的我」，還沒有能力把受到髒汙的靈魂修復。所以我想在小說裡跟她談什麼是古典的愛；什麼是惡意、什麼是無意義的在傷害別人；什麼

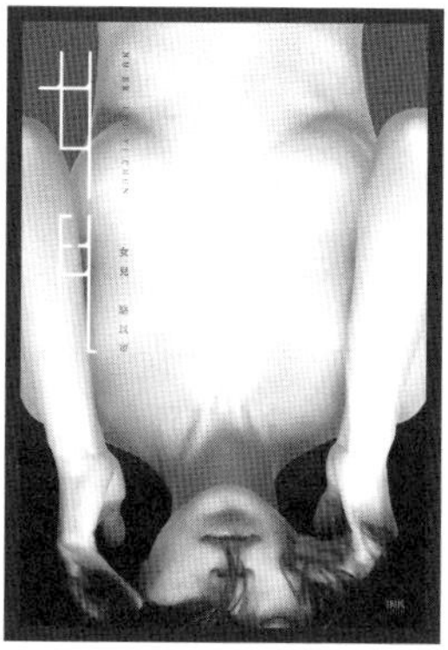

是同情與原諒；什麼是你被羞辱以後，還是可以尊貴，以及如何自我解釋、重新創造，讓自己可以活下去。它最初本來是這樣的一個機器人計畫。

當時我已經把「西夏」的文字盡我所能地滅掉，但那畢竟是我長期練就的文字所形成的文體極限，所以《女兒》一開始也是寫得坑坑疤疤的。它真正的第一篇〈藍天使〉能寫出來，也是在凱麟跟我講了一部德國電影《藍天使》的情節後，我突然弄清楚我想寫的就是《藍天使》裡，那位老教授對一個像臭乳酪般的歌女，所展現出來的著魔與瘋狂。她不像納博科夫的《蘿莉塔》，或者是川端康城《睡美人》裡的美少女。你搞不清楚那個歌女究竟有什麼，能讓老教授把自己原先擁有的一切都放棄。小說於是就從一開頭，只是想寫一個老頭在跟他製造出的AI女兒的對話，告訴她關於愛這件事；變成開始找尋是什麼樣不同的女人，像馬賽克磁磚拼組成一個個「女兒性」，可以讓一個人突然瘋掉，開始很瘋狂地著迷？以及她們有著怎樣的美好品質，就像《紅樓夢》裡半人半神的警幻仙子，或是「杜斯妥也夫斯基」式的「美好的妓女」那樣，有著你可以說是美、或是不自知的神性與柔慈，拯救了這個已經被老人們毀壞的世界、救贖這群老人的故事。

我覺得凱麟在跟我講這些故事、和某個瘋狂瞬間的時候，透過他自己哲學式的解釋與再創造，強調了故事裡整個事件的物理和運動性。包括他對我小說文字的描述與介入，都讓我對自己的寫作產生一個在物理學、運動學上的實體意識與自覺；讓我在寫小說的過程裡，更努力、清楚地意識到小說書寫，或是說故事本身，其實是在很小的空間裡旋轉身體，就算只是個角色的回聲、輕微的震盪，都會對整個圍繞在四周的一切造成影響。小說裡任何細微事件的動態，都具有微觀宇宙裡物質運動時的纏繞性，或是反作用力。就像武俠片裡一個輕功高手，不論他再怎麼輕盈，一旦他一騰上去，腳踩下去的屋瓦、碰到的物質是會塌掉，出現相應的物理現象。這個對小說物理性的自覺，也影響我如何寫作《女兒》這部長篇。

問：怎麼會想以量子物理學來架構這本小說？

答：因為我在寫這本小說的過程，中間看了一本「量子力學」[6]的科普書：《量子物理史話：上帝擲骰子嗎？》[7]。書裡所描述的微觀物質世界，它們的物理學動態、運動方式，跟我們肉眼所見、鉅觀的、幾乎可以精準描述的牛頓物理世界完全不一樣。在微觀的世界裡，當你想了解粒子在量子尺度中的狀態是什麼？一旦你在顯微鏡中以較強的光開始觀察、清楚地鎖定那顆正在旋轉的粒子的位置，它就會被觀測用的光線的光子擊打，反射的光子會影響到系統原先能量分布的狀況，量子態[8]會改變，而測不準它原來真正的動態；用較弱的光觀察，則會產生相反的結果。而且觀測的介入，還會同時影響與它發生纏繞現象的粒子的運動方式[9]。也就是我們無法透過觀察，同時精確地測量到粒子的動量與位置，只能以波動力學的「波函數」[10]、或是依據「不確定性原理」[11]的矩陣力學不等式，來表示粒子在某個位置或運動狀態的可能性；用機率，以及統計的方法，來把所有可能的量子態、各種機率的組合狀況疊加[12]起來，描述這個微觀宇宙的真理。如果純粹從抽象的數學公式所代表的意義來看，在你沒有觀測它的時候，它真正的狀態其實可以有無限個量子疊加態的可能。

雖然有些東西的解釋和適用範圍，在科學上都還在爭論，但是那時候讀到這些東西，突然就讓我精神一振，覺得我要在這裡面來寫這本小說；想在我《女兒》的小說中啟動一個像「量子疊加」的書寫。裡面可以有一個被玷汙的女兒，然後又有另一個沒被玷汙的女兒……有各種不同，甚至是無限的「女兒性」的量子疊加態在裡頭；而這些不同的女兒在小說中，彼此又產生像粒子纏繞般相互關聯的影響。

這是後來為什麼我寫到《女兒》中段時，會覺得我也可以來寫《紅樓夢》，讓裡面的寶玉、黛玉……等等的角色全部變成AI機器人。因為如果用量子力學的描述來看古典的小說技術，你會發現在曹雪芹的《紅樓夢》裡，不斷有大量的、各式各樣的角色出場，假如你不看內心素描，只看它白描的部分，看它記錄的事件與人物的講話、鳥瞰這些角色，他們就像一幅很嚴謹、齊整的建築結構圖，一個曹雪芹想描述出來的中國女兒學、女兒群象的波函數，或是十七、十八世紀清朝時期，人們活動大約的狀況。但你細讀《紅樓夢》時，又會發覺它有能力對每顆粒子的位置，做清楚的鎖死跟細節的描述，讓你看到每個人物在內心世界裡，有非常微妙的動態。他們的性格與心智，有些是透過他們作的詩詞、或者人物的某個徹悟的瞬間來表述；而且它裡頭的角色已經有所謂粒子互纏的現象，人物彼此間，像是被蛀蟲蛀了許多個孔洞的乳酪，形成很多很奇怪的相互指涉、蜂巢狀的內在聯繫。譬如林黛玉跟薛寶釵，他們在寫實主義式的愛情故事裡，有各自的命運跟性格，但是在他們的讖詩裡面，兩個人根本是一體的兩面；另外像賈寶玉和甄寶玉的對照也是。它是將同一組人其他可能的樣貌、不同的組合，拆開在各個章節裡，透過一個單元一個單元的方式，一層一層地量子疊加。讀到八十回、一百二十回以後，你會慢慢發現環繞著賈寶玉所鋪展出的，一整幅傳統中國理想中的女性樣貌、或是情感的文明繁華場景。它裡頭有對青春的歌詠、對不自由的痛苦悲歎，還有對人際關係中微妙的交涉、對話的描寫，以及最後延伸出的因果與悲劇。所有這些你局部看無處不講究的細微建物，在最後疊加出一幅全景的、別的藝術作品無法表現出的崩塌、虛幻與哀慟的深洞。我認為這是《紅樓夢》所建構起來，非常厲害的一種在小說裡量子物理學的展現。

《女兒》裡面有幾個章節，我是很清楚地在構造粒子互纏的故事。一個故事裡的粒子做了一個旋轉，在銀河另一端的故事，互纏的另一顆粒子會做一個反旋的動作，像幽靈般的粒子纏繞行為。我盡可能地讓每個女兒的臉寫到故事最後，能夠像金屬皮一樣地被剝開來，在她面具被揭開以後出現的下一張臉，可以是我小說裡的另一個章節。套用量子力學的理論，我希望這本小說可以把各種能修復這個世界、能把愛的物理學解釋，編織再拓寬、再重組的女兒性都疊加起來，在結束的時候能夠出現一種女兒的量子疊加態。所以我《女兒》是在一個設定好的、量子力學的界面裡書寫，讓故事在這個很怪異的維度空間裡炸開，看它能夠發出怎樣的光爆或光譜；實驗小說書寫「無限」或「極限」的可能，這也是對小說自身有限性的挑戰。

問：您目前（二〇一六年）有新的小說創作或出版計畫正在進行嗎？

答：《女兒》之後我有在寫一部長篇，目前還在進行，書名也還沒想好，如果完成了，要出的話也許是明年吧[13]，我現在主要還是卡在經濟跟時間的問題上。雖然我一直都有這些問題，但因為小孩慢慢大了，然後《壹周刊》兩年前又猝不及防地跟你講要停掉，我就很恐懼。本來為了寫長篇，我是各類活動邀請都會推掉的，但沒轍啊！這兩年各種演講或專欄邀約，我幾乎全部都答應。其實這對長篇小說的創作來講並不好，像寫這些專欄，真的都像是榨腦汁的地獄，如果你這邊寫那邊也寫，我認為最後一定會完蛋。

除了我自己的長篇，目前正在進行的還有「字母會」要出版的作品[14]。這個計畫最初是楊凱麟找我合出一本書：他寫哲學詞條，我寫小說。後來我們一起找了陳雪、顏忠賢、胡淑雯跟童偉格，之後又找黃崇凱加入。先是在現在已停刊的《短篇小說》雜誌上發表，後來變成一個系列的出版計畫。當然它是個練習，但是對我來說也是一個課程。剛開始覺得兩個月寫一篇好像沒

那麼難，可是凱麟丟出的每個哲學詞條的意義都很詭異、刁鑽，跟著你還要再用一個故事去包抄那個「字」，真的很難！而且一路下來難度一直在加碼。從起先A是「未來」、B是「巴洛克」，接著又有像E「事件」、F「虛構」，還是「卡夫卡」這些，後面還有「另一個」、「不存在」、「無人稱」等等的詞條，對我來說都是些非常怪的詞、越來越難。因為你要把故事的空間壓縮到像銀箔一樣薄的五次元、七次元的維度裡，或者根本是在不存在的空間裡去變形、描述坐標，讓小說從裡面發動出來；好像你要伸出一根很細的導管，進到這個字的腔體——它的哲學性範域裡，把它撐開、扭曲翻轉，然後再從另一邊去建構出那個故事。不過，我覺得這些歷程都很有趣，我們已經寫到第二十一個字母「U」了，應該明年就可以寫完。到時完成了，再讓參與的朋友一起來談，大家同時談一個「字」，談二十六場，多美好！應該會很好玩。

編註

1 黃錦樹，〈內在的風景——從現代主義到內向世代〉，《論嘗試文》，頁三二五—三四三，二〇一六年，臺北：麥田出版。

2 〈第二次的死亡〉，《波赫士全集二》，二〇〇六年，臺北：聯經出版，頁七五〇—七五七。

3 現職：國立臺北藝術大學戲劇學院，戲劇系兼任副教授。

4 現職：《鏡傳媒》創意總監與《鏡文學》總經理兼總編輯。

5 現職：國立臺北藝術大學美術學院院長兼教授。

6 量子（Quantum）：基本量單位，指物體最小、不連續的分量。量子力學（Quantum mechanics）：假說與理論約於二十世紀二、三〇年代相繼建立完備，為現代物理學用以研究、解釋現今所觀測到的電子、質子、中子、原子、分子及其他次原子粒子之運動、結構等微觀物理現象的理論。（參考整理自：中華民國教育部教育百科，量子、量子化、量子力學詞條，網址：http://goo.gl/Abq9qq；http://goo.gl/x36UXw；http://goo.gl/LyLVbo。）

7 曹天元著，二〇一四年三月，臺北：八方出版。

8 量子態（Quantum state）：在分子、原子內，次原子或更小單位內的能量分配。以原子中的電子為例：電子能分布狀態以不連續的方式分為不同的能階，這些能階即稱為電子量子態。量子態可藉由配分函數（Partition function）來描述。（同前註，參考整理自：電子量子態詞條，網址：http://goo.gl/e1CcCH。）

9 根據量子力學，在量子系統中獨立粒子間發生耦合、交互作用後，會形成纏結的系統，成為不可分割的整體，此現象稱為：量子纏結（Quantum entanglement）。纏結的粒子即使互相遠離，仍會表現為單一整體，單獨攪擾任一粒子，不可避免會影響到其他粒子的運動性質。這就是愛因斯坦（Albert Einstein）所稱、著名的「幽靈般的超距作用」。（參考整理自：〈活生生的量子世界〉（Living in A Quantum World），Vlatko Vedral著，張明哲譯，《科學人雜誌》，第一一三期，二〇一一年七月，臺北：遠流。）受訪者於訪談中為便於理解，多以：「粒子互纏」與「纏繞性」說明。

10 即薛丁格波函數方程式（Schrödinger wave equation）。一九二六年一月由現代量子力學奠基者之一，奧地利理論物理學家：埃爾溫．薛丁格（Erwin Rudolf Josef Alexander Schrödinger）所提出，以微積分為基礎建立的數學函數方程式。方程式轉換後與矩陣力學（Matrix mechanics）等價，方程式的「解」為統計性量子行為；專用以描述量子系統中粒子所處的狀態（即量子態，參見註6），計算粒子在某位置或處於某種運動狀態的機率密度。（參考整理自：科學Online—高瞻自然科學教育資源平臺，薛丁格方程式，波函數、機率與測不準原理詞條，網址：http://goo.gl/m9Dnco；http://goo.gl/owcvES。）

11 又譯為：測不準原理（Uncertainty principle）。一九二五年由現代量子力學主要創建者，德國物理學家：沃納．海森堡（Werner Heisenberg）提出「矩陣力學」理論，認為古典牛頓力學概念，諸如：「確切的」能量與時間、位置與速度等力學量不適用於量子層級，只能用抽象數學結構：即矩陣來表達。後於一九二七年提出「不確定性原理」。該原理主要闡明：量子力學系統中，一顆運動粒子的「位置」和「動量」不可被同時確定；位置不確定性和動量不確定性是不可避免的，應探討的是在某處發現電子的機率。（同前註，參考整理自：海森堡、機率與測不準原理詞條，網址：http://goo.gl/GbX5h4；http://goo.gl/owcvES。）

12 指一個量子系統中，粒子出現在空間各點，或其運動所有可能狀態的組合，必須以機率密度、和統計上的期望值（expectation values）來描述。此為一九二五年以尼爾斯．波耳（Niels Henrik David Bohr）與海森堡為主所提出的「哥本哈根詮釋」的主要表述，並主張只有在測量後，此疊加狀態才會塌縮為一個確定狀態。（同前註，參考整理自：哥本哈根詮釋、機率與測不準原理、薛丁格的貓怎麼了？詞條，網址：http://goo.gl/oEwQao；http://goo.gl/owcvES；http://goo.gl/a3yGPA。）

13 《匡超人》，已於二〇一八年一月由麥田出版。

14 《字母會》A－F；G－M，已分別於二〇一七年十月、二〇一八年一月由衛城出版。

＊ 書籍封面提供：印刻文學、麥田出版、遠流出版（《妻夢狗》已絕版）、聯合文學。

- 1967　出生於臺北縣永和市（今新北市永和區）。
- 1973－1979　就讀私立竹林小學，1976年轉學頂溪國民小學。
- 1979－1982　就讀永和國中。
- 1982　重考高中。
- 1983－1986　就讀臺北市立成功中學。1986年，重考大學。
- 1987－1992　就讀私立文化大學森林學系，1988年由森林系轉系中文學系文藝創作組，1992年，文化大學中文學系文藝創作組畢業（延畢至大五）；同年考上國立臺北藝術大學戲劇研究所。
- 1992－1995　就讀國立臺北藝術大學戲劇研究所，1995年碩士畢業。
- 1995－1998　任遠流集團元尊文化、風行館及風格館編輯。

- 2015　12月，任國立中興大學人文與社會科學研究中心駐校作家。《字母會》集體創作短篇小說四年書寫計畫，因雜誌停刊，改以系列方式發表，由衛城出版。
- 2012　參與、組織《字母會》集體創作短篇小說的四年書寫計畫。隔年6月開始於《短篇小說》雙月刊雜誌定期發表。
- 2007　8月，獲邀前往美國愛荷華大學國際寫作計畫。
- 2004　父親過世。同年《西夏旅館》開筆後六個月後，罹患憂鬱症。
- 2002｜2014　2002年5月起撰寫壹周刊專欄：「我們」。
- 2001　9月，父親中風、小兒子誕生。
- 1999　7月，大兒子誕生。
- 1998　專職小說創作至今。

1993

4月，短篇小說集：《紅字團》，臺北：聯合文學。同年獲《聯合報》讀書人年度十大好書。12月，短篇小說集：《我們自夜闇的酒館離開》，臺北：皇冠文化。

1994

童話：《和小星說童話》，幾米繪，臺北：皇冠文化。

1995

詩集：《駱以軍詩集——棄的故事》，自印出版。劇本：《傾斜》，國立臺北藝術大學戲劇研究所畢業製作。

1998

7月，短篇小說集：《妻夢狗》，臺北：元尊文化。

1999

9月，長篇小說：《第三個舞者》，臺北：聯合文學。同年獲《中國時報》開卷年度十大好書。

2000

11月，長篇小說：《月球姓氏》，臺北：聯合文學。同年獲《聯合報》讀書人、《中國時報》開卷、《中央日報》及電子報《明日報》年度十大好書。〈五個與時差有關的故事〉獲第三屆臺北文學獎文學年金類獎。

2001

長篇小說：《遣悲懷》，臺北：麥田出版。

2002

5月，獲中國文藝協會頒發文藝獎章。

2003

長篇小說：《遠方》，臺北：印刻文學。同年獲《聯合報》讀書人文學類最佳獎。

2004

壹周刊專欄首次散文集結：《我們》，臺北：印刻文學。同年獲《聯合報》讀書人文學類最佳獎、金石堂年度出版風雲人物。

2005

2月，短篇小說集：《降生十二星座》，臺北：印刻文學。（原1993年短篇小說集：《我們自夜闇的酒館離開》新版，除序言之外內容皆同）11月，長篇小說：《我未來次子關於我的回憶》，臺北：印刻文學。同年獲《聯合報》讀書人文學類最佳獎。

詩集：《棄的故事》，臺北：印刻文學。
（原1995年自印出版詩集：《駱以軍詩集——棄的故事》之再版）。

壹周刊專欄散文集結：《經濟大蕭條時期的夢遊街》，臺北：印刻文學。

壹周刊專欄散文集結：《我愛羅》，臺北：印刻文學。

2013 2012 2009 2008 2006

長篇小說：《西夏旅館》上、下冊，（附《經驗匱乏者筆記》），臺北：印刻文學。同年獲《中國時報》開卷年度十大好書、《亞洲週刊》中文小說類十大好書；2009年獲臺灣文學獎圖書類長篇小說金典獎、金鼎獎一般圖書類作家著作人獎；2010年獲第三屆紅樓夢獎世界華文長篇小說獎首獎。

1月，壹周刊專欄散文集結：《臉之書》，臺北：印刻文學。

2018

1月初，長篇小說：《匡超人》，臺北：麥田出版。
1月底，《字母會》短篇小說集體創作書寫計畫暨系列出版：G-M，多人合著，臺北：衛城出版。

2017

2月，個人十年閱讀書評散文集結：《胡人說書》，臺北：印刻文學。9月，《字母會》短篇小說集體創作書寫計畫暨系列出版：A-F，多人合著，臺北：衛城出版。

2016

1月，臉書（Facebook）文章散文集結：《願我們的歡樂長留：小兒子2》，臺北：印刻文學。5月，文學對話文集：《肥瘦對寫》，與董啟章合著，臺北：印刻文學。

2014

1月，臉書（Facebook）文章散文集結：《小兒子》，臺北：印刻文學。8月，長篇小說：《女兒》，臺北：麥田出版。同年獲《中國時報》開卷中文創作類年度好書獎、《亞洲週刊》中文小說類十大好書；2015年獲臺北國際書展小說類書展大獎。

專訪黃錦樹

採訪、整理、撰文／鄧觀傑　照片提供／寶瓶文化

前言

「野火燒不盡，春風吹又生。」

——轉引自黃錦樹《刻背》後記。

我第一次讀黃錦樹的作品，是剛上大學的時候。當時臺北公館某家二手書店倒閉，我在人群中翻找散亂四處的舊書，無意中看到黃錦樹和駱以軍合編的小說選集。那本舊書書況極差，內頁滿是劃痕註記，還因為泡過水而發黃扭曲。但衝著那個聳動的標題——《媲美貓的發情：LP小說選》——我還是把它買下了。

這本無心買下的小說，後來卻成為我的小說啟蒙。當天夜晚，我艱難地翻動變形的書頁，不斷驚訝地發現「小說竟然可以這樣寫？」黃錦樹的導言和各篇充滿挑釁意味的小說，在平庸無聊的生活中硬生生地劈開一條新路徑。小說在現實的密林中披荊斬棘，穿透各樣的禁忌與縫隙，為生活提供其他的可能。也是從那時起，我開始關注這位來自馬來西亞的小說家兼學者。

壞孩子、南洋魯迅、摩羅詩人……作為批評家的黃錦樹向來以文辭尖銳著稱。最具代表性的是所謂「燒芭事件」：當時年僅二十五歲的黃錦樹激烈批判馬華現實主義者，引起文壇譁然，餘波蕩漾至今。與此同時，他和一眾友人積極在臺建構馬華文學論述，奠定了現今馬華文學研究的基石。黃錦樹旅居臺灣逾三十年，面對臺灣學院內外的各樣怪象，他同樣毫不留情地大發惡聲。用流行的話來說，批評家黃錦樹是「真．戰神」。

小說家黃錦樹亦不改其頑童本色。早年的成名作如〈魚骸〉寫蟄居臺大中文系的馬華教授、〈M的失踪〉寫獲得諾貝爾獎的神祕馬華小說家、〈死在南方〉書寫在南洋失踪的郁達夫……小說調度各樣文學資源，大肆調侃各界名人大家，在戲謔中卻又直陳問題核心，引發臺馬兩地文壇側目。這些早期小說中展現的華麗技巧固然大有可觀，但當中深沉的關懷更值得讀者重視。黃錦樹借用錢鍾書的話自道：「雖遊戲之作，實憂患之書」[1]。

《刻背》和《土與火》是黃錦樹小說的登峰造極之作，之後他的小說創作一度進入休耕。沉寂多年後，近年黃錦樹以一系列的馬共小說復出文壇。近作《南洋人民共和國》、《猶見扶餘》、《魚》中的各篇小說虛構馬來亞共產黨歷史，當中仍保有他早年小說大量互文、戲仿、拼貼的特色，而技術較從前更加爐火純青。黃錦樹再次展現小說深入現實問題的能力，以小說的薄刃遊移變幻，穿透滿是禁忌的馬共歷史。

不管是否認同黃錦樹的激烈姿態，他多年來評論和創作雙管齊下，其成就有目共睹。燒芭雖激烈危險，但目的仍是為了再次耕種。黃錦樹原來就讀農藝系，家裡又務農，自然深諳其理。面對文學的現況與未來，黃錦樹長期悲觀看待，語多譏刺感慨；但在拆毀焚燒之際，他也從未停下建造播種的工作。他多年來對臺灣和馬華文學的批評與評論、各樣文學選集的編纂和小說創作的實際演練，背後必然也有在此地孕育出奇花異果的期待吧？

黃錦樹曾在訪談裡提及他在南投埔里家中栽培的「熱帶雨林」[2]。赤道的生命移植埔里自然會水土不服，外來者與當地環境互相排斥，同時又相互供養。這座埔里的熱帶雨林，似乎就是黃錦樹文學成就的隱喻。他嘲弄「土生土長」的本土神話，在焚燒、接種、嫁接之中，為臺灣和馬華文學長出了無法忽視的異彩。

在二〇一七年獲得金鼎獎的作品《雨》中，黃錦樹重返他童年的膠林場景，於不停歇的暴雨中展演欲望、創傷、死亡的各種可能性。這次訪談，我在埔里的艷陽下依循另一條路徑，和黃錦樹一起重返臺灣文學獎的輝煌年代，看見僑生的解嚴經驗、探問小說的可能性、觀察臺灣文學環境的變遷……在困難的現實中，我們或許可以動用黃錦樹擅長的小說技巧：「如果當初這樣，那會不會有其他的可能？（what if?）」小說的游擊隊在現實中翻騰突擊，在寒冬中煽風點火。

訪談

問：您是從什麼時候開始接觸文學？當時讀的書有哪些？

答：我是出身知識分子家庭，父親只讀到小學二、三年級，母親也沒受過正規教育，所以家裡不可能有閱讀習慣。我童年的讀物都是我哥他們看的，像是一些過期的《讀者文摘》和奇奇怪怪的香港雜誌，還有我哥上高中的時候看的《唐詩三百首》、《古文觀止》、《三國演義》，金庸武俠小說，剩下就是漫畫。除此之外就沒什麼文學書可以看了。

到我上初中以後，就會自己去找一些書來看，來源主要是學校的書展。當時的書展有很多亂七八糟的書，價格非常便宜，一本才一、兩塊馬幣，臺灣很多好書那邊都看得到。不過書展一年沒幾次，因此這樣的閱讀非常零散。

另一個管道就是書店。故鄉小鎮的書店很陽春，主要在賣文具和教科書，到今天還是差不多一樣。可是在那家書店的某個角落，有時還是有一、兩本英文的舊學術書，我後來離鄉念大學，返鄉後回去看到都會買下來。所以那時看到的文學書非常少，還都是很爛的版本。到高中以後，因為我的家鄉居鑾（Kluang）離新加坡很近，搭火車不用兩個小時，我就會搭火車到現在已被列為世界遺產的丹戎巴葛火車總站，再轉計程車到被稱作「書城」的百盛樓去。百盛樓是新加坡華人書店最集中的地方，到那裡就可以買到書了。

還有一個來源是圖書館。我對小學的圖書館沒印象，但居鑾中華中學的圖書館有一些藏書，包括夏志清的論文集和黃春明、白先勇的小說都有，大部分都是臺灣出版的書，香港的可能要到書展或是新加坡才買得到。香港出版很多五四時期作家的書，又因為都是盜印的，印刷品質非常差，圖書館很少會有，我自己買得也不多。我上次回去才看到家裡還放著當時買的《魯迅雜文選》。不過總體來說，我當時讀的書數量並不多。

我來到臺灣之後，尤其是大學那幾年，經常在臺大附近的汀州路、光華商場的舊書攤淘書，買的主要是臺灣現代主義世代的著作，包括楊牧、白先勇、余光中、七等生、王文興等等。另外就是一些跟同鄉有關的書，像是溫瑞安領導的「神州詩社」作品。那時舊書攤的書很便宜，一本才二、三十塊，我把能夠找到的、可能有用的書都盡量買了下來，也因為這樣蒐集了很多早期的版本。當然臺大圖書館藏書也相當可觀，所以當時就大量、密集的閱讀。

問：作為僑生，您的解嚴經驗對創作生涯的影響為何？

答：我在一九八六年到臺灣，隔年就遇上解嚴。關於戒嚴，我剛來的時候當然什麼都不懂。但之前就有看過一些李敖、殷海光的書，那都是被丟出來在書展上賤賣的。當時就是很零星地亂看，之後才比較有系統地去找書想了解，但主要還是異議分子的系統，不會傻傻地接受國民黨的宣傳，當然也不會像前輩馬華作家溫瑞安、李永平那樣有強烈的中國認同。

解嚴的最大效應，是整個臺灣本土化運動的刺激，讓僑生也有了本土化轉型。留臺學生從「大馬青年社」的羅正文、陳亞才開始就有認同本土的跡象，他們演講和出版，關懷的都是馬來西亞的問題，後來我也有參與青年社的活動，其時羅正文、陳亞才兩人都畢業返馬多年了。那是馬來西亞是馬哈迪時代初期[3]，政府的小動作很多，很多問題變得很敏感，最具代表性的就是干預華文教育的「茅草行動」[4]，政府把不聽話的人都用「內安法令」抓起來。所以留臺人當時很火熱關注馬來西亞本土的動態，關於馬來西亞的消息傳遞得很快，像在大馬辦事處，馬來西亞的報紙隔一兩天就可以看到，羅正文當時的資料可能就是那裡來的。

僑生的問題也應該放到這裡來談，僑生身分就是冷戰的印記。這是冷戰時美國為了對抗老共，借用國民黨的民族文化論述把東南亞學生吸引過來的方法。所以我們說的「僑生」不是原始定義，而是個政治定義，僑生是個混雜著外交、政治、文化的教育的複雜問題。一直延續到當下，但現在的臺灣政府一直沒意識到它的複雜性。

我們都是在冷戰大潮下被沖上岸的螃蟹魚蝦，不過冷戰結構對我們來說是相對有好處的：因為有美援挹注「自由中國」政府，我們當地比較窮的華裔學生才能來這裡念書。有次我為了寫小說〈如果父親寫作〉，開玩笑地問海外華人研究的前輩麥留芳先生：「當時新加坡南洋大學的入學門檻高不高？學費貴不貴？」老麥說：「哎呀，南洋大學你爸考不進去的，南洋大學的入學門檻和學費都比臺大還高。」馬來西亞的華裔學生從華文中學畢業後，文憑不被當地大學承認，不能在馬來西亞升學。新加坡的南洋大學當時是東南亞唯一的中文大學，它對海外中華文化的保存非常重要。但我們一直不記得南大是私立學校。首先私立學校的學費一定很貴；又因為學校股東們的投資不能有任何閃失，所以招生也只能挑選精英，入學門檻也一定很高，就算是馬來西亞華裔學生，也沒有多少人能夠進入南洋大學。所以臺灣這幾十年來開放僑生入學，為馬來西亞栽培了很多中產階級，甚至包括我們的工農業、養殖業人員都是從臺灣訓練出來的。比如說農業，種子和農藥都是從臺灣買的，我們的農民還會定期接受臺灣農業機構培訓，這些都是種族主義的馬來西亞政府完全不願正視的。

僑生存廢的問題到現在都無法解決，但我們是受益者。一九五、六〇年代響應中華人民共和國號召而「回歸祖國」人都過得很慘，很多最後都回不了星馬，僥倖活下來的也耗盡青春，一輩子就沒意義了。坦白說，我們這批人在這裡接受高等教育，回去馬來西亞應該是會很有貢獻的。可惜因為各種原因，回去的人很多都過得很辛苦，你看醫生作家廖宏強的文章就知道了[5]。我上次編《我們留臺那些年》，本來想再編個〈返馬篇〉來談這件事，可惜最後沒編出來。不過，現在有一個比預想中薄得多的版本，由大河出版社編輯出版中。

問：您從大學時期就開始梳理、探討、重寫馬華文學史，可否談談當時的歷程？

答：我在馬來西亞有買過一些溫瑞安的書，像是散文集《龍哭千里》[6]和〈八陣圖〉之類的。當時很震撼，很難想像一個高中生可以寫出這樣的文章。一九八〇年，溫瑞安在臺灣以「為匪宣傳」的名義被抓，關了三個月後驅逐出境，他領導的「神州詩社」解散，受此事影響，為了了解那群文青到底在想什麼，為什麼對「中國」可以認同到那樣的地步，我後來幾乎把溫瑞安和「神州詩社」所有資料都找齊了，那是我探討馬華文學史的開始，也醞釀了一九九三年〈神州：文化鄉愁與內在中國〉[7]那篇文章。

我開始蒐集「神州」的資料之後才注意到，旅臺文學的現象幾乎沒有人討論，所以才比較有意識地想去整理。整理後，發現一些像潘雨桐那樣的旅臺作者，他的文字感比馬華現實主義作家好得多；或是像最早在臺灣得獎的馬華小說家商晚筠，她的文字也和馬華現實主義作家完全不一樣。接著我回頭去看「星座詩社」和王潤華的作品，也發覺他們和在馬華文壇上聲音很大的現實主義者完全不同，水平差那麼多，怎麼沒有人討論？一九九〇年，我在「大馬青年社」編《大馬青年》雜誌第八期時，就把這些材料放進去，寫了〈「旅台特區」的意義探究〉[8]，也談了典律、經典的問題，透過這個來質疑所謂的「馬華現實主義」的理論和實踐。

「大馬青年社」是為了繼續出版於一九八三年創刊的《大馬青年》雜誌，才在一九八四年集結的社團，本來就是個隱形的組織，內部也非常鬆散。我記得好像有拉馬華詩人陳大為去參加裡面辦的讀書會，不過我連自己是不是會員都不清楚。它隸屬於一九七三年成立的總會（馬來西亞旅臺同學會），但總會是個很奇怪的混雜體，有些人很有政治野心，喜歡西裝筆挺、打紅色領結、梳個油髮去致辭；另外有一批人，就像陳亞才、羅正文他們是對學術有關懷的。一九八三年，羅正文另外辦了《大馬新聞雜誌》，內容關懷馬來西亞現實，這是大馬青年本土轉向的指標。當時因為留學生看不到馬來西亞的報紙，很多就請家裡寄，整理影印了就是《大馬新聞雜誌》。雜誌第一期的封面，就是時任教育部長安華·依布拉欣（Anwar bin Ibrahim）大大的臉。陳亞才他們很有心，當時總會會所裡有一整個書櫃，他們在裡面放了很多馬來亞研究的論文集和專書，英文、中文、馬來文都有。裡面還有極少量的馬華文學，我就是在那裡第一次看到馬華詩人傅承得的《哭城傳奇》[9]，不過那些書後來聽說都不見了。

問：您當初是基於什麼機緣開始文學創作？怎麼培養自己的寫作能力？

答：那是文學獎的年代，我寫作一開始也是因為文學獎。起因是我在看「旅臺文學獎」作品的時候覺得：「這些得獎作品怎麼寫得那麼差？」我就自己嘗試寫寫看，沒想到就得獎了，可見那些作品真的很差（大笑）。所以最早的作品我提都不敢提，因為真的太差了。當時參加的文學獎是總會辦的，他們連遊戲規則都不知道，徵稿沒有設門檻，我一口氣丟了一大堆亂七八糟的稿件過去。

其實我最早是從寫詩開始的。我們知道從新文學運動以來，白話詩的成立一直面對很大的問題。當時臺灣經過現代主義運動，新詩快速成熟，已經很具規模。像楊牧和瘂弦，他們的詩集我買了很多，楊牧早期的詩集我只差一本《非渡集》[10]。我剛開始會去寫詩，是因為詩的字數比較少。所以理論上詩比較好掌控，是個比較好的練習場域。

我最開始寫小說，寫了像〈劍客之死〉這樣稚嫩的武俠味小說。會寫這樣的武俠味小說，是因為我們跟李永平一樣，早期在馬來西亞沒有什麼中文書可以看，幾乎每個人都讀過很多武俠小說。我主要是讀金庸和古龍，梁羽生我比較不喜歡；另外還有一些連名字都想不起來的臺灣作者，大概是老外省寫來賺錢的武俠小說。那些小說的文筆都很好，每一本都是寫得很漂亮的中文。

在投旅臺文學獎時，因為覺得文學獎作品三組都不行（大笑），就這樣開始寫了，所以那時我小說和詩幾乎是同時寫的。很多篇小說也是同步寫的，包括那篇多次重寫、後來收錄於《烏暗暝》的〈非法移民〉。當時寫的小說還很多錯別字，技術和手法也都不懂。我的起步比起前輩馬華小說家張貴興和李永平晚很多，他們的學習背景比較好，高中時寫的小說就很有小說味了。

但是對我來說，小說一直不只是小說，不只是講故事，不只是審美，而是提問。小說不斷地提問：對這世界，對文學、歷史、國家、民族、語言及我的自身存在，一直到它的動力被耗盡為止。

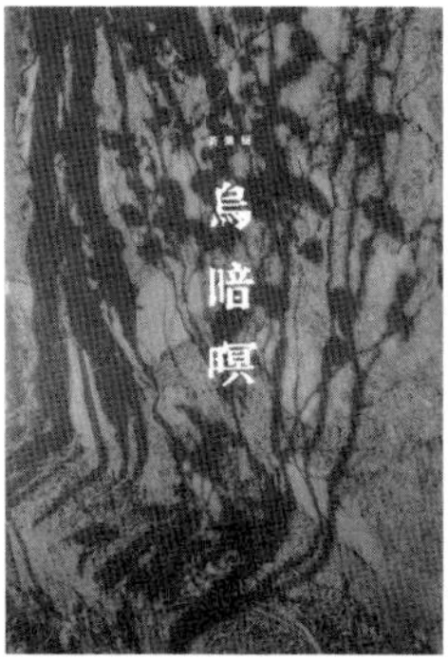

至於如何學習寫作、培養能力，我覺得就是大量閱讀吧。年輕時，時間多，把找得到的一切，讀得下的都找來讀；讀多了，運氣好的話，寫作的時候會自然轉化進來。去年重印最早的兩個集子《夢與豬與黎明》和《烏暗暝》，校對時有時候還可以發現當初學藝時留下的痕跡：有時是一個句子，有時是一個語詞，一種聲音，一種形式。

問：您早期的作品集包括大量運用後設和互文技巧，以小說思考馬華處境的《夢與豬與黎明》和《烏暗暝》，以及刻意偽裝為「馬華文學選」的代表作《刻背》等。可否回顧一下早期的寫作經歷？

答：早期作品比較有意思的是收入在《烏暗暝》裡的〈魚骸〉，我覺得這篇得獎完全是偶然。因為中國時報文學獎長期由張大春當評審，他比較強勢，可以左右所有人的意見。結果那屆我運氣好，他沒有參加評審，所以我才會得獎。張大春在的話，〈魚骸〉一定被幹掉。我熟悉他的小說，那些年，也會細讀文學獎的評審紀錄。一九八〇年代末是張大春「當權」的時期，他對小說的要求是技巧至上的，文壇學界也都猛拍他馬屁，沒有甚麼檢討的聲音。我後來就寫了〈謊言的技術與真理的技藝〉[11]批判他，現代主義還會關心某些問題，還有信仰，他怎麼會走到如此虛無之境呢？

早期我還寫過一篇〈少女病〉，當時就故意讓背景模糊化，裡面的角色在調侃川端康成，這篇最後得了臺大文學獎的第二名。我一開始比較沒有自信的時候，還會在乎得不得獎，但後來就不會在意了。我記得在〈魚骸〉之後，大概還參加了一兩次吧，之後很多年都不參加文學獎。一來是因為有工作了，覺得不需要；另外是因為，有些文學獎我投過去也沒用，評審看到那種陌生的東西，很快就把你淘汰掉。這時候你要寫什麼樣的東西？當然就是個選擇。有些同鄉就會因此調整作品的「背景」。不過，散文跟詩比較容易調整，小說就比較困難了。

《刻背》是王德威教授為麥田編的「當代中文小說二十家」之一，同系列的都是成名已久的小說家，朱天文、朱天心、蘇偉貞、王安憶、阿城、張貴興等，我和駱以軍是箇中最年輕的。我們同年，但駱成名比我早，作品也比我多，他一直是臺灣同代人中最受關注的一位，更何況受邀時他正處於「筆寫到發燙」的豐收季，而我受邀大概是在一九九六年左右。《刻背》第一篇〈阿拉的旨意〉即寫於該年，當時我還未滿三十，第二個短篇集《烏暗暝》也還沒出版。相較於其他小說家，我算是比較弱的，所以對王教授對我，那都是個冒險。我想王教授應該是因為我一九九五年得獎的〈魚骸〉而動此念頭的吧？我記得我曾經婉拒過，因自覺分量不夠。後來，我判斷我受邀是代表「馬華本土」，因此就想擬仿馬華小說選，假借那在中文世界幾乎沒有位置的集體，來壯大聲勢，也增加文本的厚度和深度。如果有能力，應該寫盡馬華小說。

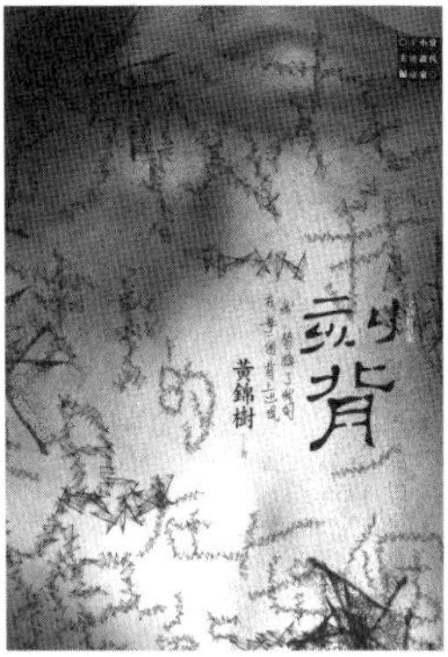

但是我判斷，就算如此，臺灣讀者對馬華小說還是不會感興趣的，因為相應的語境——馬華文學史，華人史，當代大馬的政經教育、文學爭議等，對他們而言太陌生了，太過無關痛癢。因此，他們多半只會看到他們熟悉的部分：技巧。即便是最友善的讀者王德威教授的導論，也不是很到位——雖然我很感激他多年的關懷照顧——也有意無意的跳過壓卷之作〈刻背〉。至於大馬同鄉，我不知道是否能真的能掌握〈刻背〉這篇小說。迄今不是仍有一種愚蠢的說法嗎？認為我們到臺灣留學的這些人對馬來西亞的認識就止於離鄉的十九歲。他們好像不知道世間有書、報紙甚至網路這些東西。他們如果對留臺的我們心存惡意、自居本土，那是不可能有任何理解的。

其實《刻背》可說是本未完成之作。在給定的時間內，它必須暫時閉合。作為一個容器，它應該可以把我所有的作品塞進去。或許，可以把未來的作品都給折疊進去。

問：您在《土與火》之後有將近十年的時間沒寫小說，是否在小說創作上遭遇了困難？

答：我不寫小說，也是因為寫小說需要面對很多問題。首先是題材的問題，一般人寫到第三部書就會碰上這個難關，像印裔英國小說家奈波爾（V. S. Naipaul）說他寫完《畢斯華斯先生的房子》[12]後，他家鄉的題材就用完了，但是他運氣好，有報紙委託他去旅行寫報導。家鄉的題材用完了，怎麼辦？寫臺灣嗎？我寫過很多人愛問我的蠢問題之一[13]，就是：「你為什麼不寫臺灣經驗？」「你頭頂臺灣天，腳踩臺灣地，吃臺灣米，喝臺灣水，為什麼不

寫臺灣？」可是楊牧在美國三十年，他寫了多少美國？《柏克萊精神》[14]寫了一點美國教書經驗，其他還是寫臺灣的山風海雨。怎麼沒人去質疑他：「你整天吃麥當勞、啃美國牛肉、吸收美國瘦肉精，怎麼不寫美國？」張愛玲、郭松棻也是如此。郭松棻就曾說過，只有他兒子那一代才可能寫美國。相較之下，哈金當然很特別。對這個名列第一的蠢問題，我的標準回答是：「我的寫作就是我的臺灣經驗。」也曾指出，這樣的問題本身就帶有形式寫實主義上的預設，忽略了經驗如何在文學中層疊轉化。[15]

另外一種類型的寫作者會去追蹤一個事件，做社會調查來找尋題材。但寫作需要作拿捏和調整，才知道什麼東西值得一寫、應該去寫。我們不在場，這種事我們也不可能寫，就算真的去寫了，還會有位置的問題。我當然可以閒閒沒事騎腳踏車去訪問耆老，談談一九五〇年代，白色恐怖、二二八。可是一定還是有人會質疑：「你馬來西亞人寫臺灣歷史幹嘛，臺灣歷史跟你有什麼關係？」況且，不是「自己人」大概也問不到什麼。所以張貴興很早就鎖定將婆羅洲傳奇化的路線，潘雨桐回去後就專注寫大園坵裡的故事。李永平的臺灣在地化最明顯，可是他的《海東青》和《朱鴒漫遊仙境》[16]都是失敗的，而且失敗得很難看——你在地化之後，人家還要看你站的位置對不對：「怎麼可以站在外省人那邊？」但我們怎麼可能一來就直接站在本省人的位置，那不就成了政客？只有馬來亞那派左翼文人才有這樣的要求，文人一南下就成為本土，要關注「此時此地的現實」，這我們一般人做不到。

最後就是時間的問題，東忙西忙，時間就過去了。教書沒有想像中那麼容易，還有一些推不掉的文壇邀稿、學術應酬，這些都非常消耗的。此外還有家庭要顧，所以我非常能理解張貴興為何十年沒寫作。我看很多學生輩也這樣，一回頭就三十歲了，第一本書還沒出版。很多大學時候的雄心壯志，到三十歲就磨光了。每個臺灣作家的黃金時代就那十幾年，幾乎毫不例外。我們馬華作家就更不用說，很多都是青年作家，念書的時候寫，畢業之後結婚戀愛，養小孩、工作、應酬、照顧父母，剩下一點時間看電視，還能寫什麼？

問：您停下小說創作期間，出版了散文集《焚燒》，這本散文集對您有何意義？

答：散文比較像是休息。出版《焚燒》的時候我四十歲了，人生進入不一樣的階段，我沒有刻意營造文學的散文，就只是整理一下自己的經歷而已。所收文章從大學時代的一九八九年到定居埔里十年的二〇〇六年，時間跨度十七年。其中有些是在特殊情境下寫的，包括像〈哀暨南〉，那是寫九二一地震後暨南大學發生的事。一九九八年我在暨南大學找到正職，發現學界的鬥爭裡完全不亞於政界和商界，也遇到很多狗屁倒灶的事，因此受到很大刺激。有人勸我把這些事寫成小說，但那有什麼好寫的，寫出來也一定是爛小說，因為情節實在太爛了。這些事情寫成小說，編輯一定叫你刪掉，說：「有沒有搞錯，這麼爛的橋段還拿出來？」但事實有時就是那麼爛，就像納吉把十幾億直接匯進自己戶口[17]，這種情節你寫小說時敢如此編嗎？可是納吉真的幹了。現實就是不值得一寫，可是又讓人火大，那就只好寫散文，不爽就寫一下，不寫的話很快就會忘了。

然後是傷逝，親友的亡故，友誼的崩毀，十七年間物換星移。我最開始是散文、小說和詩一起寫的，但很快就發現散文本身的局限，因此退回散文的初衷，紀事、抒情、論議、抒懷，不是為「文學」而散文。

問：您早年在《夢與豬與黎明》的序裡將小說定義為「恐怖主義」式的活動[18]，近年和王安憶對談時又提及「小說是一場游擊戰[19]。您如何實踐您的小說觀？

答：最早的「恐怖主義」論針對的是馬華文學史及其時臺灣的「文學現場」，挪用、嫁接、移植、重組，甚至像土蜂，麻痺了蜘蛛抓回洞裡好餵養自己的幼蟲，掠奪性的點鐵成金，像是早期典出龍瑛宗的〈死在南方〉、和東年小說同名的〈落雨的小鎮〉等等，在篇名上都刻意前有所承，並借此調侃、質疑名家作品背後的文學典律，汲取資源，產生連結。「游擊戰略」則是針對既有的馬共小說及馬共敘事，原因很簡單——歷史有很多漏洞，小說的詩

學包孕了激烈的懷疑論，沿續問題小說的路徑，對馬共的歷史存在本身、對我們處身其中的歷史提出問題。《南洋人民共和國》裡虛構的馬共建國，就是其中一種對馬共提問的方式。但「恐怖主義」和「游擊戰」其實是同一件事的不同面向。

我從最早小說就有馬共身影，例如〈大卷宗〉、〈鄭增壽〉、〈撤退〉、〈魚骸〉等。很多當地人都是靠收割橡膠汁維生的，他們都經歷過一九四八年，從樹林被遷到新村的歷史。但不管是不是住在新村，馬來西亞華人都會有著馬共的記憶，很多家族裡都有人參與馬共，我爸那代身邊的人都是如此。

馬來亞一九五七年才獨立，馬共記憶幾乎和建國歷史一樣長，但馬共問題和二戰一樣，現在都沒什麼人要去談。我們的中產階級教育就是不要你去回顧這些事，大家都覺得和自己幸福的生活不相干。可是只要一回顧華人史，你就一定會遇到馬共，就像談留臺歷史一定會遇到冷戰。這是我們無法迴避的宿命。

如果按照馬共標準的小說格式來寫，馬共小說就只能是史詩式的革命勝利史，或像是馬共小說家金枝芒寫的「圍困—突圍」模式，寫馬共成員如何在敵人的圍困中突破重圍。但連金枝芒的小說也會被馬共們批判為失敗主義，這樣小說就沒什麼出路了。小說畢竟還是小說，對我而言，最後只剩下一個游擊戰略的寫法。

我們可以從這裡再進一步，去思考馬華文學在整個華文小說世界的長期缺席。這一方面要反省文學品質的問題，但另一方面還是要去反省這段歷史，並且跟宣稱「反映現實」的馬共陣營區分開來。我們也知道，馬共內部有很多現實是他們自己不敢觸碰的，裡面有不少權力、性別、種族的問題。他們沒有建國想像和退場機制，缺乏論述和反思的能力，最後只好跟著部隊走。馬共因此是個華人社會的縮影：蠻幹、沒有文化、沒有知識，好像有崇高的理想卻說不清楚。很多老左現在回到社會，腦子裡還是毛主義的那套，對中共還有憧憬，所以近年才會有愚昧的知識人大肆呼籲以普通話來規劃「華語」，將大馬華社故有的表述如「舞獅」，改為普通話的「獅子舞」。到現在我們還是深受荼毒。

在臺灣，以寫作為業迄今仍只能清貧度日，即便那樣也未必真有所成。我不可能選擇以寫作為職業，因此可以比較純粹地想寫就寫、不想寫就不寫、愛怎麼寫就怎麼寫，寓憂患於嬉戲。但以我們的位置，在臺灣始終是外來者，永遠的「遲到的青年」，即便腳板長滿根也接不了臺灣的地氣；又因為青年時代即離開了大馬，難免常會遭逢出於上述類似的意識形態預設的詰問，甚至指控你根本不了解大馬現在的處境。於是寫作本身，或者說小說的「重新講述故事」的能力、文本的互文本性，從大敘事中縫隙的顛覆、重寫、改寫，讓我可以發動我的戰役寫作作為一種個人的游擊戰役。

問：您近期的作品《魚》和原名「歸來」的《雨》兩本小說集，童年敘事者和橡膠園重新成為核心意象；您編的膠林文學選集《膠林深處》，也一直在回顧那個逝去的時間和空間。請問「膠林」在您書寫中占了什麼位置？

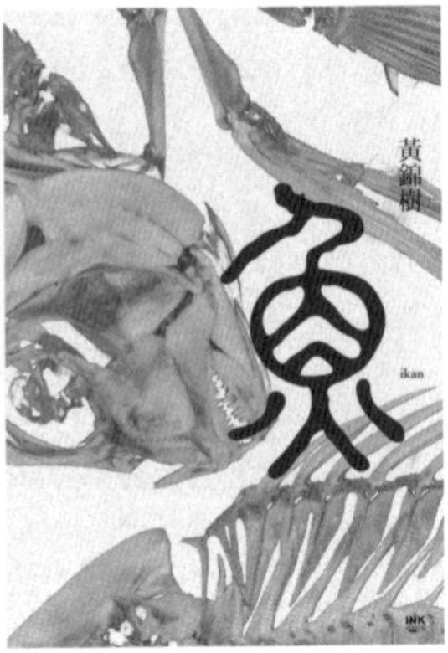

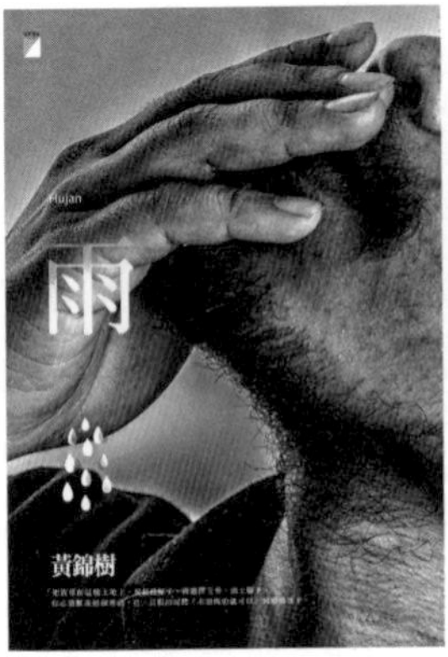

答：我們本來就是膠林長大的，對我來說膠林就是個主要的資源，就像張貴興的婆羅洲小鎮和雨林。其實重點不在故事或背景，而是透過故事和它的背景要處理的東西。剛開始寫小說的時候技術比較差，會消耗很多經驗性材料，甚至寫得很像散文。到技術成熟後，膠林有時候只是個舞臺，任何要思考的問題都可以放進去，經驗性的材料變得很少。從結構主義的角度來看，故事只有一個，所有的寫作就是不斷的重寫，這一點都不奇怪。即便是用散文的方式展現，也是把「散文」作為一種技巧，讓小說比較不像小說，不夠細心讀不出箇中狡計。不過，《魚》有膠林背景的不到一半吧？除了〈山路〉之外，幾篇較長的如〈祝福〉、〈在馬六甲海峽〉、〈生而為人〉、〈父親的笑〉、〈欠缺〉都和膠林沒什麼關係。這本和《猶見扶餘》其實都比《雨》更複雜。《雨》的舞臺是刻意的，它其實比較單純。我曾和朋友說，這是部「偽長篇」。兩代人過世殆盡，膠林也即將從南馬的地景裡消失，那曾是歷史的「背景」，但也將被遺忘。

我編《膠林深處》的動機很簡單，因為膠林快沒有了。我不知道你們有沒有見過膠林，那和油棕完全不一樣。橡膠樹是從南美洲被引進的馬來亞的，但可能和原生環境類似，橡膠樹比較容易融入環境，馬來西亞本來從南到北，一直到東馬都是膠林，要到一九六〇年代才被印尼趕過去；而油棕是棕櫚科，從非洲移植到馬來西亞後種在泥炭地上，在短短幾十年間就耗光幾千年累積的養分。整個馬來半島和印尼都是這樣，代價很慘重。

膠林寫作有一個很長遠的傳統，馬來亞從一九三〇年代就有一村寫的〈橡林深處〉，馬共的革命現場很多也在膠林裡，一九五〇年代的老左，都喜歡把膠林和被剝削的勞工連接起來。那是真實的歷史，在並不遙遠的過去。

我很訝異的是，現在回去忽然看不到膠林了，像一夜間忽然就被砍光，要很辛苦去找才看得到，作為文學場景的膠林現在已經不見了，應該說，整個文學場景都在大變換。這個變化指的是都市化，或者說是美國化。我們現在看到像唐・德里羅（Don DeLillo）那樣的美國當代小說，就可以推測以後大陸小說的樣子。神棍一定是核心，還有資本主義氾濫後的連鎖超市、對武器販賣的批評……那也不是在模仿，因為大家遇到的問題是一模一樣的。

問：您曾經在〈文心凋零？〉[20]中反思文學獎的弊病。您如何看待這個創作環境的變遷？以及您如何看待在臺馬華文學的前景？

答：文學獎裡的散文類已然徹底的腐敗了。我幾年前寫文章批評「山寨散文」，但它依然活在僅存的文學獎裡，文壇獵手依然活得逍遙自在。評審當然要負相當責任，也跟散文，尤其是抒情散文文學化的限度有關。

我們剛開始發表的管道比較有國民黨色彩，像是《幼師文藝》和《中央日報》。這些老外省編輯對僑生比較友善，也對馬華題材比較不排斥。有段時間我們《大馬青年》得獎的作品，還跟《幼師文藝》合作發表在上面。但是能拿到的稿費也很有限，不可能靠那個生活。另外一個發表的平臺就是文學獎，臺灣早期的文學獎評審都是一時之選，都是當時最有聲望的作家和評論者，像夏志清、梁實秋、林語堂等等。這在馬來西亞完全不可能，所以對我們來說非常重要。當時文學獎是一個公開競爭的場合，沒有考慮國籍問題，作品夠好就可以得獎。

後來我們都知道，臺灣的文學獎死了。文學獎開始限國籍，越來越傾向本土，像臺灣文學金典獎和林榮三文學獎都是這樣。而且這些文學獎獎金給得很高，直接衝擊到兩大報文學獎。當一切政治掛帥，就沒有文學和思考。即便像李永平得到臺灣的國家文藝獎，他當然很高興，因為他一直覺得自己不受承認。但我覺得這獎沒什麼代表性，很多人也得過，但從來沒有太多人關注，就像馬來西亞的國家文學獎，只是撒錢自己爽的。

不過環境緊縮對我而言沒差，我還是自己寫自己的，比較可憐的是新馬文青。以前臺灣是個很重要的舞臺，中國從來沒有給過我們任何像樣的文學獎。臺灣在國民黨時期一直有個默契，知道馬來西亞的這個團隊不弱，現在全部被砍掉沒機會了。文學獎變成自己玩自己爽，書評也死去了，全都變成讚美或書介。

我認為「在臺馬華文學」只是歷史的短暫現象，以後沒有人寫就結束了。臺灣對東南亞華人的友善即便可以一直延續，也競爭不過中共。大陸現在很捨得撒錢搶人，國共內戰的延長賽猶未了，而臺灣愈來愈弱，眼界也愈來愈小。大馬的種族政治沒有減緩的趨勢，華教內憂外患。甚至包含在臺馬華文學與本土馬華文學的「馬華文學」本身，可能也只是歷史的短暫現象。據說某些華文獨立中學資優班都用英語教學，慢慢地大家中文就越來越差。我們的教育就覺得文學是沒用的，哪有人會去寫作？要寫文學，等你當上大老闆後再去出版一本自傳就好。所以我對在臺馬華的前景並不樂觀。

應該說，理想的創作情境並不存在。在消極意義上來說，只要政治的手不要伸到文學上來，就是理想的創作情境了。

問：未來您是否有其他的寫作計畫？

答：我沒什麼計畫，反正情況允許就寫一點。因為計畫趕不上變化，需要主客觀條件配合才能寫。

有的人寫小說一心想要爬山，像駱以軍、陳雪、甘耀明等，現在已經登上大武山了，下次一定要登上更高的。他們專業作家有這個必要，每一部作品都在登山，要在專業裡和同行比拚。但對我來說，小說不是這樣的東西，我沒必要跟他們比拚。我是靠教書吃飯的，在臺灣的學術體制裡，小說、短評、散文全都不納入計算，連翻譯都不算。學術整個量化之後，剩下的只有SSCI、SCI一類的東西，他們很愚蠢地學新加坡搞這一套。翻譯原來應該鼓勵的，因為翻譯要把不一樣的東西引進來，這攸關國家民生。但翻譯沒有被臺灣重視，雖然在大陸翻譯也不算受重視，但我們現在這方面主要還是在依賴他們。

寫作是比較個人的問題，就順其自然吧。

問：可否談談您對小說未來的期待或想像？

答：未來的小說……大概都是機器在寫吧。可能再有個Alpha Novel出現，到時大家就不用再寫了。我在小說〈的外邊還有〉曾經開玩笑的寫過，因為小說有基本的層次，你可以弄出一臺機器，要感傷口味請按A、諷刺小說請按B、漫畫書按C、色情小說按X，色情度多少還可以自由調配。不要小看機器，以後一定都可以有這樣的販賣機。

安德森在過世前的訪談裡說，小說在我們這個年代已經不那麼重要了[21]。這是正確的，在他的年代，甚至一九七〇年代早期，小說是還很重要的。那時小說可以對現實和歷史直接產生衝擊，所以小說會被查禁銷毀。但現在除了老共，不會有人要去查禁小說，因為相對來說，小說已經變得不那麼重要了。這可以回到小說的起源去看，有起源就會有消亡。你又可以再去問：「這個社會為什麼需要文學？」我們知道在我們的時代，文字早已不是主導的藝術形式，當今的主導藝術早已經是電影了。人手一機後，誰還要看文字？這科幻電影都有演過，遲早我們會發展到不再需要文字，直接從脖子往大腦輸入數據。到了那個年代，就不再需要小說了。

詩人一開始就是和巫師一體的，以後也會是。

編註

1 黃錦樹，〈《刻背》初版後記：錯位、錯別、錯體〉，收入新版《刻背》，二〇一四，臺北：聯經出版，頁四二九。

2 言叔夏，〈河與路——黃錦樹談《魚》〉，二〇一五年六月二十四日，《自由時報》副刊，網址：http://goo.gl/Q8xTka。

3 馬哈迪．莫哈默（Tun Dr. Mahathir bin Mohamad，一九二五—）是馬來西亞前任首相，任期自一九八一年開始，至二〇〇三年為止，長達二十一年。任職期間推行的各項政策引發極大爭議，目前為馬來西亞反對黨聯盟領袖。（參考整理自：陳鴻瑜〈馬哈迪威權體制的形成〉，《馬來西亞史》，二〇一二，臺北：蘭臺網路出版，頁四二一—四八一。）

4 茅草行動（Operasi Lalang）指馬來西亞一九八七年發生的政治事件。事件起因自馬哈迪對華文教育的不合理干預，引發各界人士抗議。政府於是援引防治恐怖分子的「內安法令」，未經審訊扣押多名政治人物和社會運動人士、關閉多家報館，是馬來西亞史上的重要事件。（參考整理自：〈茅草行動卅載（下）：當時發生了什麼事？〉，二〇一七年十月二十六日，《當今大馬》，網址：https://goo.gl/PpHVBr。）

5 廖宏強，〈他鄉的故事〉，《病患奇談：行醫好事一籮筐》，二〇一四，臺北：釀出版。

6 溫瑞安，《龍哭千里》，一九七七，臺北：時報文化。

7 黃錦樹，〈神州：文化鄉愁與內在中國〉，一九九三，《中外文學》第二十二卷，第二期，頁一九二—一七二。

8 黃錦樹，〈「旅台特區」的意義探究〉，一九九〇，《大馬青年》第八期。

9 傅承得，《哭城傳奇》，一九八四，臺北：大馬新聞雜誌叢書。

10 葉珊（楊牧），《非渡集》，一九六九，臺北：仙人掌出版社。

11 黃錦樹，〈謊言的技術與真理的技藝：書寫張大春之書寫〉，《書寫臺灣：文學史、後殖民與後現代》，周英雄、劉紀蕙編，二〇〇〇，臺北：麥田出版。

12 奈波爾（V. S. Naipaul），穆卓芸譯，《畢斯華斯先生的房子》，二〇一〇，臺北：遠流。

13 黃錦樹，〈幾個愚蠢問題〉，《火笑了》，二〇一五，臺北：麥田出版，頁二九一－二九八。

14 楊牧，《柏克萊精神》，一九七七，臺北：洪範書店。

15 同前註。

16 李永平，《海東青》，二〇〇六，臺北：聯合文學；《朱鴒漫遊仙境》，二〇一〇，臺北：聯合文學。

17 納吉·阿杜拉薩（Najib bin Abdul Razak，一九五三-），現任馬來西亞首相（二〇〇九－）。二〇一三年遭華爾街日報揭露將國有投資公司1MBD（1Malaysia Development Berhad）底下二十六億令吉匯入私人帳戶，引發馬來西亞政局的軒然大波。（參考整理自：The 1MDB affair，The Economist，網址：https://goo.gl/79jSjM。）

18 黃錦樹，〈再生產的恐怖主義〉（初版《夢與豬與黎明》序）：「後設形式的趣味和意義不在於愚蠢的自我解消（保留了手而取消了大腦），而在癌細胞式的、恐怖的再生產——再生產的恐怖主義——一種難以壓抑的繁殖慾望，如我家鄉雨季膠園中嗜血的母蚊子。它可以入侵任何文類，探討任何問題——以遮蔽的莊嚴，世俗、肉慾的神聖，華麗的腐敗與潮溼。」（《烏暗暝》，二〇一七年，臺北：麥田出版，頁四五二。）

19 黃錦樹，〈小說能做什麼？——與王安憶對談〉，《魚》，二〇一五，臺北：印刻文學，頁二九九－三一四。

20 黃錦樹，〈文心凋零？——抒情散文的倫理界限〉，《論嘗試文》，二〇一六，臺北：麥田出版。

21 丁雄飛，〈佩里·安德森訪談III：知識、歐洲、美國〉，二〇一七年七月四日，《澎湃新聞》，網址：http://goo.gl/6PRfWD。

＊ 書籍封面提供：九歌出版、麥田出版、聯經出版、寶瓶文化。

1986–1991
10月，來臺留學，就讀臺灣大學農藝學系；1987年9月轉至臺灣大學中國文學系，1991年6月學士畢業。

1980–1986
就讀居鑾中華中學。（位於柔佛州居鑾市，為馬來西亞六十所華文獨立中學之一，獨立中學為華社民辦之中學）。

1974–1980
就讀某國民型小學。

1967
11月，生於馬來西亞柔佛州(Johor)居鑾(Kluang)，祖籍福建南安。

1994—1998

9月，就讀國立清華大學中文研究所博士班，1998年2月博士畢業。

1991—1994

9月，就讀淡江大學中文研究所碩士班，1994年6月碩士畢業。

1996

8月，於暨南大學中文系任教至今，現任暨南大學中文系教授。長居南投縣埔里鎮二十餘年。創作與研究之外，也長期關注馬華文學處境，曾與張錦忠、張永修合編《一水天涯：馬華當代小 選》（1998，臺北：九歌出版），與張錦忠合編《別再提起：馬華當代小說選（1997-2003）》（2004，臺北：麥田出版），《重寫臺灣文學史》（2007，臺北：麥田出版），與張錦忠、莊華興合編《回到馬來西亞：華馬小說七十年》（2008，吉隆坡：大將出版），與張錦忠、黃俊麟合編《故事總要開始：馬華當代小說選（2004-2012）》（2013，臺北：寶瓶文化），與張錦忠、李宗舜合編《我們留臺那些年》（2014，吉隆坡：有人出版），與冰谷、張錦忠、廖宏強合編《膠林深處：馬華文學裡的橡膠樹》（2015，居鑾：大河文化）。

1994

6月，論文：《章太炎語言文字之學的知識（精神）譜系》，淡江大學中國文學研究所學位論文。2012年修訂並出版，新北：花木蘭文化。小說集：《夢與豬與黎明》，臺北：九歌出版。小說集裡的〈大卷宗〉獲《大馬青年》第六屆大馬旅臺文學獎小說主獎（1989年）；〈M的失蹤〉獲馬來西亞「大馬福州社團聯合總會青年團」主辦之第三屆大馬鄉青小說特優獎（1990年）；〈少女病〉獲臺大文學獎小說次獎（1991年）；〈鄭增壽〉獲馬來西亞第二屆客聯小說獎，與廖宏强〈被遺忘的武士〉並列第一名（1992年）；〈落雨的小鎮〉獲聯合文學小說新人獎短篇小說推薦獎（1993年）。

1996

1月，專書：《馬華文學：內在中國、語言與文學史》，吉隆坡：華社資料研究中心。

1997

1月，小說集：《烏暗暝》，臺北：九歌出版。小說集裡的〈說故事者〉獲《聯合報》聯合文學獎短篇小說佳作（1995年）；〈魚骸〉獲《中國時報》時報文學獎短篇小說首獎、洪醒夫小說獎（1995年）；〈貘〉獲第一屆《幼師文藝》世界華文成長小說獎首獎（1996年）。

1998

1月，《近代國學之起源1897-1927》，國立清華大學中國文學系博士學位論文。（受訪者註：因沒寫好，故未出版。）

1月，專書：《馬華文學與中國性》，臺北：元尊文化。

2001

11月，小說集：《刻背》，臺北：麥田出版。

2003

2月，評論集：《謊言或真理的技藝：當代中文小說論集》，臺北：麥田出版。

2005

5月，小說集：《土與火》，臺北：麥田出版。同年獲《亞洲週刊》中文十大好書、聯合報讀書人最佳書獎文學類、〈土與火〉等獲馬來西亞《星洲日報》第八屆花蹤文學獎小說推薦獎。

2006

5月，專書：《文與魂與體：論現代中國性》，臺北：麥田出版。

2007

7月，散文集：《焚燒》，臺北：麥田出版。

9月，與駱以軍合編《媲美貓的發情：LP小說選》，臺北：寶瓶文化。

6月，小說集：《火，與危險事物：黃錦樹馬共小說選》，吉隆坡：有人出版。7月，小說集：《猶見扶餘》，臺北：麥田出版。9月，小說集：《刻背》新版，臺北：麥田出版（原2001年小說集：《刻背》增訂版）。

9月，專書：《馬華文學與中國性》新版，臺北：麥田出版（原1998年《馬華文學與中國性》增訂版）。

2015 2014 2013 2012

10月，小說集：《南洋人民共和國備忘錄》，臺北：聯經出版。

3月，專書：《華文小文學的馬來西亞個案》，臺北：麥田出版。4月，小說集：《魚》，臺北：印刻文學。5月，論文集：《注釋南方：黃錦樹馬華文學短論集》，吉隆坡：有人出版。6月，入圍聯合報文學大獎。7月，獲馬來西亞《星洲日報》花蹤文學獎馬華文學大獎。11月，散文集：《火笑了》，臺北：麥田出版。

2016

5月，小說集：《雨》，臺北：寶瓶文化。2017年獲臺北國際書展大獎、金鼎獎文學圖書獎。同年10月，小說集中〈歸來〉獲第四屆郁達夫小說獎短篇小說提名獎。2018年4月，獲北京大學中文系主辦之王墨人——周安儀世界華文文學獎。8月，論文集：《論嘗試文》，臺北：麥田出版。

2017

5月，小說集：《烏暗暝》新版，臺北：麥田出版（併《烏暗暝》、《夢與豬與黎明》為一，若干篇章略事修訂）。

專訪 Liglav A-wu 利格拉樂·阿𡠄

採訪、整理、撰文／嚴毅昇

攝影：楊蕙如。

前言

Liglav A-wu（利格拉樂．阿嬀）是我大學時第一位見到本人的原住民籍作家，我們在一場演講後結識，從名字的命名意義談到艱苦的尋根路。因著這次訪談，我有機會再度聽她細翻跨越族群生命之書中隱藏的頁數，說自己的故事。她的身姿嚴肅踏實，談話時流露誠懇與信任，一如她的作品，並無過多雕琢華麗，像開水煮青菜般，樸實煮出生活原髓。

A-wu不僅是散文創作者，也具有報導者、文化研究者的身分，她創作散文集《誰來穿我的美麗衣裳》、《穆莉淡Mulidan—部落手札》記錄家族故事，以女性的口吻，記述鮮為人知的部落與眷村；也寫下報導文學《紅嘴巴的VuVu—阿嬀初期踏查追尋的思考手記》，以田野的踏查，發掘時代背面的故事，試圖穿越民族差異與隔閡，搭建同理的橋梁。她的作品涉及許多議題，尤其身為一位女性、白色恐怖受害者後代、一半外省人一半排灣族人，光是血統與身分，就已經是一部活生生的複雜歷史，而她的文字與思考更沉著的潛深而下，除了民族與性別，還抵達、碰觸了個人存在與文化之間的糾葛。

血統與身分的複雜，使得矛盾彷彿是天生跟隨的影子，在她解剖家譜、尋求自身血脈的道路上亦步亦趨。在一座民族繁雜的海島上，認同是所有人必然面對的課題，失落的文化散布在我們眼見而不見之處，細微如塵，待建構而未建構的歷史十分龐大，原住民創作者必然面對更多、更多其他創作者未必碰撞到的問題，對「混血」的她而言又更加不易，但她仍選擇用文字與矛盾和解，持續投入這一跨族群的自我剖析、融煉與打破分類框架的歷程，並且謙和嚴謹、實事求是地向原鄉學習，創作上亦保持著嚴謹而慢工的態度。

對同樣混血的我而言，閱讀A-wu的文字，有時像與自己對話，像在看一張地圖，對路途既陌生也熟悉，我能深刻體認的並不是回鄉之路的崎嶇，而是內心歸屬未明的感受、與族人之間的距離，明瞭自身對於文化無限的無知，自己的血液彷彿就是最強大的敵人與愛人。我看見的——是族群，是家族，是城鄉，也是靈肉，她以文字與如此龐大的集合體對話，卻如溫柔微風，無法輕易被捕捉、歸類，也無法抵擋它的溯往。

訪談

問：您閱讀與寫作的啟蒙經驗為何？寫作上受到哪些影響？

答：我的父親是隨國民黨政府從中國大陸撤退來臺的外省退伍軍人，曾經歷過白色恐怖時期，個性一絲不苟，他的教育方式，就是把自己在中國大陸時家中那一套直接搬來臺灣，從小訓練我們三姊妹抄寫、背誦中國古典文學。直到學齡階段，與同齡小孩一起讀學校國文課本的時候，才知道在家裡讀的古典文學，和其他小孩讀的東西不一樣，像我現在還對《水滸傳》印象深刻，覺得人物、故事很精彩。

當時，父親也要我們每天寫日記，所以我每天都在想，有什麼可以寫？有什麼不一樣、不無聊的東西可以記下來？久而久之，我寫日記的習慣開始變化，已經不是單純的生活紀錄，出現了創作的雛形。於是，寫作變成了我生命中很重要的事情。

但是對那時的我來說，日記像是一種來自父親的束縛。所以婚後我把所有的日記本都燒掉，結束寫日記的習慣，心想終於可以擺脫父親的掌控。事隔好多年後重新回想，這些日記即便只是生活紀錄，對於我個人的生命史還是極重要的，所以我後來有段時間又重新開始寫了。

至於小時候讀的中國古典文學，老實說對我的影響有限。一方面，在原住民文學寫作中，運用中國古典文學辭彙其實會很突兀，也因為小時候實在被荼毒得很慘，我自己甚至會刻意把文言文白話化，刻意的想要遺忘它們。當然，想要凸顯我的眷村背景時，我會用一些成語和中國典故，但也不會特意去展現這方面的素養。而且文言文不是我們的生活用語。像朱天衣、朱天文她們的眷村文學裡，會有眷村辭彙和中國古典文學的大量運用，那是她們生活的某一個面相；而就算我的部分作品可以算是眷村文學，但在某種程度上，她們寫的眷村文學，和我寫的眷村文學，還是有很明顯的階級差異：將官級的眷村和老士官的眷村，環境和生活情境都是很不一樣的，官階的高低差異使得生活條件完全不同，日常生活中所使用的詞彙，對文學的閱讀量也不同。

不過，真要說古典文學對我有什麼影響的話，就是韻腳吧，但我也沒有非得押韻不可，只是，我習慣每寫完一篇文章，就朗讀它一遍，不是在心裡默唸，而是讀出來，透過聲音的節奏去感受行文是否順暢，如果感覺詞彙不順就換掉。我曾經思考過，這種聲音上的流暢感，應該就是來自於中國古典文學的押韻。

問：除了來自父親的教導以外，您從小學到高中，各階段的閱讀經驗為何？

答：其實每個階段的閱讀我都不能自己選擇，不太會有「我現在就只讀散文、我現在只讀小說」這樣計畫性閱讀的想法，比較像是拿到什麼書就讀，而且我就讀的學校，圖書館的藏書也比較制式，可以選擇的類型比較少。

印象比較深的，是國小的時候，我們班上的閱讀角落有一整套《亞森．羅蘋》，當時很喜歡讀。還有國中時我沉迷於日本少女漫畫，看了《小甜甜》（キャンディ♥キャンディ）和《千面女郎》（ガラスの仮面，現譯為《玻璃假面》）這兩部以英國為背景的長篇漫畫，受到了一些文化衝擊，雖然沒有因此特別去找英國文學來讀，但還是被激發了想去旅行的動力；又像是當時也很喜愛的《尼羅河的女兒》（王家の紋章，現譯《王家的紋章》），我覺得從國中時就開始看這種一套四、五十本的超長篇漫畫，其實是種閱讀養成，訓練我去閱讀劇情和人物都很複雜的故事，耐心等待世界觀和情節的發展、主線人物和支線人物之間的連結，那是很快樂的閱讀心境。

問：閱讀漫畫的經驗對您之後的創作有直接或間接的影響嗎？

答：這個經驗的影響是，我後來寫作和做影像時，會一直注意文字裡面的鏡頭感，就像漫畫分鏡的那種感覺；看小說的時候也都會用看漫畫的方式，去把文字內容影像化、畫面化，以作者的角度在腦中把角色的模樣形塑出來。我覺得故事和人物都精彩的漫畫，其實和小說沒有太大差別，所以我從來不禁止我的小孩看漫畫。而且漫畫有畫面的呈現，故事架構、人物個性都更具體，相較之下，即便小說作者對人物或畫面的想像很清楚，但和讀者的想像有時還是會顯出落差。

這幾年在原住民電視臺做影像時，我也經常思考文字和影像之間的關聯及落差：有很多部落的故事可以用影像說，但是很難轉換成文字，有些專題我寫了報導文學，後來要拍成影像卻也拍不出來。例如，曾經有個影像專題，是要描寫阿里山上的霧，我這樣唸給攝影師聽：「現在那個霧緩緩的飄起呀……越過了第一道稜線，第二道稜線是很清楚的，但第一道稜線已經在霧中慢慢消失了……」我的攝影師就和我說：「你告訴我怎麼拍？我拍不出來。」這就是很難去處理的、真實影像和文字之間的巨大落差。

問：您最早的發表經驗是？什麼時候意識到自己正在進行「創作」？

答：比較有印象的是國中、高中，尤其高中的時候我參加了校刊編輯社，就有比較大量的發表。

開始意識到創作，除了剛剛說的寫日記以外，也受到瓦歷斯・諾幹（Walis Nokan）和陳映真《人間》雜誌的影響。一九八五年創刊的《人間》雜誌，第一期就有關曉榮寫的〈百分之二的希望與奮鬥〉，報導基隆八尺門阿美族部落，反映原住民在現代社會中的處境，之後又詳細報導「湯英伸事件」與原住民青年問題，這些照片和文字觸動我，讓我發現到，原住民是應受關注的弱勢族群。而瓦歷斯・諾幹是當時原住民文學發展的先行者，他跨出純文學，投入原住民議題和社會運動的領域。受他影響，慢慢的我才從純文學開始意識到臺灣文學，又從臺灣文學中意識到原住民文學。

在九二一大地震之後兩年，我和瓦歷斯・諾幹離婚，回到部落住了一段時間，這些經歷也讓我持續在原住民文學領域裡摸索。

攝影：吳欣瑋。

問：《誰來穿我織的美麗衣裳》中描述許多部落與家庭生活的故事，探觸原住民女性與村落發展的社會議題，當時是為何而寫？

答：一九九〇年前後，瓦歷斯．諾幹常回到部落進行田野調查的工作，我也因為和他合辦《獵人文化》和臺灣原住民人文研究中心的關係，經常做田野調查，例如我們曾調查全臺灣原住民白色恐怖名單，並且訪問很多白色恐怖受難者的家屬和後代，那些被族人當成英雄的受難者在牢獄裡看起來好像很悲苦，但是更加辛苦的其實是在外頭照顧全家老小，守在家中的孤單女性，不但沒有受到照顧，還飽受外人歧視，甚至有些女性因為要肩擔家計去賺錢，而受到雇主騷擾和強暴，等到丈夫從牢獄放出來的時候，自己都不曉得該和丈夫如何訴說，這些可怕故事如果沒有被記錄下來，根本沒有人會知道。可惜後來因為九二一大地震，這些調查資料有許多都損毀了，研究和調查也因為我和瓦歷斯・諾幹離婚而沒有繼續進行。

當時做田野調查、身在部落現場，讓我可以迅速記錄故事、詢問耆老更深入的問題，留下了許多文字紀錄，一九九六年，我用累積小故事的方式，發表第一本散文集《誰來穿我織的美麗衣裳》，當時寫這方面著作的人不多，因此受到各方人士注目。接下來兩年，又陸續出版報導文學《紅嘴巴的VuVu—阿𡠄初期踏查追尋的思考筆記》（簡稱《紅嘴巴的VuVu》）和散文集《穆莉淡Mulidan—部落手札》。

開始寫《誰來穿我織的美麗衣裳》的時候，只覺得就是想寫，「我寫故我在」，沒有要藉由文章獲得什麼力量或達到什麼效果，也不會想說文章寫下來就一定要投到副刊或文學獎，藉此引起大眾注意，很多篇散文都是在「想寫」的狀態下產生的。從創作理念來談的話，我想成為讀者與文化的「橋梁」，讓更多人能進入我們的文化母體之中，因為了解進而和解，這對我而言也是一種紀錄和治療。

我不太做計畫性書寫，很少思考散文要怎麼架構，通常都是直接寫，散文集也不是事先架構好，而是一篇篇單篇文章的累積。常態狀況下，我每寫完一篇通常會沉澱兩三天，再回過頭去修，因為初寫當下可能正臨事件發生，有一些情緒感受很直接強烈，但不一定恰當，沉澱幾天再重新看，如果能修改太直接的措辭，做更恰當的緩衝，才會發表。

我的散文主體通常都是真人真事，所以不會用小說模式來操作劇情；也因為那些事情是真實發生，或者我曾在故事現場的關係，通常會照著時序去回想，頂多用倒敘、直敘，或第一支線、第二支線的分散發展，這都只是書寫手法的問題，毋須用小說的鋪陳或伏筆處理它，故事本身就夠精彩，只是要想辦法用文字表達。

問：《紅嘴巴的VuVu》又是如何完成的？

答：《紅嘴巴的VuVu》是報導文學，報導文學是在討論議題，相對比較硬性，需要預設「事件是怎麼發生的？然後接下來會怎樣？」有個對象指向在，需要去尋找資料、田野調查、回來消化，接著再次的田野調查、尋找資料、修正文章，目的是對外發聲，告訴社會原住民現在面對的處境。

同時，我也是抱著「我不寫，就怕遺忘」的心去書寫我外婆的故事。《紅嘴巴的VuVu》中與外婆有關的部分，很清楚地以我外婆作為軸心所延伸出來的，包含我母親、四個外公、和外婆一起長大的鄰居，所以不必特別安排故事的連結。除此之外的幾篇，多是議題先發生，我再採訪特定的對象，比較像是被動的記錄。我特別關注在部落裡，婚姻狀況與我相同的人；另外就是「二分之一」：原住民和漢人的混血。那時候，大部分「二分之一」血統的人都隱藏得比較深，要接觸不太容易，所以我雖然關注，也寫了一些，但數量不多，反而後來做影像時，比較常處理這個主題。

照片提供：Liglav A-wu。

和我同是晨星出版作者，曾出版散文和報導文學集《我在部落的族人們》[1]的泰雅族作家啟明・拉瓦，也是「二分之一」，我覺得自己和他寫的東西滿接近的，都因為自身血統而有類似的挫折或困頓。我有時候會深深感到，「二分之一」真的很難做事，一方面可能不被部落族人、甚至在部落的家人認同，另一方面也不被平地人接受，研究和寫作上有許多的內心掙扎，在族群認同裡流浪。像啟明・拉瓦他一直很想要回到部落去，他作為社會學、人類學工作者的專業也足夠支撐他的田野調查行動，但過程中卻仍然有許多人情上的阻礙，讓他深刻感受到尋根的困難，那不只是一般想像中的那種跋山涉水，更多時候是人心的距離。

問：後來怎麼會想寫《穆莉淡Mulidan—部落手札》？

答：我很高興自己有把《紅嘴巴的VuVu》寫下來、出版，在外婆過世之後我更加這麼覺得，也感受到很多故事會隨老人家重病或突然過世，就這樣消失不見，真的很可惜。所以寫完外婆的故事之後，我開始寫一些父親的白色恐怖記憶，最後也寫了母親的故事，就是我的第三本書《穆莉淡Mulidan—部落手札》。

母親和外婆在部落中，很明顯地有不同的命運，外婆是很自主的，母親則是很卑微的。如果去比較《紅嘴巴的VuVu》和《穆莉淡Mulidan—部落手札》，就可以看出氣氛的差異，也可以看出不同人物對於部落的記憶與情感表達的不同。

其實我書寫的過程都滿辛苦的，每每都像是在對自己內在的尋根過程做交待，寫《穆莉淡Mulidan—部落手札》時候也是相同的感覺，過去我很埋怨母親，但在書寫與回溯的過程中，我們彼此得到和解。

問：從《誰來穿我織的美麗衣裳？》到《祖靈遺忘的孩子》，您的創作狀態是否有所變化？

答：現在來看，會發現自己再也沒辦法寫出第一本、第二本著作時的文字了，熱忱不一樣，寫作目地的純粹度也不一樣，世故的程度也不一樣。

與責編討論時，我一度不想出版《祖靈遺忘的孩子》，當時相同類型新寫作品的質量其實還不夠，沒辦法編成一本書，所以這本書的前半部是從《誰來穿我織的美麗衣裳》、《紅嘴巴的VuVu》、《穆莉淡Mulidan—部落手札》裡面挑選出來的文章集結。我一方面覺得新作品不夠，對自己很難交待，又清楚這些年因為外務而沒有時間寫作，同時寫作模式正在修整、改變，新作品還不夠成熟，不想過早曝光。在這種狀況下，編一本半舊半新的書讓我內心很掙扎。編輯過程中看著新、舊文章的差別，自問對現在的文字比較滿意嗎？答案其實不見得，我的文字技術可能增進了，但熱情明顯不一樣，這讓我越來越害怕出版，而且我以前從來不會思考文字是否符合潮流、讀者喜好的問題，現在一本書出來，馬上就有文學評論家來對比你十年前和十年後的文字，這種壓力讓我寫了也不想出版，我現在的心情，比較接近想要單純的寫，不用面對輿論的壓力，然後維持自己初衷的那種感覺。

不過，現在原住民創作者書寫量不夠多、出書的太少，不像臺灣文壇新一代的出版量很大，不用擔心後繼無人，所以出版對我來說有一種使命感，我跟巴代（Badai）常會互相鼓勵，覺得至少要等著原住民新一代的創作者冒出來。這些都是我二十年前不會去想的事情。

問：您的創作曾面臨過哪些困難或挑戰？近十年間，您未發表新作，是否正著手新的創作計畫？

答：我的認同是原住民，但即便到現在，還是有人認為我的創作不應該被歸類在原住民文學，而應該被歸類在眷村文學或性別文學。我現在對這種質疑已經感到無所謂了，可是年輕時容易碰傷，面對外界質疑我「到底是不是原住民？」我雖然會覺得，「只要我認同我是原住民，誰能說我不是原住民？」但也會自我懷疑，我清楚自己「沒有在部落生活過」，所以有那種內在的薄弱，但那份薄弱激發了我去尋根、去做田野調查，至少在尋根路上面對質疑時，還能理直氣壯的說：「我有在尋根，我已經努力在學著做原住民。」

田野調查是件重要的事，我因為第一本書《誰來穿我織的美麗衣裳》的關係，回部落做很多田野調查，之後除了原鄉部落，也多次訪調父親的眷村，近幾年處理家族書寫的題材時，訪調的成果轉化為創作的寫作材料，讓我不用想破頭的去找靈感，也使我更加認識自身失落的血統。回部落做田野調查的時候，我最大的困難就是母語，因為不會說母語，語言理解的障礙變成訪談上最大的問題，但我很幸運，在田野調查的時候母親會在身邊，可以請她幫忙即時口譯老人家的故事，當然有時候也會遇到無法翻譯的狀態，例如較古老的族語或古調，這些沒有辦法翻譯成中文的狀況，我只能大量地依靠形容詞，盡量趨於真實描述，或乾脆不寫。

原住民的內部矛盾也很難處理，有時候本來是要去關注一個議題，卻反而挑動部落派系的鬥爭，即便你已經盡量保持中立了，還是會被罵、被反對。自己部落的狀況很難談，因為你的家族都在那邊，很難不涉及熟識的人；談別人部落的狀況時，又會被當成外人，會叫你不要管。部落派系的問題就像是隱性地雷，可能一個事件就同時涉及不同勢力間的角力，你永遠不知道地雷何時會爆炸？一不小心會得罪哪一邊？去採訪都要小心翼翼。

報導文學時常就是要把事情詳實寫出來，然後準備被罵，雖然無力但很重要，在往現代化、漢化、國際化的路上，每個世代都要有人去寫，歷史才能釐清。

再來就是，大部分男性作家其實都比較有餘裕，不必擔心家庭，可以無後顧之憂的創作，這個問題是在社會結構而非創作上，家庭分工的不均成為女性創作者的限制：許多現代女性除了工作之外，還要照顧家人生活起居，在書桌上拿筆的時間少於男性，造成創作條件上時間成本的差異。臺灣在線的女作家有不少未婚或是晚婚，許多原住民女性作家也都是有家庭的，少有空閒的時間創作，有家庭在背後全力支持創作的女性原住民作家，更是難得看到。

至於新作，我近幾年集中書寫父親的故事，想要完成長篇小說，目前累積二十五萬字，在進入結尾五萬字的篇章時難產到現在仍未完結，有時是靈感一來，書寫鋪陳迅速完成，反而結尾不知道要怎麼收束。除此之外，我也會抽空寫一些散文、報導文學，但還不想發表，或是同性質的文章數量，還不足以成一本書。

問：從事文化研究或原住民相關的社會參與，對您的創作帶來什麼影響？

答：我感覺比較像是在田野紀錄與尋根的過程當中，了解很多部落的情況，發現文化凋零與漢化問題，害怕在接觸的途中文化就消逝，無法袖手旁觀，又看到沒有人做，等於是被迫積極去參與文化復振。因此，雖然我對自身的定位是作家，但不得不去動手落實介入。

我認識許多專職寫作而完全不介入的作家，他們怕文化工作瓜分掉太多創作時間；也認識更多文化工作者一直無法進入書寫，即便故事涵養豐富也無法成為作家。我算是卡在兩者之間，眼見部落文化衰頹的現象，然後不得不去書寫。這是我的兩難：寫作時無法落實文化復振，內心又感到不能置身事外，對心神的影響實在太大。

問：二〇一六年十月中旬，法國JENTAYU出版社在巴黎鳳凰書店舉辦臺灣文學專刊新書發表會。以法文翻譯了好幾位臺灣作家的著作，其中也包含您的作品，關於原住民文學的譯作，您認為能帶給外國讀者什麼？

答：如果我沒有記錯，當時是兩位法國裔的翻譯者找我，想要翻譯我的著作〈眷村歲月的母親〉，我在兩位之中選擇靜宜大學臺文所的碩士生Sabrina Corinus來幫我翻譯，我曾經在靜宜大學待過一段時間，擔任駐校作家，這也是一種機緣成熟。

我的作品曾經授權給不同國家翻譯，諸如日本、法國等等，只有中國沒有答應授權，因為授權同意簽下去之後，他們有絕對的刪改權，作品刪刪改改下去，不曉得還適不適合閱讀？雖然我還是看到了簡體字版本的作品。

但是，翻譯作品是一件很神奇的事，同樣是語言轉換，族語翻譯成中文，中文翻譯成外文，要克服的問題有很大的差異；經過一層一層的轉換，文本內容也容易產生偏差，一定程度上讓原先的表達失真，而臺灣現在也缺乏能夠將族語直譯成外文的人才。我本身不懂外文能力不強，多數譯作我不太能讀懂，也無法確認譯後的內容，我曾經看過翻成英文的譯作，光是看篇名，就有「篇名是這樣翻譯的嗎？」的感覺，但也不知道能否質疑專業。即便像是日本的翻譯者來臺灣拜訪過好幾次，殷切希望盡可能走過一遍在我作品中出現的每個場景，但翻譯出來的日文譯作、日本讀者會有什麼樣的想法，我都抱持保留的態度。

問：對您而言，臺灣有哪些原住民文學作品，在族語書寫及華語書寫的實踐上是有重要意義的？

答：談論原住民文學書寫，大多都會提及莫那能（Malieyafusi Monaneng）、拓拔斯・塔瑪匹瑪（Tuobasi Tamapima）的《蘭嶼行醫記》，或是大部分人熟知的原住民文學作家是夏曼・藍波安（Syaman Rapongan）、瓦歷斯・諾幹，以及現今活躍著的巴代，但很少去談論研究型的書籍。浦忠成（Pasuya'e Poiconʉ）老師的著作《臺灣原住民族文學史綱》[2]，是第一本專為原住民書寫的文學史，我做研究的時候想要收藏，但是一直找不到下冊，網路上搜尋只看到上冊，剛好某次參加活動遇見本人，便直接詢問：「為什麼一直找不到《臺灣原住民族文學史綱》的下冊？」浦老師回答：「因為又有新的原住民文學書出版，我想把新資料補上，所以就請出版社先不要再印刷。」但怎麼補得完？原住民文學書陸續出版，不斷增訂是很費心神的。另外，魏貽君老師的《戰後臺灣原住民族文學形成的探察》[3]我也覺得很重要。

還有，《臺灣原住民文學七書》[4]則收錄了具代表性原住民小說、散文、詩歌與評論，也是重要的整理。這個大型出版計畫當時是孫大川（Paelabang Danapan）老師主持的，他不只是在原住民文化上推展，同時也是監察院副院長，說實際一點的，他比較知道要怎麼從公部門取得協助，對這種大型的出版計畫來說，公部門的支援是不可或缺的；他同時也是山海文化雜誌社的創始人，所以很適合計畫統籌。

近年巴代他們在做的「卑南學」，以學術研討會的形式，固定邀請研究者一起來參與卑南族文化的研究，和族人共同奮鬥，讓族人重新去理解、整理自己的文化，他們也不只是做文學，文化本來就不會只有文學，歷史、傳統信仰、族語教育、傳統醫藥等等領域都有涉及，也保留許多少人書寫、更少人能寫的原住民口傳文學。這兩年排灣學也慢慢有一些成果，其他族群則令人期待中。

問：您認為往後幾年的文學環境可能會有什麼樣的改變？對下一代的創作者有什麼建議與期待？

答：對我來說，目前最大的困難與憂心，是原住民文學的年輕寫作者很少，有些族別的寫作者是滿多的，但像是邵族這樣人少的族群呢？不只年輕的寫作者少，原住民文學的出版量也不多，雖然過去晨星出版社大量出版原住民文學，山海文學獎也推出不少原住民寫作者，但還是太少。

我長期擔任山海文學獎評審，所以這幾年一直觀察山海文學獎當中，二十五到三十五歲的這個世代。每年山海文學獎最痛苦的事，就是看到很多作品只是為了參賽而寫作，有點像是祭典觀光客，或回部落過年幾天順便做的「田野調查」，看到一些部落現象便簡單的寫下、抒發情感，我一直不認為這樣的人是創作者。這些僅只回部落兩、三天，但因為具備原住民身分而符合比賽資格的人，為了參賽硬把生活和原住民做連結，又因為文字技巧很純熟，能把一篇觀光客內在的遊記寫成原住民文學的尋根，如果這種不誠實的作品數量越來越多，下一代的原住民文學狀態會很可怕。

但我仍期待，有志於原住民文學的新一代認為的原住民文學是什麼樣子？期待新一代原住民創作者能提出自己認為的原住民文學。那些在都市長大、沒辦法回去部落參加祭典、沒有生活經驗的青年們將要書寫的是什麼？和非原住民書寫的差別又在哪裡？新一代的原住民文學青年會呈現什麼風貌？我更想知道現他們會發展出什麼樣貌的原住民文學。像我女兒麗度兒二〇一七年參賽的那篇散文〈謊〉，主題是泰雅族的同志，寫泰雅族同志的不被接受，從生活教育裡就明擺著，放假回家，阿公阿嬤會告訴妳：「妳讀的是女校喔！妳要小心不能喜歡上女生，那是傳染病！」因為牽涉到族群，所以她的作品和非原住民、或臺北這種大都會的寫作者寫的同志議題完全不一樣；那也屬於新世代的書寫風貌，因為我這一代不太會寫同志，這個議題在我們那時代非常隱晦，而新世代可以公開寫。尋根也是一樣，新一代即使寫尋根，也和我們那一代的尋根不會相同，會比較集中在寫偶爾回去部落受到的心理衝擊，那裡面的矛盾、掙扎。

直至今日，原住民的定位仍然困難，原住民文學也是個大哉問，血統是原住民，但寫作內容和原住民無關，我們該如何看待？或若是遇到作品內容符合原住民觀點和經驗，但寫作者血統上並非原住民的狀況，又該如何看待？單純就山海文學獎而言，只要血統是原住民，不管寫什麼都算是原住民文學，那是無可抗拒的趨勢；但想看不在部落長大的小孩，在社會上能否持有原住民觀點，又會像是一種苛求。

在眾多的寫作者裡面，必然有孩子以自身族裔血統為榮耀，也曾遇過只在參與比賽時說自己是原住民，拿完獎金什麼都不是的寫作者。所以我覺得，單以血統去定義，會顯得狹隘，至少在這條路上，要有自己對於原住民文學的看法比較重要。

編註

1 啟明・拉瓦（趙啟明），《我在部落的族人們》，二〇〇五，臺北：晨星。

2 浦忠成（Pasuya'e Poiconʉ），《臺灣原住民族文學史綱》（上），二〇〇九，臺北：里仁書局。

3 魏貽君，《戰後臺灣原住民族文學形成的探察》，二〇一三，臺北：印刻文學。

4 孫大川等，《臺灣原住民文學七書》，含《臺灣原住民小說卷》（上）、（下），《臺灣原住民散文卷》（上）、（下），《臺灣原住民評論卷》（上）、（下），《臺灣原住民詩歌卷》，二〇〇三，臺北：印刻文學。

＊ 書籍封面提供：女書文化、前衛出版。

1969
出生於屏東縣屏東市。幼年時居於屏東市區眷村（1969-1979年），10歲時全家移居臺中北屯區（1979-1982年），後又移居臺中縣梧棲鎮。

1975｜1979
就讀屏東縣屏東市大同國小，
後畢業於臺中市松竹國小。

1980｜1983
就讀臺中市北新國中，
後畢業於臺中縣沙鹿國中。

1983｜1986
就讀臺中市立大甲高中，
1986年高中畢業，同年大學聯考落榜。

1987
結識瓦歷斯・諾幹。

1988
與瓦歷斯・諾幹結婚。同年8月，父親過世，
母親攜小妹返回屏東縣來義鄉布朱努克（Bustuluk）部落居住。

1989
與瓦歷斯・諾幹共同創辦《獵人文化》，
為臺灣第一份原住民自辦人文刊物，1990年6月出版創刊號。

2016	任原住民族電視臺專題記者至今。
2015	就讀東華大學華文文學系碩士班創作組。
2007 | 2017	任原住民電視臺節目《部落面對面》、《部落大小聲》主持人。
2006 | 2010	任靜宜大學臺灣文學系兼任講師、駐校作家。
2005 | 2006	任中華民國國民大會代表。
2001	與瓦歷斯・諾幹離婚。
1992	《獵人雜誌》停刊，改組成為臺灣原住民人文研究中心。

1996

6月，散文集：《誰來穿我織的美麗衣裳》，臺北：晨星。9月，編著《1997原住民文化手曆：族群．土地．尊嚴》，臺北：常民文化。

1997

編著《臺灣原住民人文年曆》，臺北：常民文化。
5月，報導文學集：《紅嘴巴的VuVu—阿媯初期踏查追尋的思考手記》，臺北：晨星。

1998

12月，散文集：《穆莉淡Mulidan—部落手札》，臺北：女書文化。

2015

獲第十四屆賴和文學獎。

2005

6月，繪本：《故事地圖》，阿緞繪，臺北：遠流。

2003

12月，散文集：《祖靈遺忘的孩子》，臺北：前衛出版。

專訪吳明益

採訪、整理、撰文／沈明謙
照片提供／吳明益

前言

卡夫卡（Franz Kafka）在寫給童年好友奧斯卡．波拉克（Oskar Pollak）的信中說：「一本書必須像一把斧頭，能擊破我們心中那片冰封的海。」[1]當一個認真踏實的作家，將自身經驗與想法不斷琢磨、冶煉，孕生出那本能夠震撼、感動人心的書剎那，就彷彿是赫菲斯托斯（Hephaestus）從炎與鐵漿流溢的火山口，取出那把劈開宙斯前額、將智慧之神雅典娜帶至人世的斧頭。

透過閱讀那些不斷擾動、錐刺我們的心靈，挑戰我們長久以來因習氣、環境、學習歷程、家庭觀念、文化滲透、社會價值而形塑、用來局限自己的廣袤冰洋時，我們是否曾經停下動作，想想那個以無比耐心設計、鑄型、研磨出冰斧的造斧人，為何創造、如何錘鍊出這本瓦解我們寒酷心海的書？又是誰、哪本書，第一次給了他劈開內心冰洋的斧與勇氣，讓他遠航到故事所在的世界，採集編纂我們手中的書所需的素材？

對吳明益來說，他所書寫的素材，似乎都來自那早已不存在的中華商場，來自他一足一履親身探索山林溪流古道的經歷，來自他眼眸所見、鼻翼所嗅、肌膚所觸、思慮所及的種種，以及魂魅潛沒、開啟窺探的境域深處。與其說他是以故事迷醉人心的魔術師，不如說他是沉默的鍊金士，憑藉各種平凡常見的素材混雜融合，鍊成擁有生命的人，讓故事裡的人在時間之流中演繹生，經驗老，感受病，邁向死。

在閱讀吳明益的臉書與訪談時，總能體察他對小說的愛，對作品的自信，與對這片土地曾經存在、未知的歷史和物事的好奇與熱情，彷彿探查得知這些被隱沒、掩蓋的昔日物事，就能更接近謎團的核心，就能破解那些諱莫若深的懸案。

訪談中，吳明益提及，曾經請車友判讀一張照片中的單車款式，對方居然僅從剎車以及其他細微的地方，就判斷出那臺單車是進口的，讓他詫異不已，「**推測的過程很像偵探在辦案。**」吳明益帶著滿足的笑容說。

然而，對讀者而言，閱讀《睡眠的航線》、《複眼人》、《天橋上的魔術師》和《單車失竊記》，又何嘗不是投身迂迴曲折的謎團？在閱讀的過程中，我的內心總不斷浮現各式各樣的疑問，希望能透過頁數的前進獲得答案——長久浸潤扭曲我們心神的教育體制幽靈緩緩伸出手爪，向小說作者索取標準正確的人生解答——但人生並沒有確切的答案，吳明益的小說留給讀者的，也往往是開放的結局。

真實的人生，僅能靠我們探索、追尋，一步一步走到終幕的時刻。

吳明益的小說，並非由虛構之人在離開現實而存在的夢幻之境搬演的悲喜劇，而是宛如有血有肉的人經歷的生活片段，我們在閱讀時，或旁觀或參與他們的人生，或讓他們在我們胸膛方寸落土扎根，成為偶爾掛念思忖的人。

為什麼想要寫小說呢？我好奇地問。

吳明益引述卡爾維諾（Italo Calvino）《在美洲虎太陽下》所說：「促使我寫書的動力始終是某個你很想認識並擁有，而你卻沒有或遺漏掉的東西。」[2]，然後說道：「我通常是寫了之後，發現我缺少什麼東西，所以我去追求。也就是說，我們是為了那個未知的東西去寫。」

原來如此，我想我懂。每次重讀吳明益的小說時，我總懷著是否錯過那些我懷念的人的人生細節的想法，而更加細緻緩慢地咀嚼一字一句；期待閱讀吳明益的新作，走進他以文字術式構築的未知世界，期盼在字裡行間，得知他們的消息，安棲其間。

訪談

問：您何時開始喜歡閱讀？各階段的閱讀經驗和書籍取得管道為何？

答：這永遠都得從個人經驗，和當時的大環境談起。我國小六年級的時候，是大眾傳播媒體還沒有那麼強勢的時代。電視剛開始普及，但無論電視還是電影，都還沒有強大到可以將讀者全部都拉走，所以對小時候的我來說，閱讀依然是獲得知識很重要的方式。

我們家一開始只是間賣鞋子的小店，沒有地方可以放書，所以不可能買書。後來，據說是我三歲左右，在商場的三樓租了一間房，才有地方可以放我哥哥、姊姊買的書，以及和爸媽分開睡，有了偷看書的時間。

國小、國中的圖書館對我的閱讀經驗並沒有幫助：印象中我念的國小根本沒有圖書館或者規模很小，而我念的國中，是像永和國中這樣的學校，老師完全不會給你機會讀課外書。我哥哥、姊姊他們，也是到了高中、大學的年紀，才開始讀課外書。我們住的地方買書非常容易，附近就有舊書店，和牯嶺街、重慶南路距離都不遠。

因為跟兄弟姊妹年齡差距比較大，以致於我有機會做跨年齡的閱讀。所以國小時，我沒有童書可以看，讀的都是我哥哥姊姊他們當時買的書，那些書對我來說是啟蒙讀物。他們買的書有兩大類型：一類是路邊攤買的，紅色厚紙封面、硬殼書皮的盜版書，有古典文學，也有西方的小說，像《飄》、《基督山恩仇記》；第二種是當時流行的書，比如說，我在我哥的書架上看過王尚義《野鴿子的黃昏》、卡內基（Dale Carnegie）《人性的弱點》、史賓格勒（Oswald Arnold Gottfried Spengler）《西方的沒落》等等。

中學的時候，主要讀的是我哥我姊租的科幻小說、武俠小說和言情小說；高中的時候，取得書籍的管道還有圖書館，成功高中的圖書館，對我影響滿大的。大學的時候，志文、遠景都各自出版了世界文學系列，我會挑比較厚的來看，比較有成就感，例如《白鯨記》、《憤怒的葡萄》；薄的當然也會看，比如史坦貝克（John Ernst Steinbeck, Jr.）的小說《人鼠之間》，我看的是袖珍版。

問：您曾經寫音樂專欄，也喜歡聽音樂，可以請您談談音樂與創作之間的關係嗎？

答：音樂對我來說很重要。當我還很小的時候，我哥他們已經十七、八歲，青春正盛，他們幫忙顧店時，很喜歡聽當時的流行歌。鞋店一定要放音樂，不然會讓人感覺很冷清，會沒生意。五、六歲的我，身處在流行歌的氣氛裡，他們放什麼，我就聽什麼。當時商場有不少唱片行，像哥倫比亞唱片、佳佳唱片，都會把音樂放得很大聲，走過就會聽到各種流行歌曲。

後來商場拆了以後到士林開店，店面變大了，我哥就買了音響，有了音響，我二哥就買黑膠唱片，不再買卡帶。我們鞋店旁邊的二樓有一間唱片行，當時小有名氣，現在已經不在了，叫做弦音唱片，老闆個性很怪異，會推薦一些音樂。這間唱片行對我聽音樂影響很大。

我覺得音樂對創作的重要性在於它能標示時代氛圍。當小說裡出現某一首歌的時候，那個時代的聲音就出來了。其次，活在臺灣，很難找到不放音樂的地方。我高中以前喜歡聽軟調的流行歌曲，不可能去聽古典樂，爵士樂更不可能，搖滾樂聽不下去。到大學的時候，我的同學很多奇人異士，他們有的愛聽搖滾樂、有的聽爵士樂，當時就聽得很專門，會建議我聽這聽那。那時候大家都會聊到自己喜歡的音樂，覺得自己跟不上同學很丟臉，所以我才開始聽搖滾樂，然後慢慢喜歡上搖滾樂。我現在上流行音樂課的時候，有同學也會覺得這個音樂我不愛，但是我不是要你愛它，而是希望你了解它在世界上扮演過的角色。音樂是屬於某一個時代的聲音，它陪著一代的人長大。所以你要聽，要去思考音樂的文化與時代的關係。創作者不能只聽少數的聲音，或只聽喜歡的聲音，他要聽時代的聲音。

而且音樂有很明確的階級性，會帶我們認識社會的現象。像我在《天橋上的魔術師》寫到John River，最主要還是因為當時英文流行樂剛進到臺灣，只有在俱樂部或piano bar才聽得到；後來我們聽得到，是因為唱片行的關係，如果沒有唱片行，像我們這種經濟階層也不容易聽到。我上流行音樂課時，跟同學說，國語歌曲寫到風塵女子的歌很少，相對之下臺語歌就很多。流行音樂也跟場域、工作都有關，譬如港口的歌，你可以把國語和臺語關於港口的歌放在一起，就可以感受到那種階級性的差異，同一個港口，對不同社會階級的人來說代表的意義不同。

問：您何時開始創作？

答：小時候我的作文成績比較好，所以常被派去參加比賽，因此內心產生一種誤解，好像寫作是我比較在行的事。念成功高中時，學校有文學獎，新詩、散文、小說三項我都有參加。在參加全國學生文學獎之前，我也投過救國團主辦的《北市青年》、《幼獅文藝》等刊物。全國學生文學獎，則是我高二、高三時參加。但我一開始並沒有文學夢，對我而言，比較重要的養成時期是大學，我終於脫離高中時的懵懂無知，接觸到真正的文學、藝術。我大學念的是大傳系廣告組，當時系上老師都愛放藝術電影，看多了，我才對文學、藝術略有感受。我開始覺得，創作是一條可以走的路。

問：您寫作小說時，一開始就清楚知道這本小說的內容與方向嗎？

答：我覺得是慢慢浮現，或是自己去經驗、體驗類似的歷程。像寫《單車失竊記》時，我覺得某些人收集古物，一定有什麼樣的理由，但那時的我還不懂、無法理解。我不懂收集古物的樂趣和文化性在哪。但經過那麼長的寫作時間後，我慢慢理解。像當時一位車友告訴我：「這張照片中的車，是有錢人在騎的喔。」我問他為什麼？他說，因為這個車桿上有包泡棉，表示他要載女生，讓女生坐在橫桿上。那張照片非常模糊，只能大概看出車子的形狀，可是他從煞車的形式，以及其他很細微的地方，就推測出這輛車是進口車。既然是進口車，那這輛腳踏車的主人，身分當然就不一樣了。推測的過程很像偵探在辦案。

所以我在寫作時，一開始可能會隱隱約約知道有什麼想寫的人、事，物件或互動關係，或是以某個物件做開端，剛開始可能只是一種膚淺的象徵，可是一旦對相關的知識有了深入了解，就會思考、想像到非常立體的事物，以及時空背景與當時環境的各種細節……等等，最後就好像真的走在那個時代的街道上，你故事裡的街道上。

問：您出版的第一本作品是短篇小說集《本日公休》，創作的動機為何？為何選用短篇小說的形式？

答：想成為作家這件事情，是很多人寫作的初始動力。《本日公休》大部分的篇章，都是想成為作家而寫的。我假裝很有人道關懷，我假裝很溫暖，我假裝同情一些事情，或許不能說是假的，但有部分的情感確實是「造」出來的。那些小說寫來投稿，希望有人覺得我寫得不錯。

現在說自己支持某些議題很容易，因為跟過去相較，比較容易找到同溫層。但如果有一天，你處在山窮水盡的局面，或者進入到思考相對深層的地方，原本和你共同組織運動的同伴與你意見相左，你受了傷、遭受打擊，但還是撐下來了，

為那個議題奮戰，這才是真的。口頭說愛常是虛假的，《本日公休》裡的部分篇章就是這樣的情形，它停留在口頭說愛的層次。我當時並沒有真的愛中華商場的這些人，所以寫得不如《天橋上的魔術師》深刻，十年的時光讓我能夠好好的愛這群人。

問：《迷蝶誌》是主題一致的散文集，創作動機為何？

答：《迷蝶誌》中的早期作品也是為了發表而寫的。會集結成《迷蝶誌》，一方面是我寫散文，也喜歡看蝴蝶。散文既然是寫個人經驗，蝴蝶也就成為我書寫的主要題材之一。《迷蝶誌》出版之前，我只寫了四、五篇關於蝴蝶的散文。當時我有一本廣告評論的書正在編輯，但我的編輯覺得太過困難、做不下去——那本書需要廣告公司授權廣告影片，否則讀者讀起來會莫名其妙。但取得授權得花費很多時間和錢——所以她問我有沒有別的文章，我就拿了當時僅有的三、四篇關於蝴蝶的散文給她。那三、四篇幾乎都是文學獎得獎的散文，她覺得不錯，於是我花了半年的時間將整本書增補完成。

現在回過頭想，我發現年輕時很多事情都是建立在欲望上：成名的欲望、被別人看見的欲望。年輕的時候很難面對這樣的欲望，既知道它存在又想隱瞞。但有一天你不再覺得坦承這些欲望丟臉，才可以輕鬆地說，而不會尷尬。當坦然承認的時候，就表示你已經將其中的一部分放下了。不過我喜歡自然、喜歡蝴蝶，這是真的。寫作《迷蝶誌》時我正在念博士班，課很少，到野外的時間很多，那段時間真的很快樂。

問：怎麼會想寫作《虎爺》？您覺得和過去作品相比，它們的差異是什麼？

答：我覺得當兵對我的影響很深。當兵整體而言就是人生突然間進入了一個畸形的空間：那裡性的欲望是畸形的、權力的欲望也是畸形的。所以《虎爺》裡面寫很多當兵的事，我現在回頭看，也覺得寫得還可以，我認為它比《本日公休》真誠。

當然當兵不是愉快的經驗。軍隊的制度、空間容易讓人的心理扭曲。比方說因為沒有成就感，所以時時刻刻想偷懶，時時刻刻想貪一點好處，多吃一隻雞腿、多吃一顆饅頭也好。加上長官刻意讓你屈服的責罵，當兵確實會讓人覺得自己變得很低賤、不高尚。大概只有參加裝檢或競賽時偶爾會有一種榮譽感，因為人是群體動物，內心競爭的欲望會被激起。

但是當兵真的會遇到很多不同階層的人。有人會說，我們一生不是都能遇到很多不同階層的人嗎？那是不一樣的。我們當兵遇到的那個人會睡你下鋪，會接你的衛兵，你要跟他一起去打飯，你要跟他一起丟垃圾，有時候你跟他兩個人一起出勤。這是不一樣的。你可能跟一個曾犯下搶劫罪行的人，

一起睡了整個役期，這種事你平常怎麼可能遇到？所以我覺得當兵這件事情，對一個小說家而言是有意義的經驗。還好我有當兵，而且我當的是比較辛苦的兵。我才開始一點點理解另一種人和他們的人生。也許有人不用經過這樣的經驗就懂得理解不同命運的人，但我需要。

風格上，寫《本日公休》時我還是素樸的寫實主義者，寫《虎爺》時變了，有一些自然的魔幻氣息加入。不過那並不是因為讀了南美的魔幻寫實作品。〈虎爺〉、〈複眼人〉中的魔幻是我自己人生的經驗，比如說當兵的經驗、野地的經驗。魔幻寫實和文化、生活經驗有關，它不只是文學上的模倣。

曾經有一個中國交換生跟我說，他讀莫言的魔幻寫實，覺得很親切，可是他覺得讀馬奎斯很魔幻，讀莫言對他而言不太魔幻。我想那是因為他本人就居住在接近莫言書中描寫的地方。中南美洲的人讀中南美洲的魔幻寫實，也會覺得很尋常吧？過去排灣族有室內葬的傳統，所以祖靈出來跟我講講話，好像也不是太難理解的事。比如說虎爺降臨，對歐洲人來說可能會覺得：「這很魔幻！」但我媽就會說：「這常有的事啊。」對創作者來說，讀魔幻寫實的小說與理論，當然有助於理解魔幻寫實的寫作技巧，但不保證你能因此進入、創造出自己的魔幻寫實。因為魔幻寫實一定要根植於文化，根才扎得深，才能寫得長遠。光是用小說理論來寫，是寫不好、走不遠的。

問：《蝶道》是《迷蝶誌》的再延伸嗎？

答：《迷蝶誌》寫得不好，所以我決定寫《蝶道》。寫《蝶道》時，我踏踏實實讀了一些相關的科學書籍，發現科學是人類很獨特的一種能力：歸納、分析、提問、解決。科學知識是結構性的，分類學是一個樹狀圖，化學分子就是萬物的組成。我曾想過，為什麼我那時代讀的臺灣散文，多是集結專欄編成一本書，卻感覺沒有結構呢？當然專欄有個題目，不過編成散文集時卻顯得骨幹鬆散。

所以，寫《蝶道》時我是很有規劃的，結構性地分成上、下兩卷。上卷是眼、耳、鼻、舌、身、意，稱為「六識」；下卷「行書」，既是走路時寫的，又暗指內容像書法行書般的姿態。此外，書裡所有的標題都是複義的，包括「蝶道」這個書名，既可以說是「蝶之道」，道既是通道的意思，是生物學上的一種蝶類遷徙現象，也可以說是哲學裡的「道」。這些標題，也常跟我當時閱讀的一些作品有互文關係。像〈在寂靜中漫舞〉與電影《在黑暗中漫舞》（*Dancer in the dark*）[3]互文，〈死亡是一隻樺斑蝶〉則和《星星、雪、火》裡的〈死亡是一隻雲雀〉[4]互文。

問：散文集《家離水邊那麼近》和長篇小說《睡眠的航線》的創作歷程為何？怎麼會想同時進行創作？

答：這兩本書我都在家裡寫的。那時候東華大學讓我留職停薪。以河流為主題是因為某

一天我被溪水的光影吸引，我記得在《家離水邊那麼近》的〈序〉裡有提到。我開始步行、溯溪、記錄，讓我在《蝶道》之後又獲得新的寫作動能。兩本都是和水、水流有關的生命史，一本是以生態為主的，一本則試著追溯社會、歷史的記憶之流。我很清楚要寫這兩本書，所以很規律的寫。寫作的時候，我可能前兩個小時寫這本，寫倦了，就寫另外一本。一天中兩本交替寫。

《家離水邊那麼近》分三篇來寫：〈家離溪邊那麼近〉、〈家離海邊那麼近〉、〈家離湖邊那麼近〉。我當時只有一個目標：我要這本散文集，一句話念起來像詩，十萬字一起念也像詩。至於《睡眠的航線》，我心裡只有一個想法：把它寫長就好了。因為在此之前我沒有寫過長篇，所以我想把這個故事寫長。

《睡眠的航線》中，高座少年工[5]三郎是以我父親為原型的角色。「高座同學會」就是這群在高座海軍工廠的少年工回到臺灣後，一年一度的聚會，我爸爸曾經帶我媽媽去過一次。我父親過世後，每一年還是會收到「高座同學會」的邀請函，他們不知道我爸爸過世了，所以還是一直寄來。後來我為了寫這本長篇小說去訪問他們，一問之下，才知道那段歷史影響了這些少年的命運：不是全部的少年工都回臺灣，有的人就留在日本，有的跑去韓國，有的去中國。他們經驗上的歧異性，有助於我重構這個以我父親為原型的角色，讓他變得越來越不像我父親。你必須去找到這些有共通經驗、又有歧異的例子，比較容易讓你的角色不會太黏著於現實的人物上。

問：《複眼人》中的瓦憂瓦憂島是怎麼萌生的呢？當初為何會想寫這樣的故事？

答：當初是因為讀了一些人類學著作，像臺灣大家最熟悉的人類學家李維史陀（Claude Lévi-Strauss）的作品，他也被認為是結構主義的重要人物。結構主義會把世界的萬物萬象，歸納後去思考彼此間的互動關係，把人的行為跟各式各樣的社會組織合併在一起認識。就像我在小說裡建構瓦憂瓦憂島的歷程，從簡單到複雜，從個人經驗到部落規範，都得透過小說之筆表現出來。同時，歷史上人類對比自己弱勢的族群是毫不留情的。我也想寫一個像斯威夫特（Jonathan Swift）《小人國遊記》（*A Voyage to Lilliput*）那樣異文化遭遇的故事。奈吉爾・巴利（Nigel Barley）[6]的著作也影響我很大。

問：您為何想要創作以攝影為主題的《浮光》？

答：一直以來，我寫散文的速度比寫小說快。可是漸漸發現有人散文寫得很好，但是寫得不快，比方像陳列的作品，因為裡頭字字是生命真實。另外有一類散文，得做研究才能

下筆，比方說黛安・艾克曼（Diane Ackerman）[7]為了寫地球上特殊生境的生物，那必得上山下海，到極地去親見那些生物，怎麼可能快得起來？因此我覺得這種寫作方式值得學習。寫《浮光》時，我已經在大學教書一段時間了，我也想要給學生看另一種散文的實踐方式。而因為《單車失竊記》預計有一個人物是攝影家，我便開始閱讀攝影的相關著作。一讀之下沉迷了，而且我自己有二十年的拍照經驗，便抓住了自然與攝影這個脈絡，一邊讀一邊寫。

寫《浮光》時我崇拜的書寫者是約翰・柏格（John Berger），倒不是蘇珊・珊塔格（Susan Sontag）。當然，我寫出來的作品距離這個目標還很遠。

我寫《浮光》另一個目的主是給自己的人生交代，但是我不要寫一本傳統的散文，寫我十八歲、十九歲的人生經歷。我並不是什麼人生歷程特殊的人。我們青春時期，不都很討厭聽爸爸媽媽說他們的過去嗎？為什麼當我們叨叨絮絮地講時讀者就得接受？所以我試著用摸索了二十年的攝影，從童年交代到現在，也因此，還得有個更大的歷史作為支撐。這個更大的歷史，就是攝影史。只是，比較少讀者注意到，《浮光》所寫的攝影史，是有主題的攝影史——書裡每一篇文章都跟生態有關。我講人物肖像的同時，也提到為什麼能將動物的身影凝定下來——那是因為相機的快門變快了。當你有紅外線攝影，才能拍到夜間的動物；有望遠鏡頭，才能拍得到星球；有顯微鏡頭，才會發現肉眼看不見的美麗世界。由此，美學才能拓展。簡單地說，我就是把過去攝影常強調人和相機之間的關係，延伸到生態議題。

問：《天橋上的魔術師》的故事題材是從何而來呢？

答：《天橋上的魔術師》是二〇一一年我演講時跟讀者們說的故事，同年我剛好在學校開小說創作課，就在課堂上將故事全部講完。後來，我用了一個暑假將故事全部寫完，接著出版。

中華商場給我的養分，可以讓我寫二十個、三十個故事都沒有問題。這本小說裡面，我抓住兩條線索，一是中華商場這個特殊的空間，一是裡面的角色都是孩童。抓住這兩條線索，我就開始講故事了。我說的故事都是從很特殊的生命片段開始。

曾經有同學問我：「為什麼《百年孤寂》要把家族史寫得這麼破碎？比如說，你不覺得《紅樓夢》很嚴整嗎？」我說，很嚴整的家族史都是重構之後的作品。但是實際上，你認識的家族是這樣的：你在餐桌上聽到阿嬤的故事；或是跟爸爸吵架後，從姊姊那邊聽到爸爸年輕時的故事。它是補綴起來的。所以對馬奎斯來說，他是抓取他聽過的故事中神奇的片段，像長著豬尾巴的小孩、下了四年的雨，這些東西會變成閃閃發亮的東西，你不能放棄，它放在那邊，就會長出大的故事。

《天橋上的魔術師》就是從一些小片段開始的。很久以前，中華商場有個小孩搞丟了，找不到，事情傳遍整個商場，大家就像自己的孩子丟了一樣著急，這個片段成了〈九十九樓〉；在我小的時候，中華商場真的有個女孩，被她男朋友謀殺。對一個孩子來說，一個姊姊就這樣不見了，怎麼死的？她的死帶給了周遭的人什麼樣的衝擊？就成了〈強尼．河流們〉。還有一戶人家發生火災，全家人都死了，就剩一個小女孩和長長建築裡一個黑黑的洞，那個畫面就成了〈石獅子會記得哪些事？〉。這些種子早就在了，只是要把種子變成小說，多少還需要一些技術以及時間去醞釀。

問：為什麼會想寫《單車失竊記》呢？

答：寫《單車失竊記》的動機，我在後記寫了，就是有個讀者問我《睡眠的航線》裡父親的單車到哪裡去了，所以我寫《單車失竊記》回答這個問題。倒是收集腳踏車這件事徹底改變我。看書、找資料這些事我一直都在做。我從看單車相關的書，一直看到二次世界大戰末期的東南亞戰事史。這些對我都不構成問題，但是有一條線比較困難，我必須親身經驗，那就是老鐵馬是什麼樣的東西？所以我開始收藏單車，學修車。

剛開始收集老鐵馬的人都會被大家當傻瓜看待，因為他也不知道你會在這個圈子待多久，不會把真正的「撇步」告訴你。久了之後，這些人都變成我的朋友，才會進一步知道一些細節。比方說，為什麼收藏者要把車子讓給你？因為可能他剛開始收老鐵馬時，把整輛車的東西都換新了，那時他以為這樣是對的，不過現在後悔了。收藏者想留的是原樣的車子，把一輛車的零件都換掉了，那臺車的骨架雖然還在，可是車的魂魄已經不在了，所以轉賣給什麼都不知道的新手。

問：《單車失竊記》中的主要敘事者似乎不只一個？

答：敘事者會交棒。這故事的原型是這樣的，我假設有一個孩子，他跟爸爸的情感聯繫就是一輛單車，後來他爸爸失蹤了，那輛車也失蹤了。他心裡面想：單車就是線索，找不到爸爸，說不定還可以找回車子，找到車子，說不定會更明白爸爸去了哪邊。

於是他上eBay買單車，一直買到第二十一輛車，發現對了，因為車身有編號。他開始問前面那個擁有者，為什麼會有這輛車？但把尋找父親這件事隱瞞起來。這個擁有者於是給他一個故事，跟他講，這輛車不是我的，我跟別人買來的。於是故事交棒給第二個人，第二個人說，我跟你講，這輛車也不是我的，是誰誰誰送的。我當時假設這樣寫下去，我就會有二十個故事。

但是，後來我開始收車之後才知道，到某一個點，故事就會斷掉，很多人不知道手上的車哪裡來，除非是真的「二手」車。我說的二手車，是這家人一直保存著這輛車，直到阿嬤過世了，阿公過世了，他的子孫才把它賣出來，你拿到的時候是第二手，這樣的故事會很清楚。但只要再過幾手，故事就會變得不清楚了。不過這些不清楚的地方，才是小說可以存活的地方。

問：從《蝶道》開始，您都參與書籍的設計與行銷，是基於什麼理念或動機去從事這樣的行動呢？

答：因為我念廣告出身，我有一個念頭：這是個人心變化速度很快的時代，你要追逐潮流會累死，但如果做跟別人不同的事，只要方向對了，也可能別人就會逐漸認同你。

譬如，現在出版社要幫我找個臺灣最優秀的設計師，但我反而會考慮不要。既然是最優秀的設計師，想要跟他合作的人一定多，作品一多了難免就重複，為了保持個性，我們要逃離那個「重複」。開個玩笑，倘若今天所有的作家都自己做書，我就會找別人合作了。這當然有個前提，我要能做到一定的程度，如果自己做不到，當然還是得尋求專業的設計者合作。

問：《單車失竊記》出版時，您為何特意鎖定獨立書店舉辦演講？

答：我從很久以前就感覺到一個事實，大型連鎖書店最後一定會走向制式化，因為它需求的是最大規模的市場，當一間書店要開二十間分店時，一定得面向大市場，只做小眾市場，它活不下來。所以我想，獨立書店以後反而會是特殊的讀者聚集的地方。特殊的讀者會有自我意識，所以我很早以前就認定，我很重要的一批讀者會在獨立書店。

二〇一〇年，出《迷蝶誌》新版時，我的新書發表就都在小書店。這七、八年，是小書店的蓬勃發展由盛轉衰的一個時期。到了《單車失竊記》的時候，我知道我的讀者已經有一定的量，不必在乎是否要做很風光的新書發表，因為這些讀者相信我作品品質的話，就會去找來看，我並不需要去辦幾百人的新書發表會，反而應該多多跟一些特殊的讀者見面。

問：在這十年內，電子媒體和社群網站成為作者宣傳書的一股潮流，但您似乎不太上電子媒體？

答：電子媒體我能不參加就盡量不參加，幾次的電視訪問，也都是同一個節目。原因是，他們在我很年輕、還沒有名氣的時候，就注意到我，就這一點而言，我很感謝。但我自己不喜歡錄影說話。

我開始教創作的時候，才用臉書，臉書強化了正面議題、共同議題，也就是同溫層。無奈的是，那些取消你追蹤的人，通常不會再把你追蹤回來。我認為這是臉書最致命的一個地方。它是單向的強化，而不是真正的雙向互動。

另外一個是，臉書一直沒有強化網誌功能。如果網誌可以換字體，highlight，讓人好好排版就太好了。因為沒有好的排版，讀者沒辦法有耐心閱讀一篇長的、完整的文章。但現在最多只能空行而已，它的版面會讓你不耐閱讀長文。臉書知道短文是大趨勢，所以不願意提供寫長文的人方便，逼使我們的文章破碎化。

臉書現在最大的意義就是行銷、社會議題的即時反應，還有可以看到很多學有專長的人，寫一些我不懂的事情。雖然我也身處在臉書的「重複」裡面，但還是希望用不一樣的方法來使用它。

問：未來十年有什麼創作計畫嗎？

答：電影、舞臺劇、戲劇都有授權，只是作品還沒出來而已。如果事情沒有確定，我是不會講的，很多事情會有各種變化。

我現在正在進行的有短篇小說，以及一部長篇小說，這部長篇已經在我腦袋裡面轉了三年，需要一段時間將它完成。比方說自然書寫從《迷蝶誌》以來又過了十幾年，現在的年輕作者要是再模仿那本書的風格，雖然還是可以出版，但已經不夠了，我自己當然不該再重複。我現在在寫的這本短篇小說，就希望能在自然書寫上再另有突破，雖然不知道結果如何，但是一定要嘗試。

至於像《浮光》這種知識型散文暫時不會有，不過我有個寫作計畫，跟很多人合作，但都不是文學圈的人，目標是寫一本臺灣的自行車史。

這一方面是興趣使然，也得出版社願意支持。畢竟要全島拍車、要蒐集文獻、要做老師傅的訪談、做收藏者的訪談，往返的交通、請攝影師、請燈光師，都需要經費。還得抓緊時間，因為現在修單車的老師傅還有，但再過十年，就更難找到了。

問：對未來創作者的建議？

答：我對年輕作者沒有什麼建議，你們就寫你們的，每個世代有每個世代的文學。

我現在越來越不更動學生的作品，原因是下一代有下一代的創作，要讓他們自己發展，不用對他們指指點點；從個人私密的情感講，我知道年輕的作家，包括我自己年輕的時候，都不喜歡被批評，就算是善意的建議，對年輕的作者而言，有可能反而是傷害。

年輕的寫作者有許多沉默的老師，就是那些作品，在寫作上，人師的角色或許不如作品，我們可以崇拜作家，但真正要學習寫作只有崇拜作品。哈金曾經跟我說過類似這樣的話[8]，你把一個作家當成師父，不如把他當成師兄弟，學習他所學習的。我這樣詮釋哈金的話：活著的作家，你都要把他當師兄弟，不要把他當偶像，不要當成你追求的目標。他們讀的書、寫的書，是世界上所有寫作者共同的養分，你跟所有的作家一樣，共享那些作品。

編註

1 法蘭茲．卡夫卡（Franz Kafka），彼得．霍夫勒（Peter Höfle）編，《在與世界的對抗中：慢讀卡夫卡》，二〇一五，臺北：商周出版，頁六十一。

2 伊塔羅．卡爾維諾（Italo Calvino），倪安宇譯，《在美洲虎太陽下》，二〇一一，臺北：時報文化，頁十七。

3 《在黑暗中漫舞》（*Dancer in the dark*）：丹麥導演拉斯．馮．提爾（Lars von Trier）二〇〇〇年上映的電影作品，由冰島女歌手碧玉（Björk）主演。

4 約翰．海恩斯（John Haines），吳美真譯，《星星、雪、火》，一九九八，臺北：天下文化。該書第十四章為〈死亡是一隻雲雀〉。

5 一九四三年，日本在臺灣招募初等教育畢業生赴日填補武器生產線缺口，共有八千四百多位臺灣少年前往神奈川縣的舊高座郡受訓，隨後分發至日本各地，投入戰鬥機量產。一九四五年日本戰敗，八千名臺灣少年工組成「臺灣省民自治會」，向各方爭取生活物資，並協調歸鄉事宜，最後終於在一九四五年十二月起，分為四個梯次，搭船回臺。返臺後，少年工仍透過「同窗會」互通音信，一九八八年臺灣解嚴後，成立全國性組織「臺灣高座會」，當時聯絡上的少年工超過三千人。（參考整理自：吳嘉浤，〈大風起兮應遠行——臺灣少年工的故事〉，《終戰那一天：臺灣戰爭世代的故事》，二〇一七，臺北：衛城出版。）

6 著有《天真的人類學家之重返多瓦悠蘭》（二〇〇二，臺北：商周出版）、《天真的人類學家 小泥屋筆記》（二〇〇八，臺北：商周出版）等書。

7 著有《感官之旅——感知的詩學》（二〇〇七，臺北：時報文化）、《愛的百種名字》（二〇一二，臺北：時報文化）、《人類時代：我們所塑造的世界》（二〇一五，臺北：時報文化）、《園長夫人：動物園的奇蹟》（二〇一七，臺北：時報文化）等書。

8 哈金曾在二〇一七年初受邀來臺參與第二十五屆臺北國際書展，端傳媒邀請吳明益與哈金對談，對談內容由崔舜華整理為〈哈金對談吳明益：怎樣在社群網路強大的時代書寫祕密？〉一文，網址：https://goo.gl/at5M3F。

＊ 書籍封面提供：二魚文化、九歌出版、麥田出版、新經典文化、讀書共和國。

吳明益大事記

1971
出生於桃園縣（今桃園市），
後移居臺北市中華商場。

1978—1984
就讀臺北市福星國民小學。

1984—1987
就讀臺北縣（今新北市）永和國民中學。

1987—1990
就讀臺北市立成功高級中學。

1989—1993
就讀私立輔仁大學大眾傳播系廣告組，1993年學士畢業。

- 2012：任國立東華大學華文文學系教授至今。
- 2011：任黑潮海洋文教基金會董事至今。
- 2010—2012：任東華大學華文系副教授（2010-2012年）；任國立中興大學人社中心研究員（2010-2011年）。
- 2007：任生態關懷者協會常務理事至今。
- 1996—2003：1996年9月，就讀國立中央大學中文研究所，1996-1998年為碩士階段；1998年直升博士班，2003年2月博士畢業，獲得碩、博士學位。
- 1993—1995：當兵。

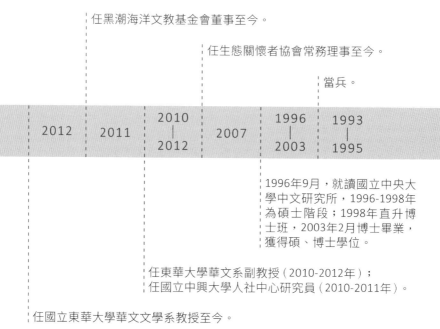

2011

2月，長篇小說：《複眼人》，臺北：夏日出版社。同年獲國家文學館長篇小說金典獎入圍；2012年獲臺北國際書展小說類大獎；2014年法文版獲法國島嶼文學獎小說類大獎；11月，短篇小說集：《天橋上的魔術師》，臺北：夏日出版社。2016年獲日本書店大獎翻譯小說類第三名。12月，論文集：《臺灣現代自然書寫的探索1980-2002：以書寫解放自然 BOOK 1》、《臺灣自然書寫的作家論1980-2002：以書寫解放自然BOOK 2》、《自然之心—從自然書寫到生態批評：以書寫解放自然BOOK 3》，臺北：夏日出版社。

2007

5月，長篇小說：《睡眠的航線》、散文集：《家離水邊那麼近》，臺北：二魚文化。同年《睡眠的航線》獲《亞洲週刊》中文十大好書；《家離水邊那麼近》獲《中國時報》開卷年度好書獎。

2004

11月，論文「以書寫解放自然系列」三冊：《以書寫解放自然——臺灣現代自然書寫的探索1980-2002》，臺北：大安出版社。

2003

2月，短篇小說集：《虎爺》，臺北：九歌出版社。10月，散文集：《蝶道》，臺北：二魚文化。同年獲評金石堂年度最有影響力的書、獲《中國時報》開卷年度好書獎。

2000

8月，散文集：《迷蝶誌——一本以文字、攝影與手繪迷戀蝴蝶及一種生命姿態的劄記》，臺北：麥田出版。同年獲臺北文學獎文學創作獎。2010年8月，出版《迷蝶誌》修訂版，臺北：夏日出版。

1997

10月，短篇小說集：《本日公休》，臺北:九歌出版社。

2018 | 2017 | 2016 | 2015 | 2014 | 2013

2018
3月，《單車失竊記》英文版入圍英國國際曼布克獎。
4月，《天橋上的魔術師》法文版入圍法國愛彌爾．吉美亞洲文學獎。

2017
9月，獲邀參與澳洲墨爾本作家節。

2016
獲第三屆聯合報文學大獎（近三年內作品：《單車失竊記》；評審推薦代表作：《天橋上的魔術師》、《家離水邊那麼近》）。12月，公視取得《天橋上的魔術師》小說改編授權；2017年12月，蔡宗翰、劉梓潔完成《天橋上的魔術師》劇本改編；2018年2月，公共電視招標拍攝《天橋上的魔術師》。

2015
7月，長篇小說：《單車失竊記》，臺北：麥田出版。2016年獲臺灣國家文學獎圖書類長篇小說金典獎（與甘耀明《邦查女孩》並列）、第六屆紅樓夢獎專家推薦獎。

2014
1月，散文集《浮光》，臺北：新經典文化。同年獲《中國時報》開卷年度好書獎、獲金石堂年度最有影響力圖書；2015年獲金鼎獎非文學圖書獎、年度圖書獎。4-11月，獲邀參與加拿大藍色文學節、香港國際書展、新加坡作家節。

2013
10月9-13日，任法蘭克福書展臺灣館代表作家。10月26-30日，獲邀參與加拿大多倫多作家節。

專訪林生祥

採訪、整理、撰文／虹風

攝影：劉振祥，照片提供；山下民謠。

前言

雖然離我的家鄉僅一個多小時的車程，但在未接觸反水庫的議題之前，我從來不知道這個地方的存在。一九九八年，美濃黃蝶祭第四年，我聽說有一個美麗的山谷，將要被淹沒作為水庫，便央著父親載我去那裡看看。

那是我第一次聽到「觀子音樂坑」的音樂。

彼時，臺灣的創作樂團風潮才剛開始沒幾年，在臺北的一些小pub裡，我也聽了不少在地樂團，卻從未曾想過，會在島嶼南方的一個小山谷，跟如此「華麗」的本地樂團相遇——那曾是帶有一種「南方」就是比大臺北差一截的心態——對我而言，眼前這個就像是不知道從哪裡橫空出世的樂團，在樂風與技巧上，完完全全超越那些我所知的、還在摸索的諸多臺北band。

我記住了這個樂團的名字，然而，就在我成為這個樂團的粉絲不久之後，傳來他們解散的消息。

震驚也悵然，一個很棒的樂團就這樣沒了。不過，對於搖滾樂迷來說，樂團來來去去，也不是什麼新鮮事。樂團沒了，水庫還是要反。由於當年我在女性權益團體工作之故，對於弱勢、環境議題都追得緊，反水庫運動的進度自然也不例外。

一九九九年五月底，反水庫預算要表決的關鍵時刻，一大清早，北上聚集在立法院門前的美濃鄉親氣氛緊繃。預算案全數通過，門外等候的人們悲憤、哭泣。那天，我記得下著雨，我記得，自己一直在雨中顫抖。

那時候，我們每個人手上都已經有一片交工樂隊的《我等就來唱山歌》，回家聽，在辦公室也聽。那時候，我還不認識生祥，但我已經知道，交工的前身，就是曾經令我震撼的觀子音樂坑，幾乎是原班人馬重新聚集，樂風卻完全轉變。我不識客語，不過，對於常年聆聽西方搖滾樂的人來說，無論是哪一種語言，從來都不是障礙；而以母語創作，臺灣也有其他的創作樂團開始嘗試，因此，交工樂隊對我而言，它的特別乃是來自於它的音樂元素——傳統樂器的加入。

嗩吶、八音鼓、鑼，這些都是出現於廟會祭典、婚喪喜慶時才會有的樂器，交工把它們融進音樂裡，嗩吶聲一出，那種寒毛全豎、耳膜被拉緊、被鑼聲敲得心口發疼、震顫的感受，我到現在還記憶猶新。

此外，還有鍾永豐無與倫比的詩詞。

但，交工也解散了。跟聽到觀子解散時的震撼不同的是，當時我已經因為跟生祥之間有共同的友人而認識，偶爾也會去找他聊聊。交工解散前，有回我去淡水瓦窯坑找他，那陣子，我知道他過得不是很好。沒多問什麼，就是喝喝酒，聊聊最近的生活、工作，他的神色不好，想來是為了樂團的事情而苦。那一夜，讓我印象最深刻的是，他剛從朋友那裡拿到一對很好的喇叭，才剛仔細地定位好，興致地要放Bob Dylan給我聽。他聽到好聲音時，表情、眉頭舒緩開來的樣子，我一直收在心裡。

然後，《臨暗》，他開始找其他的樂手嘗試合作；接著，結束淡水瓦窯坑時代，完全搬回美濃。

《種樹》、《野生》、《大地書房》、《我庄》的編制雖然都很簡單，但也是在這樣的素樸裡，生祥像是把自己打掉，再一層層地把自己的音樂圖像構築回來。我聽見他的聲音逐漸放軟、放鬆，有樹般的挺拔、堅韌，也有水似的蜿蜒、綿長，民謠吉他的純淨，像故鄉（曾有的）清澈藍天一樣。每張專輯都令人驚艷，也毫不意外地拿下各種獎項——作為朋友，我知道那是他付出多大的努力才能換來的，看著他將自己瘋狂地投入工作中，心裡總有擔憂；作為樂迷，我也如所有他的樂迷一樣，熱切地等著生祥樂隊的每一步，無論是演出，或是下一張作品。

《菊花夜行軍》十五週年紀念演唱會那一天，跟三千名樂迷一起，在臺下，我的眼淚一直沒法停下。我很清楚，這是一個嚴格到幾乎可以說嚴苛自我要求的音樂人，出道將近二十年的成果。這篇訪談，雖然無法細數他所有的努力，但我希望，能夠傳達他在這將近二十年的歷程裡所走過的音樂路——給所有認識他的樂迷、或還不認識他的聽眾。

那一晚，在臺上，他說，有一天我們可以去小巨蛋吧。

會的，很快，一定。

訪談

問：您在美濃出生，以前農村要有收音機不是很容易的事情，何時接觸到音樂的？都聽些什麼樣的音樂？

答：我阿公在二次大戰回來之後，做雜貨生意，在我們竹頭腳庄開了第一間雜貨店。他騎那種後面有大貨架的黑色老鐵馬，從旗山載貨回來，很重。那個貨商是他的貴人，看他跑一天跑兩趟，很勤勞，就問：「我看你貨賣得很好啊，為什麼不多帶一點貨回去？」阿公說：「我沒有本錢。」他說：「沒關係啊，你要多少貨你拿，賣了錢你再拿來還我。」他就開始做比較大。

那時候雜貨生意沒有人做，他第一個做就有賺到錢。所以我媽跟我爸結婚時就買了第一臺電唱機，那時候已經進步到黑膠了。那時的黑膠唱盤，像個小花轎一樣，四根腳，裡面還有一些裝飾、小燈籠，很中國風，下方是喇叭，上方就可以放黑膠。喇叭跟機身是一體的，那時候沒有什麼stereo立體聲的概念，喇叭要分開左右兩聲道什麼的，沒有。

我還小的時候，我三叔已經在念成大了，他是我爸爸那一代第一個念大學的，有時候他會帶一些唱片回來。剛好遇到民歌時代，所以他就會帶，譬如說，江玲的唱片：「小妹呀，伊呀小妹」，或者〈秋蟬〉：「聽我把春水叫寒」……等等，也有美國的一些英文老歌。不過，我那時的耳朵聽不進去。

黑膠之後就是卡帶，有兩種：一種是匣式錄音帶，比較大，大概像錄影帶這麼大的，四軌，「喀」一塞進去它就開始唱，不想聽了，一壓它就出來；另一種就是後來常見的卡式錄音帶。我聽到吳盛智、羅大佑，是在我小學四年級，四叔結婚之後的事。他結婚的時候，買了一套音響，我還記得品牌是叫Viola，匣式、卡式、黑膠跟收音機四機一體，stereo，有兩顆喇叭，那臺音響不是很便宜。四叔的房間在廚房隔壁，我就從他房間拉了一條線出來，把喇叭擺到廚房去，這樣煮菜、洗碗的時候都可以聽得到音樂。

國小六年級的時候，我開始會拿自己的零用錢去買林慧萍、李恕權的卡帶。早期對我影響比較大的是民歌、國語流行歌曲，或是劉福助的歌也聽啊，但聽最多的是羅大佑跟丘丘合唱團，〈就在今夜〉，哇，真是好聽啊。國小時候的課桌椅是兩個人坐一桌，我還記得，我跟旁邊的那個女生一起唱〈戀曲一九八〇〉耶，被同學聽到了，就說：「噢，你喜歡她。」

國一的時候，我大哥念高一，他一直求我媽媽買一臺手提音響給他，是卡式錄音帶加收音機。那時我二哥在臺北，他有聽美國告示牌排行榜，就買了一套年度榜單合集，可能有八張或十張一套，有上榜的就收進來，每一首歌都是不同人唱的，那是Michael Jackson、瑪丹娜最紅的時候啊。國中生涯就是被逼著考試，但我還記得，晚上睡覺前，我就把耳機戴上，卡帶壓下去，等到它自己「ㄆㄧˋㄚ」上來時，我已經睡著了。高中的時候，就自己存錢買了愛華（AIWA）卡式隨身聽，外接JS小喇叭，不然就用耳機聽。

問：高中的時候怎麼會想要去學吉他？

答：在南二中的時候，看到我同學在彈，太帥了。高一暑假時，同學教我，就開始練吉他。學校也有吉他社，但我沒有參加，不過，吉他社社長也是我們班的同學。還有一個當時也玩音樂的高中同學，對我也有影響，是〈風神一二五〉這首歌（收錄於《菊花夜行軍》）裡的「雞屎鴻」，他那時在學校的管樂隊吹薩克斯風。

高二那年，我第一次參加「臺南市高中職吉他彈唱比賽」的音樂比賽，拿到第一名，有個評審說：「這個可以出來唱噢！」就把我介紹給民歌餐廳的老闆，我就開始在民歌餐廳駐唱。一開始很緊張，上那麼一個小小的舞臺，一把琴，上去就開始play。那時候有很多民歌西餐廳，像最有名的木棉道，是比較大咖的才能去，我們還是學生，就去一間在勝利路上麥坎納啤酒屋旁邊的百歌民歌西餐廳。那個年代很奇特，在一個泡沫經濟的年代，很多人走在路上口袋都會裝好多錢。我遇過一個老闆，做股票，一夕間賺了一大筆錢，就想開一家民歌餐廳來玩玩，民歌餐廳的名字取得很奇怪，生意也做得不怎麼樣，但他也不以為意，反正他玩股票賺得到。

在民歌西餐廳駐唱都是唱國語流行歌，因為要服務聽眾，讓人家點歌嘛，如果你流行歌曲都會唱的話，就會比較受歡迎、班會排得比較多。有人會以在民歌餐廳駐唱為生，一個小時五百、六百元，行情比較好的八百元。那時我是一個小時三百元，不過對高中生打工來

觀子音樂坑時期。攝影：曾年有，照片提供：山下民謠。

說，其實算多，那時打工時薪的行情，一個小時大概六十到八十元而已。

但我不是將駐唱當做是打工，對我來說，比較大的收穫是磨練舞臺經驗。上、下舞臺是需要練膽子的，後來我有練到比較不怯場。不過，即便已經出道快要二十年，面對舞臺還是戰戰兢兢。

問：上淡江大學之後怎麼會想要組團？觀子音樂坑的成員是怎麼來的？

答：上大學之後我去參加學校的吉他社，因為要參加學校的金韶獎比賽，我就組了一個團。金韶獎是吉他社辦的，最早由吉他社社長林正如籌劃，他是「河岸留言」的負責人。我當社員的時候，第一年就去參加比賽，三個組都報：獨唱、重唱跟創作組。創作組唱的那首歌，就是〈觀音的故鄉〉，是我第一首創作。

「觀子音樂坑」是指觀音山下的子弟。樂手都是學校的學生，彼此都會相互引介。我去比賽的時候是大四學長前社長李倫道彈吉他，到大二的時候是鍾成虎，小虎，也是吉他社的。一開始的鼓手是日本人福田毅，福岡人；貝斯手張隆宗現在在科技業上班；keyboard手後來在誠品工作，他薩克斯風也吹得很好，鋼琴也彈得很好。有一陣子，我有問他要不要出來作音樂，他說他不要，他沒有想要成為一個音樂人，之後也幾乎都沒有聯繫。後來，比賽認識了冠宇（陳冠宇，貝斯手，簡稱冠宇），接著因為小虎的關係認識阿達（鍾成達，簡稱阿達），小虎的哥哥，就這樣帶進來。

組團時，我覺得就是要走向創作的方向、要自己寫歌，不然就變成只能唱別人的歌、到臺北市一些地方作場。早期在臺灣組團多半是唱國外樂團的歌，拚命操技術，沒有寫作、創作，我對模仿國外樂團完全不熱衷，到我們組團的年代時，應該是大家都開始想要創作了。

不過，我的第一首歌，在結構部分花了很久很久的時間。從我開始想要寫歌，到第一首歌寫出來，大概經過了一年，一首歌的書寫對我來說是多麼的艱困。因為我不會五線譜，就只能記在腦子裡啊，對我來說比較困難的是音樂的結構、樂曲段落之間要如何銜接的問題。像是：第一首歌裡有三段不同的節奏，要銜接出去再回來，得知道樂曲結構該怎麼走，這對初寫歌時的我來說很困難。

通常第一個作品都會想要一寫就要石破天驚，第一個創作出來就要橫掃業界，會有這種壓力或者想法。但事實上，要變成能夠橫掃的那個人幾乎是很難很難很難。不過有些歌手確實是，像羅大佑，他一出來真的是橫掃整個臺灣的樂團啊。

觀子時期幾乎每個人都會寫，小虎、冠宇都有，會寫就丟歌出來，所以那時才會想要辦「點生映象」創作發表會。另外，也覺得，去比賽只比一首歌，越來越無聊，就想要做系列作品；而且後來在寫作品時，結構能力比較好了，不會一首歌寫一年，創作的速度慢慢增加之後，也想要給自己挑戰。

那時候吉他社辦活動、暑訓、寒訓，都有很強的組織能力，所以，對我們來說，要辦一個演唱會也不是什麼難事。我認為，是因為林正如為淡江吉他社奠定了很好的基礎，他在學校的時候，就已經跟黃中岳、雷光夏辦過創作發表會。在我們那個年代，我覺得他真的很有創意，是可以出來幹一些比較大的事情的人。

那一年的「點生映象」[1]後來售票賣了七百張，滿厲害的。

問：觀子時期的《過庄尋聊》、《遊盪美麗島》是誰發行的？

答：那時候曾經有人找我要發片，也有人找我要組新的樂團，也曾到唱片公司裡面去聊，但我都沒有考慮。我記得大

學時候，第一次走進唱片公司，辦公室很大，那是唱片業最好最好的時候，隨便在光復南路都看得到明星，然後，一踏進辦公室，那個感覺就是：這不是你該來的地方，氣場也不對。那時搞唱片的都是怪咖，唱片公司的氣氛，跟我這種農家背景出身的小孩相差太遠了，我們就很土啊，穿著也土。

所以後來就決定，自己去做自己想做的事情，自己開一條路。沒有錢有沒有錢的作法。第一張專輯比較關鍵，有一個人叫蔡喬旭，他是客家人，對客家有情感，就拿五萬元給我們，隨便我們做什麼。我們就拿去做《過庄尋聊》，賺到的錢，就去做第二張《遊盪美麗島》；第二張賺到錢就買器材，就做了《我等就來唱山歌》。後來我們跟蔡喬旭失聯，《菊花夜行軍》十五週年紀念演唱會時有想要聯繫他，也找不到。

問：觀子音樂坑解散到成立交工樂隊，兩者音樂主題與風格差異很大，談一談這中間的歷程？

答：觀子在一九九八年巡迴回到美濃，在國王廟演出時，底下有人質疑說：「沒有嗩吶、鑼鼓要怎麼幫我們的國王爺慶生？」這個事件對我影響很大，我就覺得，如果要做客語創作，應該也要有傳統的樂器進來，再加上美濃反水庫事件，後來我回美濃重新啟動，這在音樂上會是完全的大改變。

回來以後，一九九八年年底，有一個機緣去學了客家八音。過去，傳統客家八音是在婚喪喜慶這種大日子用的，早期客家八音的競爭非常大，後來式微，越來越少人學，有消失的危機，因此，當時美濃的一個反水庫的長輩，便跟臺灣省政府申請了一個客家八音的復興計畫，我們就去學，不過，也只能學到很皮毛的東西。

傳統客家八音的音準不是十二平均律，樂班演出時，嗩吶不準，胡琴是跟著不準，所以你不會覺得它不準，他們會自動協調成一種音色。可是我們的狀況不是，十二平均律定下去，你不準就只有你不準而已，其他人都是準的。但傳統樂手他們就只會這樣彈，你要叫他們跨過來，不是那麼簡單。

到了交工樂隊，《我等就來唱山歌》的第一首歌〈下淡水河〉，是找傳統的嗩吶手林作長吹的，吹了很久才錄成那個樣子誒，後來郭進財進來的時候，我們覺得「哇噢！」——但他不是用美濃那種傳統嗩吶，用傳統嗩吶吹太辛苦了，也是這個事件讓我覺得，傳統樂器必須要走向一個改良的道路。

後來我就開始自己改造月琴。一開始我不曉得誰可以幫我改，就拿著美工刀、鐵鎚、螺絲起子開始敲，敲下來重新黏；也不曉得造琴原來可以計算，琴格有公式，它算在哪裡，定在哪裡就是對的。後來，我大哥說，他太太的姊夫認識一個怪咖，叫劉志偉，在做古典吉他，介紹我認識，就請他造六弦月琴，後來三弦月琴也找他造。

問：交工開始，鍾永豐就成為您們的「筆手」，是哪一年認識的，對您的影響為何？

答：我們是一九九四年認識的，他那時候已經回去弄美濃愛鄉協進會，我要辦「點生映象」創作發表會時，還沒有開賣前，我就跟永豐說，這個門票收入，全部捐給協會，支持反水庫的運動。

一九九八年，反水庫到了最關鍵的那個時期，永豐就丟歌詞過來要我寫，那時我還在淡水，但我就寫給他，開啟第一個合作。當時我還沒什麼社會經驗，所以，回到美濃，真的是跟著他到處見世面，才會知道，噢，臺灣有多少各式各樣很精彩的人、各式各樣的職業。

我覺得，我的學生時代，在理論方面像馬克思、社會科學這些閱讀量、思想上的匱乏，永豐在這部分給我有很多很多的補足。他不只是文學的修養高、社會科學念得多，也是一位資深樂迷，唱片收藏量比我還多，音樂資料上的蒐集，都比我更全面。

問：您跟永豐之間的合作模式為何？他的詞您會做一些調整嗎？

答：早期我們會先討論一個大方向，先談好要做什麼概念、架構。譬如說，要寫十首歌，在這個概念裡要談哪些面向的東西，全部都列表出來，一首一首把它寫進去。同時，我也會開始摸索我的方向。這樣的情況下，我會知道它原始的初衷，要落實到架構上的每一首歌時，我都會知道我們要幹嘛、方向有沒有偏離。如果跟當初講的不一樣，或者有些詞我比較沒感覺，就會開始跟他溝通。

或者，也會發生一種狀況是，有些詞我進不去。現在回想起來，我進不去有兩種可能：一個是，我還沒辦法用我的理解方式去理解他的美學，這是我在做《圍庄》時我才發現的；另外一個就是，我沒有很喜歡。

像今年，我寫到永豐一首非常厲害的歌詞，很喜歡。他寫一種植物破布子。他把破布子跟媽媽的角色結合起來，寫破布子的生態、破布子旁的那些鳥類；這棵在邊緣、貧瘠的地上長出來的破布子，在半山腰貧瘠的石頭地，野生的，它也不需要田、不需要好的泥巴、也不需要照顧，它就是在那裡野生出來，就這樣長，然後他把媽媽的角色擺進去，寫了一首好棒的歌詞。

他的詞我開始會有所調整，是從《菊花夜行軍》開始，因為《我等就來唱山歌》太趕了，那時候要趕反水庫的表決，我們是一月七日左右開始錄音，也沒有練團，就一首一首來，三月十六日全部錄音、設計都弄好，四月十六日發行。後來就覺得，下一張《菊花夜行軍》在概念、編曲上應該要更成熟。

我接到永豐的歌詞時，第一個常常會先思考到的是，這歌詞到底有沒有帶給我影像感。所以，永豐提出說要做「菊花夜行軍」的概念，我就覺得好引人噢，那時就想要做音樂電影，

交工樂隊於菸樓錄音室團練。攝影：鍾明光，照片提供：山下民謠。

聽音樂就可以看到電影的影像在跑。所以像〈風神一二五〉、〈菊花夜行軍〉，或者是〈縣道一八四〉的影像感非常濃重，會加入有一些現場的聲音，好比有鐵牛車的聲音、媽媽講話、口白，還去錄巴士、腳踏車的聲音等等。

問：交工的成員是如何決定的？從交工開始，大量採用傳統樂器加入，有遇到哪些困難嗎？

答：那時是冠宇、阿達他們來美濃，小虎去當兵。然後，因為嗩吶錄得太辛苦了，我們就想，有沒有人可以錄到更好的嗩吶，就有人就介紹了郭進財。我們就請他過來，他就看著譜play，啪啦啪啦就結束了，他好像是來度假的你知道嗎？我就想：「幹，哪有這麼厲害的！」後來，他已經走囉，我還打電話給永豐：「永豐，今天來錄的那個，厲害。」接著，我再打給郭進財：「還有一首歌，你先錄。」我馬上就寫了旋律給他，哇！後來我們就找他出來演出。

傳統樂器的話，像八音鼓，先前學客家八音的時候，我們就先買了一套；大鼓、大鑼因為沒有錢，就去三山國王廟借，但是每種鑼的音高不一樣，所以要選適合的來敲。

問：《我等就來唱山歌》跟《菊花夜行軍》因為跟反水庫運動和農業的關聯，交工被定調為運動樂團，這個方向是您想要的嗎？

答：一九九五年寫〈耕田人〉（收錄於《過庄尋聊》）那個作品的時候，我有很深的情感投射。先前我去到唱片公司時，我覺得那裡的整個氣場、我的出身、我的身體，擺在那裡很怪。後來，寫〈耕田人〉時，第一，客家母語的表達對我來說很自然；再來，寫到有關農業的主題時，過去幾乎很少人寫，我發現我適合寫這個題材，我知道我爸媽在農村的狀況啊，那時候我就覺得，用母語、以農業為主要題材，選定這個方向來做，我應該可以做得到。

一九九七年退伍之後，有一次，黑名單工作室的前輩恩人王明輝問我：「你想做什麼？」我就看著他大概五秒後說：「我想做農業搖滾。」他就直接講：「你沒有問題，你就做你做

的。你不用擔心，你不用找製作人，你就是你自己的製作人，你自己就可以搞定，不用擔心，遇到問題你再來找我。」他給了我非常非常大的鼓舞，也是他這樣跟我講，後來，我才會更有勇氣自己走上這條路。

問：交工解散之後，組了「生祥與瓦窯坑3」，這時期的組合是何種想法？

答：交工解散之後，我就想跟流行圈的樂手合作看看，因為沒有經歷過。那時候就找了陸家駿跟彭家熙，他們其實是在臺北音樂圈裡打滾的樂手，傳統樂器的樂手就找了玉鳳（鍾玉鳳，琵琶手，以下簡稱玉鳳），我們很早期就認識了。一九九八年的時候，朋友送了我一把琵琶，那時候就想學學看，找玉鳳問，後來我看了她的指法，那要練很久才有辦法，就放棄，不過就這樣子認識玉鳳。

那時期，我跟永豐的狀態都不好。永豐那時在城市，就想要寫都市勞工。我對於勞工議題，雖然沒有身體的經驗，但我可以從初次到大城市生活的經驗來書寫，所以〈臨暗〉才會用在臺南市火車站前的場景：那個傍晚，是我剛到大城市，初次要回家的傍晚，看到城市的夕陽，陽光射進來的角度，就寫了那首曲子；然後，西門路、中正路口很熱鬧，就寫了〈古錐仔〉，那裡有些飆車族，追風、王牌、兜風50，叭叭叫的場景。那種場景——在最熱鬧的地方、最精華的地段，但是也有破敗的賣場、關門大吉的髒亂，就在同一時間，在西門路、中正路口發生。

問：現在的生祥樂隊，樂手陣容如何形成的？對樂手的要求跟過去有什麼不同？

答：做《臨暗》的時候，因為流浪之歌音樂節去機場載大竹研Ken（Ken Ohtake，吉他手，簡稱Ken）跟平安隆（Takashi Hirayasu，沖繩音樂大師）認識的。後來我才知道，世界級的樂手為了要讓他們的音樂工作能夠延續，必須如此專注、專心、專業，很有耐心地想要演好；也才知道說，哇噢，我要找的樂手是像這樣的。Ken後來帶了Toru（早川徹，Toru Hayakawa，貝斯與keyboard手，簡稱Toru）進來，然後又帶打擊樂手吳政君，政君再帶嗩吶手黃博裕進來，然後Toru再帶Nori（福島紀明，Noriaki Fukushima，鼓手，簡稱Nori）進來，慢慢形成現在的樂隊。

先前跟臺灣不同樂手合作的經驗，不只讓我苦到，也讓我意識到自己在音樂上的弱點，於是我想要進步到就算沒有樂手，我都一定要能一個人演出：一把琴、一個人Solo，都要能夠做一個節目，想辦法撐住全場。過去組團的艱苦經驗，讓我認識到自己應該要強壯到可以做到這些。後來，我選擇一起合作的樂手，都要有強大的即興能力，演出時，一個眼神，樂手就得接過去，不可怯戰，這是我想送給樂迷的禮物。

問：《種樹》、《野生》，以及《大地書房》三張專輯的編制都很簡單，到生祥樂隊發《圍庄》時是大編制，談談中間這幾年的轉變？

答：這三張專輯是我演藝生涯的低潮期，卻也是創作力最好的時候。《野生》對我來說，是我第一張成熟的作品——我在聲音表現上的自我訓練已經在那時候成熟了，因為這之前我覺得我的節奏能力不好，應該要把一些最基礎的問題從頭解決，所以才會做那麼簡單的編制。在那張專輯裡，我把自己當做是節奏部這樣play，從最基礎的東西打底，等到我的能力增加、基礎的東西也強壯了，我再開始找其他的樂手。

《野生》的概念是永豐提的，《大地書房》則是跟鍾理和紀念館合作。《種樹》，那張專輯，永豐有想了好幾個專輯名稱，我都覺得不適合，那時候吵得最凶。

做《大地書房》的時候，有一次在北京草莓音樂節，那時候我們在小舞臺，旁邊大舞臺是中國火的何勇，他們的音壓開得很大，幾乎把我們的聲音都蓋過去。演完之後我很生氣，就說：「Ken、Toru，我們回去找個鼓手來，以後在音樂節才不會吃虧。」一定要有節奏部，不然在搖滾音樂節很吃虧，所以才找了打擊樂手吳政君，我想讓我們的聲音組合是可以做大場的演出。

後來，二〇一二年的Fuji Rock我帶了政君一同前往，在臺灣彩排一次，到日本那一晚彩排第二次，隔天我們就在舞臺演出了。我都跟樂手說：「你們自己看著辦。」既然你敢接這個工作，你在舞臺上就要扛住壓力。Fuji Rock的時候，我就想：「為什麼我在這麼小的舞臺，為什麼不能上最大的舞臺？」我心裡就會問自己這個問題：「我什麼時候可以上那個大舞臺？」

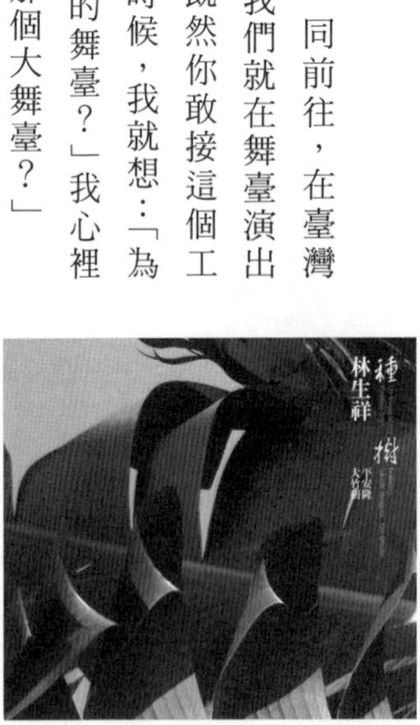

所以我開始想，要有怎樣的聲音組合才能上大舞臺，於是我抓回在觀子音樂坑時代用的鼓組，鼓組的聲音可以傳達到遠方的聽眾；插電也是一樣，聲音比較強壯，傳到更遠方。因此，加鼓組、打造電月琴，一個一個去改變。

問：談談《野生》到《大地書房》的低潮期，怎麼擺脫？

答：在二〇〇八、〇九年時最慘，都沒有演出，開始受到經濟的苦，那時候就想，我一定要想辦法把我的工作找回來，就開始努力接演出，哇，我好勤勞啊（笑）。以前，我從來沒有想過我要賺多少錢，小孩出生以後，整個狀況變了。我媽媽以前曾說：「一個家庭，如果有一個人有穩定的收入，是多麼好的一件事情。」後來我才理解到這件事情的重要性。我為了那幾十塊在那邊痛苦的時候，會覺得人生就是會苦。我的小孩又因為是早產，我太太必須親自帶她，所以我沒有其他的選擇，就變成我一個人要去負責三個人的生活。從那時候我才開始思考，一年要賺多少錢，不然我以前完全對錢沒有概念。

所以，我要努力接演出、想要把我的隱性歌迷call出來，就從二〇一一年開始用臉書。那時成立我個人的帳號，還有粉絲頁，我就開始努力的更新動態。後來我開始想，我一年應該要賺多少錢，設定好：要賺多少錢，二十年後才足夠退休的時候，老天爺真的對我好好，我第一年設定的目標，祂就讓我達成。我講座也接、兩千元演出也去，人家要跟你減價，我就想，我們當一個musician，不是零就是一，你不然就都不去，就是零；你去了，那筆錢就是你的，你可以把它拿回來。人家來邀我就去，很勤勞的跑。

做《我庄》的時候，風潮唱片給我排了很瘋狂的宣傳，當時我覺得我都還沒有亂槍打鳥式的跑一次，就想：好吧，那來跑跑看，看有沒有效果，就都去。發唱片之後，那時候有什麼接什麼：配音、紀錄片、配客家音找我去，我也去，都接，有什麼賺錢的機會都去。效果是有，但是身體覺得好累好累，那一次就傷到身體，過勞。

問：從《我庄》到《團庄》，是誰提出的概念？

答：《我庄》是永豐提的。那時候工作都被我找回來了，好忙好忙，後來永豐寫了《團庄》新的歌詞來，我根本就沒有能力寫，就放著，放到有一天，我才突然想到說，誒，我想要效法偶像Pink Floyd的雙唱片的夢想還沒有做呢！我跟永豐一講，他就說，好，把它放大成雙唱片。我說：「那這樣你的量不夠喔，你要再補給我。」他就開始補東西給我。

《團庄》一開始就設定好要以汙染作為主題，不過，剛開始我都不知道該怎麼寫，覺得對

我來說距離太遙遠了，得找到支撐來寫這個作品。主要還是我女兒啊，她常常鼻塞、過敏性鼻炎，這是一個支點；然後，反國光石化時，我去過彰化縣大城鄉台西村，所以也有一些經驗。音樂元素的話，就選定龐克或後龐客，因為我覺得龐克的聲音髒髒的，跟空氣汙染的狀況，比較搭。不過，這次要做雙唱片就要考慮到說，整個量體那麼大，如果不多找幾個支撐點的話，會垮掉，跟建築是一樣的，所以除了龐克的元素之外，這次還要加北管，因為跟廟有關。

所以，還是要從故事出發去選擇元素跟樂器，這樣才會合理。選定了樂器之後，我問政君：「北管你熟不熟？」他就說：「我大學的時候就修這個啊！」但我以前不曉得，那時候我們也是有案子就接，剛好中研院要開發一個電玩北管的遊戲，我就想：「根本天意啊，找上我們！」先讓我們練習，再跨過去。做完電玩北管之後，就決定什麼行程都放掉，衝《圍庄》這張專輯了。

二〇一五年四月十九號開始寫第一首歌，到九月一號錄音，大概三個月寫曲、一個多月編曲，速度還是很快。

問：《圍庄》雙CD的負載量很大，到這時，跟國外的樂手合作也是常有的編制了，整個團隊的詞曲合作的工作模式有沒有什麼改變？

答：先前我跟永豐在做專輯時，會先討論一個大方向、概念。不過，到了《我庄》跟《圍庄》，我們採取不同的工作方式。《我庄》所有的歌詞，永豐是連討論都沒有就一次丟過來，《圍庄》也是。但我那時候也不會去抗議說，為什麼都不找我討論。第一個我也忙，第二就是說，我覺得，或許永豐他自己想要把他生命裡頭的一些想法、概念發展出來時，根本不需要通過我。我只要需要負責去理解你就好了，對於你這個人、對於你的生命，要有更深刻的理解，這對我而言也是一個挑戰，所以我就接受了。

到做《圍庄》的時候，永豐不僅僅是把所有歌詞都寫好，他連中文翻譯都翻好了，也同時把中文歌詞交給我們的英文翻譯Andrew Jones，好讓其他樂手看。所以，等到要開工時，歌詞的翻譯，已經全部都給樂手了。Andrew是UC Berkeley的教授，做音樂研究，很喜歡音樂，也有很好的音樂品味，所以我寫好的Demo，會同時寄給永豐跟Andrew，Andrew常常都能給出很好的建議。

像我說過，永豐的詞，有些我不一定會有感覺、或喜歡。譬如，《圍庄》裡面，「仙人」阿弟牯〈日曆〉那首歌，在《我庄》的時候，就已經有出現了，可是我那時就是沒感覺。永豐在《圍庄》時再把它抓進來、再寫一次，算是「仙人遊庄2」。後來我就在信裡說，〈日曆〉

2016年10月28日《圍庄》校園巡迴成大場演出謝幕。攝影：劉振祥，照片提供：山下民謠。

我實在是進不去、很不喜歡這個歌詞。然後Andrew就回了一封信說：「不會啊，〈日曆〉我認為是一個非常好的歌詞。」他認為這個歌詞如何如何，我就從他的觀點重新去理解〈日曆〉，透過另外一個人去理解永豐的詞，從中得到力量。

或者，像是〈戒塑膠毒〉的第一個Demo版，Andrew覺得寫得不好，認為我的口氣太過於輕浮、無所謂的樣子。所以，〈戒塑膠毒〉後來變成有點苦口婆心的表達，因為我認為他是對的、有說服到我，就覺得應該重新寫曲。

問：您在演出時曾經說過，《圍庄》的編曲，Toru幫了很大的忙？

答：是寫曲。做《圍庄》的時候，量太多太大，在宣傳《我庄》的時候，身體又出狀況，中間又去蘇格蘭喝了一趟威士忌之旅，回來根本就不想動。加上《圍庄》又是一次做兩張，覺得身體有點負擔不了。Toru那時就提議：這次可不可以改變方式？就是，以前都是我寫大家來編，這次他希望，在我寫的時候，他就參與進來。那次要不是因為Toru，我大概很難在計畫時程裡把它完成，有點像是被Toru推著往前跑，我才跑完。

我跟Toru也是一直在摸索可以如何一起工作的方式。舉個例子，做〈南風〉的時候，他就說：「我有想到一個進行是這個樣子（play的動作），有一個和弦C7你幾乎都沒有在使用，我覺得你可以考慮來使用，它的進行是這樣（play的動作）。」我就把歌詞拿來核對，感覺哪種和弦比較契合，就從頭再來唱一下，大概不到十分鐘，就把結構弄好了。

或是在第二階段時，像〈拜請保生大帝〉，他寫的和弦架構我覺得有點太長了。他就：「ok，我們來改短一點。」改好之後，我又說：「這個齁，又太短了，有沒有長短中間的？」他說：「讓我想一想。」就弄了一個中間的，然後〈拜請保生大帝〉就寫完了。

我覺得Toru他真的是非常棒的musician，是我們樂團天分最高的，他也有很好的爵士樂手訓練。上次去加拿大演出的時候，我們在溫哥華蒸汽鐘那邊，看到一個街頭藝人在唱Led Zeppelin的“Stairway To Heaven”，他一聽立刻就知道那是什麼和弦，馬上就能轉換到鋼琴上，隨手用街頭鋼琴來play。

問：怎麼會想要成立自己的品牌？還找了先前在滾石／魔岩做過的鍾錦培（Thomas Chung）來做企劃統籌？

答：《圍庄》本來是唱片公司說要給我一百五十萬製作費，他們來發。結果都錄完了，我的錢都墊出去了，想說怎麼合約到現在還沒下來，我就直接打電話找唱片公司的窗口：「誒你們合約沒下來，是不是不想發了？」他們實體唱片很慘，所以沒辦法做一個這麼大的投資。

因為我都已經花了一百五十萬，他們既然不發，我就得想辦法發。回來美濃以後，美濃愛鄉協進會的朋友來我家開會，我就順便提了一下這件事，就問Thomas的想法如何？Thomas說：「生祥，」口吻很慎重：「你為什麼不讓我做？我來到美濃生活，做協會的這些案子，對我來講太簡單了。我就要做有挑戰性的啊，唱片公司不做我來做啊！募資，我來幫你處理，我來弄！」那時候，我就看到Thomas的眼神有光芒，我無法不正視那個眼神、那個光，後來就決定讓Thomas來操盤。

問：電影《大佛普拉斯》整部是由您們擔任配樂，怎麼會想要接電影配樂？

答：其實那也是我一直以來的夢想，在交工時期時，我就想過：有沒有可能，有一天，有一個很厲害的電影導演，很喜歡我的音樂，然後呢，誒，他在拍一支厲害的電影，就找我做配樂，那我會很開心。

「大佛」這支電影我喜歡，所以做的時候就很帶勁、很開心、很有快感。在做自己作品的時候，因為都是概念先行，所以有些東西你沒辦法在專輯裡面做。但電影配樂的話，電影裡面出現什麼元素，我們就可以自由創作。像是，裡面有兩個底層員工在偷看頭家的行車記錄器，我就用了電影〇〇七的元素，把它跟很臺的旋律混在一起，很好笑；或是頭家帶女孩子去到很有創意的地方，在外面「做」，我們就配了衝浪音樂給它，很好玩，很天馬行空。這次配樂也有參考到 Jim Jarmusch 的電影，Neil Young 的配樂，或是像 Tom Waits 的作品。

雖然好玩，不過壓力其實很大，從初剪交給我，到我全部錄完交件，只有一個月的時間。因此，開始進入狀況，要寫曲時，我就跟監製鍾孟宏導演說：「接下來每天都會交一首曲子給你，你不喜歡再告訴我。」他就會聽。所以，看完那支電影的初剪，我用三個星期寫曲，接著，錄音前三天，我們把所有的器材搬到鍾孟宏的工作室，在那邊配著電影從頭編曲配到尾，就進駐在那裡。彩排完以後，東西馬上全部送到錄音室，隔天開始錄音，三天全部錄完，一個月完工。

問：所以，您其實非常嚴謹地安排您自己的工作進度？

答：我覺得是，或者是說，我在創作上很有紀律。

問：有想過要唱到幾歲嗎？

答：這也要身體允許。像Bob Dylan到六十幾歲創作力還是很強，七十幾歲還在唱；Leonard Cohen到八十幾歲還在唱。他過世時，我們剛好因為加拿大演出到溫哥華，那一晚，就play了"Hallelujah"，獻給我們鍾愛的老樂手，送他一程。可以的話，我也希望我能唱到最後一刻。

編註

1 「點生映象」為觀子音樂坑於一九九四、一九九五、一九九六年間的五月所舉辦的音樂創作發表會。此處應指與永豐相識的一九九四年的場次。

* CD封面提供：山下民謠、風潮音樂。

林生祥大事記

- **1971** 出生於高雄美濃。
- **1988** 就讀臺南二中。
- **1992** 考入淡江大學，成立觀子音樂坑。
- **1993** 出道。
- **1994** 美濃反水庫運動，與鍾永豐（後來成為交工樂隊、生祥樂隊的筆手）第一次碰面。
- **1997** 舉辦「過庄尋聊」客家莊巡迴演唱會。
- **1998** 3月，觀子音樂坑巡迴回美濃，國王廟表演事件，讓他決定自己的客語創作裡應該要加入傳統樂器的元素。4月，當時的行政院長蕭萬長，宣布美濃水庫將在一年內動工興建。6月，鍾永豐將美濃鄉親北上立法院抗爭的情境，寫了第一首詞〈夜行巴士〉傳給他。9月，決定返鄉。
- **1999** 交工樂隊成立。
- **2003** 交工樂隊正式宣布解散。得躁鬱症。

2018	出道二十年演唱會。
2017	為電影《大佛普拉斯》製作配樂。 《菊花夜行軍》十五週年紀念演唱會。
2016	成立「生祥樂隊」。
2012	5月，改造六弦月琴。
2011	進入臉書，開始嘗試將老歌迷找回來、大量接各式各樣的演出工作。
2009－2010	事業低潮。
2008	女兒出生，體重不足。
2006	成立「生祥與樂團」。
2004	成立「生祥與瓦窯坑3」。

2006 以「生祥與樂團」發表專輯：《種樹》，成員有林生祥、鍾永豐、大竹研及平安隆。2007年《種樹》入圍第十八屆金曲獎六項獎項，獲最佳客語歌手獎、最佳客語專輯、最佳作詞人獎。

2004 10月，以「生祥與瓦窯坑3」發表專輯：《臨暗》，成員有林生祥、鍾永豐、鍾玉鳳、陸家駿、彭家熙。2005年《臨暗》獲第十六屆金曲獎最佳客語流行音樂演唱專輯、最佳樂團獎、最佳作詞人獎。

2001 發表專輯：《菊花夜行軍》。2002年交工樂隊以《菊花夜行軍》獲第十三屆金曲獎最佳樂團獎。

1999 發表專輯：《我等就來唱山歌》。2000年4月《我等就來唱山歌》獲第十一屆金曲獎四項提名，獲最佳作曲人獎，並與鍾永豐、陳冠宇同獲第十一屆金曲獎最佳專輯製作人獎。

1998 發表專輯：《遊盪美麗島》。

1997 發表專輯：《過庄尋聊》，為「過庄尋聊」客家莊巡迴演唱會實況錄音。

2017 2016 2013 2010 2009

2009
以「生祥與樂團」發表專輯：《野生》，成員有林生祥、鍾永豐、大竹研。2010年《野生》獲第一屆金音獎最佳民謠專輯獎。

2010
以「生祥與樂團」發表專輯：《大地書房》，成員有林生祥、鍾永豐、大竹研、早川徹。2011年《大地書房》獲第二屆金音獎最佳專輯獎、最佳創作歌手獎、最佳民謠專輯獎。

2013
以「生祥樂隊」發表專輯：《我庄》，成員有林生祥、鍾永豐、大竹研、早川徹，加入鼓手（及打擊樂器）吳政君。同年《我庄》獲第四屆金音獎評審團大獎、最佳專輯獎、最佳樂手獎。

2016
以「生祥樂隊」發表雙CD專輯：《圍庄》，成員有林生祥、鍾永豐、大竹研、早川徹、吳政君、福島紀明、黃博裕。同年《圍庄》獲得第七屆金音獎最佳專輯獎、評審團大獎，專輯中〈南風〉獲最佳民謠單曲獎。2017年獲第二十八屆金曲獎評審團獎。

2017
電影《大佛普拉斯》配樂獲第十九屆台北電影節最佳配樂、第五十四屆金馬獎最佳原創電影音樂，〈有無〉獲最佳原創電影歌曲。

專訪高俊宏

採訪、整理、撰文／游任道　照片提供／高俊宏

前言

二〇一五年，我在小小書房華文文學讀書會選讀了高俊宏的「群島藝術三面鏡」系列作品：《諸眾：東亞藝術佔領行動》、《小說：台籍日本兵張正光與我》、《陀螺：創作與讓生》。決定讀這三本書之前，我考慮很久，因為除了《小說》之外，另外兩本則是採訪紀實與藝術評論的綜合。後來轉念一想，如果不把文學閱讀的範圍限縮在虛構文類，而是「藝術工作者如何交叉使用不同文類，探討什麼是創作」，又有何不可？於是，我藉著系列中名為《小說》的殼，偷渡了自己的偏好與好奇。一如訪談中，高俊宏說《小說》的寫作，其實是借了已故的張正光的殼——他的生命史，書寫自己的自傳與創作論，反思自己的藝術養成歷程。

最開始我是被《諸眾》裡，報導東亞左翼藝術家的藝術占領活動所吸引。當中透過「群眾藝術」的概念連結民眾，抵抗來自政治、經濟的權力高位者對人民生活的侵害，這是我在大學左翼社團也曾參與過的活動形式。跟著我再讀《陀螺》與《小說》，裡頭滿滿是我學院時期所學會的各種理論語言。相似的成長歷程，像是看到自己成長的影子，只是換了科系、使用不同的工具而已。學生時期讀這些反抗與解放論述，大家最常討論、思及的，就是如何將理論實踐在生活中，我好奇藝術家高俊宏如何將這些知識實踐在他的藝術創作裡。

準備讀書會時，我找到高俊宏自己在網路上整理的創作檔案、曾參與過的展出資訊，以及評論。高俊宏早期的創作不像常見的繪畫、攝影，或是敘事意圖明確的錄像形式，會產出一個意義相對完整的作品，對我來說，他的創作檔案，比較像是片段的創作歷程，或是展出過程的紀錄，因而無法在我腦中形成一個作品的清晰輪廓。我一邊看著這些「展覽」的主題描述，一邊對照檔案，想像這些可能是臨時性的裝置、文件與影像的排列組合意義；思索著，如果展出的不是作品本身，到底展覽的意義會是什麼？如果這就是當代藝術的表現形式，像我這種藝術門外漢，究竟要如何看待他們的藝術行為與實踐？

對我這個外行人而言，「早期的高俊宏」和我讀書會閱讀文本所認識的「近期的高俊宏」，在創作上有著巨大的轉變。後者除了創作載體的多樣，更讓我驚訝的是，他現階段的創作背後，都有一段人類學式的「空間田野」調查——他的行走，所耗費的巨大身體勞動，已經超乎我對於一位藝術創作者的理解。他像是藝術記者，報導起東亞藝術占領行動的實況；又化身社會科學的研究者，調查、分析廢墟空間的前世今生；同時也嘗試在廢墟裡創作，試圖將空間裡失落的生命尋回——為此他甚至重拾炭筆素描、拍起敘事意圖相對清楚的錄像短片，還寫了一部小說和三本口述史。就在我自認為稍稍對藝術家有點了解的時候，他已經走出廢墟，進入臺灣山林踏察，發現一段鮮為人知的人與自然被戕害的歷史。同時，他也正在進行日本殖民時期隘勇線的推進路線調查，尋訪山林、古道，測量與繪製還存留在山上的戰爭遺跡，並拍攝大豹社歷史的紀錄片。

回想讀書會時，曾在書裡讀到，早年他對「什麼是作品？」、「藝術意義為何？」的困惑，在這次訪談中，似乎已不再是困擾他的問題。「我當然還是一位藝術創作者，〔…〕不過，它已經不像是在做一件藝術作品，而是透過某種文化工程的手段去做一件事。」高俊宏在訪談中這麼說。

面對我自己一開始對當代藝術的疑惑，高俊宏的回答像是棒喝，讓我自問：「作品是什麼」真的那麼重要嗎？或許真正重要的是「行動」，與行動背後想達成的文化目的。一如訪談末了，他提到他調查隘勇線的計畫，真正的目的只是想讓大豹社的遺族知道：屬於他們的過去究竟發生過什麼，如此而已。

訪談

問：您是何時發現自己在美術方面的天分？

答：應該算不上天分，而是比較喜歡做這件事而已。我差不多國小一年級就感覺到自己很愛畫畫。因為母親在博愛市場賣內衣，就把我一起帶去，有時候用一條繩子把我綁在攤販旁邊的電線桿，怕我走失。我記得當時我喜歡在電線桿附近，撿那些夾在內衣包裝裡的厚卡紙，一面白色一面灰色的那種，然後就拿原子筆或鉛筆，在上面畫很多東西。我那時很喜歡畫動物，特別喜歡畫老鷹。後來到國小美術課的時候，我就覺得自己畫得比別人好一點，成績都是甲上、甲上上，開始慢慢感覺自己好像這方面比較突出。到國中時都還喜歡畫畫，會自己畫些漫畫去參加校內比賽、或和另外一個會畫畫的死黨去寫生。

問：除了自己畫畫，當時還有看其他的讀物嗎？

答：我小時候幾乎不太讀書、不喜歡讀書。不過我在讀樹林國中的時候，學校裡有一本刊物影響我滿大的，就是《青年世紀》。因為那時沒什麼別的書好看，自己又不太讀書，所以也不會主動找別的書來看，比較容易接觸到的，就是這種學校裡頭發行的東西。我在這個刊物裡讀到很多今天看來很浪漫的文章；後來也讀席慕蓉的詩、蔣夢麟、藍蔭鼎，還有像粟耘（編按：粟照雄）、杏林子寫的文章，都是現在看來比較俗氣的那種。當時《青年世紀》裡還有很多國、高中生投稿的文章，我也會去看；自己也有投稿刊出來過，其中比較有印象的，是寫我自己跟國中死黨想到宜蘭騎單車，後來在蘇澳被搶的過程。

國中時期會寫文章，主要是因為結交了一群奇怪的死黨，當時我們經常一起打籃球、打架、翹課，那時我最高紀錄一個學期逃學二百多堂；我也曾經吸過安非他命，後來不太喜歡就不碰了。之後，我就漸漸遠離那樣的生活，但這三、五年，仍是生命中的奇幻經歷，也許比讀書還重要吧。

問：當時除了喜歡寫東西，有特別去學畫嗎？後來考進國立藝術學院（今國立臺北藝術大學）是您的志願嗎？

答：中學時候沒有特別學畫畫，只有跟死黨出去時會寫生。事實上我是到高職讀廣告設計科以後，才比較算是進了美術教育的系統。也是在這個階段，我開始非常大量地四處寫生，到處旅行。後來雖然因為朋友的因素，轉學到板橋一個超爛的流氓學校，但寫生的習慣不曾中斷過。也就是在這個過程裡，我慢慢清楚自己未來的方向，畢業時已經明確知道我大學就是要考美術系。

職校畢業後我就直接去重考班補習，像老鼠一樣擠在南陽街的教室，過了一年灰暗壓迫的日子，終於在隔年順利考上當時的國立藝術學院。雖然那時我對這所學校的認識並不多，可是不知道從哪裡來的印象，是看報紙嗎？我忘了。就是隱隱約約覺得它好像比較新、比較怪，這是它吸引我的地方。

國立藝術學院開的課程，在當時算還滿開放的；當然也有傳統的，像素描課、國畫、水彩這些。可是，它有一些課的方向完全是以「前衛藝術」，或「觀念藝術」的角度來要求你，這對那時的我來說，算是新的東西。我大學前兩年，大致上過著很爛的生活，我無法融入當時班上同學的群體中，也不允許同學進入我的領域，很像新聞報導中校園槍擊案會出現的那種「孤狼」殺人者。後來慢慢到大三時，這些新的觀念開始對我產生很大的衝擊，同時間我也停止畫畫。當時主要是對「觀念藝術」相當著迷。我記得那時有一堂課老師就問：「什麼不是藝術？」這問題就讓我想很久；但在另外一堂課老師卻又問：「什麼是藝術？」又讓我想了很久。總之那時就是在一個很混亂的時期，但是，類似這種對藝術、或觀念的思辨的東西很吸引我。

當時覺得「觀念藝術」有意思的部分是：它看起來其實是一個像藝術，又不像藝術的東西。它在操作上，經常是以邏輯或者概念指出當代世界的問題；它跟傳統的藝術表現方式完全不一樣。它有一種靈巧性、辯證的思維在裡頭，跟我過去學繪畫，層層疊疊地在累積的東西——以傳統再現為主的美學形式——很不一樣。甚至，它基本上有一個「反美學」的傾向，反對過去西方從浪漫派、寫實主義一直到印象派的視覺性的美學表現形式。它會出現對過去美學形式抵抗的東西，或是破壞那些形式、框架的觀念，這似乎很符合我那時比較不合群的想法。

當時受到這些衝擊，我就在學校訂了美術系的南北畫廊要做個展，那時花了很多時間在想：「我到底要怎麼做？」、「藝術是什麼，它還可以是什麼？」這些問題徹夜圍繞著我。

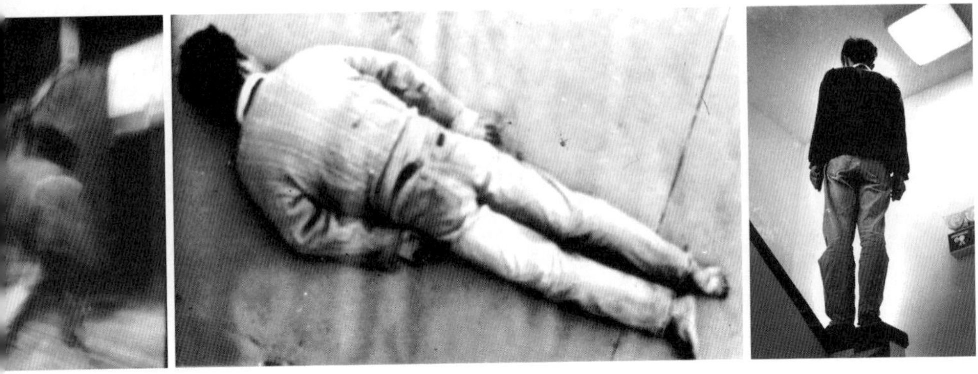

1995年《置位》。

後來我就決定拍自己怎麼樣四處穿越美術系建築體的照片，像鬼魂一樣的照片，另外還放了一組學校建築物的平面圖，還有外觀攝影等等，展覽主要是由這幾組文件所組成；當時，我應該是受了行動藝術家湯皇珍老師的影響，想要把「人」當作一個藝術主要的想像，因此就像屍體一樣，背對著鏡頭，在學校各處到處移動、到處躺，把人和空間的關係記錄下來。那個作品叫：《置位》，是我第一個個展。

問：怎麼會想要利用人的「身體」來做創作？

答：當時的環境雖然已經解嚴了，但是其實一直都還是很苦悶。我記得有很長的時間，是自己一個人晚上住在斷電的美術系館，在黑暗中壓迫自己去想、去閱讀、做筆記，這個壓迫的過程，成為後來我很重要的經驗：恐懼、孤單。雖然它是一種很古典的身體感受，但那時我以為自己進入了某種自己所創造出來的生命經驗，當時我就想，喔！原來人是可以用不同的方式來創造自己的。再加上「觀念藝術」的衝擊，讓我除了對古典美學框架、對再現產生質疑，甚至也懷疑工具這個東西，對生產出這種藝術語言的工具產生質疑，所以我把筆、把工具這些都放下。當你不想用任何工具的時候，回到「身體」對我來說是滿自然的。

我在《置位》之後，做了滿長一系列是在操作跟「身體」有關的創作。當時在做這些，我沒有什麼特別的憑藉，要說的話，大概可能也有受到西方「行動藝術」的影響，特別是波依斯（Joseph Beuys）[1]的作品，他的一些直接、素樸，反精緻藝術的創作或行動，傳達了一種觀念的擴張，或者說對社會的批判吧，我還滿喜歡的，所以我想那時的作品應該都有他的影子。

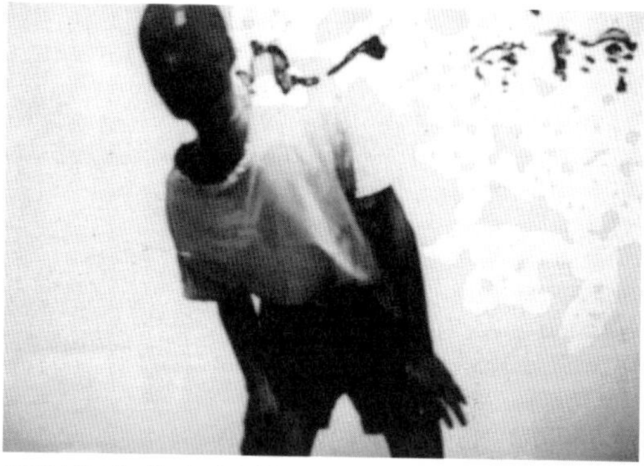

1996-1997年《無名氏書寫》。

問：學院時期到當兵前，哪些是您比較核心的創作？

答：第一個是一九九五的《置位》，它比較像西方批評家在談的「清教徒」式的觀念藝術。它有一個比較潔癖的狀態是：它不去表現、沒有想要刻意去渲染，單純就是用文件來呈現，讓看的人自己去想、去思辨。到了九六、七年做《無名氏書寫》那個系列時，就出現比較複雜，比較肉體的東西，也開始有一些比較直接的身體摩擦，記得有一次是用頭沾顏料，在北投捷運站前面的廢墟牆面上摩擦，會痛，有一種自虐或自孽的感覺。因此，過去

1998年《社會化無聊（I）：美玩美》。

那種「清教徒」的狀態可以說是比較少了；但整體而言，它還是屬於比較封閉性的創作，是一個人在一個空間中的行為，影像呈現起來還是比較單一、機械性的。現在回想起來，那個時候的機械性身體，比較是想衝破一些無所事事、苦悶氣氛下的反應而已，談不上有什麼具體的內容。

另外就是九七、九八年做的《社會化無聊（Ｉ）》，那個階段我開始想「行動」跟「社會空間」的關係，那時有很多是直接到城市空間、到荒郊野外去做作品，所以「場所」的意義也比較會凸顯出來。因為我沒有事先去宣示（Announce）說「誒，我現在要表演」，所以它也不是人家來看你表演。譬如說有一件作品《跳啊跳》，我就是直接在街上跑啊，到海邊、到屈臣氏外面跳啊，直接這樣做了。過程還滿赤裸裸的，你知道其他人的眼光——對你的觀看——其實就是這個社會對你的觀看；它沒有被中介，沒有表演的宣告來掩護你、包裝你，把你和空間中的其他人區隔開來。我記得那時我在沙崙海水浴場跳，後來居然有一個人游泳經過我，好像對我視

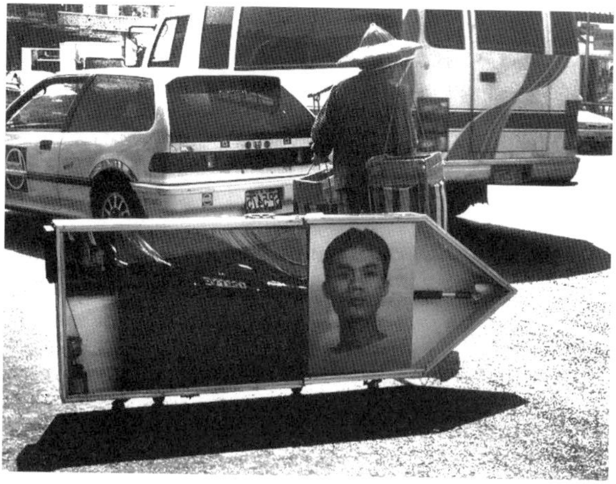

1998年《再會，從此離去》。

而不見，他應該覺得我有點精神異常吧，但是這都是很實際的情況。這些想法後來一直連結到我一九九八年做《再會，從此離去》。

當時我很困惑的問題主要有幾個面向：第一個是，「藝術創作它最後一定要製作出一個作品嗎？」、「我展現給人看的作品，會不會根本就是另外一個東西？創作的過程反而因此消失了？」所以這個階段，我一直很消極地在處理作品最終的視覺展示問題，迴避為做作品而做作品，甚至是有點「反展示」的。因為對我來說，真正重要的是整個做創作的過程對我的撞擊，我比較在意的就是這個過程。

第二個是，「藝術家到底什麼時候是屬於藝術的？什麼時候不是？」、「它的邊界在哪裡？」也就是：一個藝術家、創作者在「一般的生活」裡到底有什麼意義？我後來發現其實沒有意義——這個問題終歸也是假議題，但它確實曾經困擾過我——可是那個「沒有意義本身」，可能就是某種我們——藝術家——之所以可以存在的必要性：就是「無聊」，藝術家就是在處理無聊，或者「非社會性」的時間、空間等等，所以我九八年開始做一個叫「從此離去」的行動，其實是在面對這些疑惑。

這些創作我後來有整理過，收錄在二〇〇四年《BUBBLE LOVE：高俊宏1995—2004藝術紀錄》（簡稱《BUBBLE LOVE》）作品集裡。《BUBBLE LOVE》出的時候有附一片光碟，裡面有很多類似的想法，例如有一系列叫《社會化無聊（1998-2000）》的創作，裡頭有放一些像追火車、亂跳啊、丟雞蛋、移動中的手影，或是吃報紙再吐出來放在瓶子裡收集等等的行動，都是一些很奇怪、可能也很壓抑的想法，或許因為在大學結束、當兵退伍、出社會短暫工作的經歷後，試著要在現實的困境裡開創出一些什麼。

問：創作《泡沫的消失》，正值您當兵服役的時候，當時是利用什麼時間做的？想探討的主題是什麼？實際上如何操作？

答：這個作品是當兵前就向國藝會提的計畫。當兵前就開始做，主要是在三芝的八角屋廢墟，弄了一個大型充氣氣球，然後就這樣生活在裡面。當兵後我是利用比較長的休假時間做。當兵的時候覺得很苦，被當動物一樣看待，過去的藝術感知幾乎消失。所以做作品變成是唯一支撐我，給我希望的東西，我記得這個作品後來有持續做到退伍，大概二〇〇〇年前後。

它同樣是關於藝術家的邊界的討論，只不過它是比較大型的計畫。邊界，border，在這

1999-2000年《泡沫的消失》。

個作品有兩層意義，一層是關於「界定」的問題，就是「是」或「否」的問題；第二層是content，就是內容，在所謂的藝術家、作者的這個封套裡面，到底我們在做什麼，裡面究竟有什麼東西？

《泡沫的消失》，當時就是把自己長時間丟到一個中空的球體裡，那個球面就好像是一個邊界，文化的邊界，藝術與生活在裡頭發生。這件創作主要發生在三芝的後厝村，那時我占領了八角屋的一棟廢墟，在裡面拉發電機、準備睡袋，還有一個儲水桶……就是生活在那邊；另外還做了一些很奇怪的表演，然後用自拍的方式存檔，這是屬於作品的第一階段；第二個階段是做了一個三角形的投影支架，把大氣球架在上面，然後租了一艘漁船，由東澳的粉鳥林漁港出海，讓過去一年期間在球體裡面的紀錄影像，反轉投影在球體外面。事實上，在海上投影之後，我大概了解到，雖然我好像在談一個藝術創作者的文化封套，事實上封套裡面很可能是空洞的，創作很像在製造碎屑、垃圾一樣的東西，我感覺自己是在透過很大量的勞動以後，才驗證了一個很簡單的道理。

問：退伍之後，您如何延續創作？

答：當兵回來做了幾個作品：《社會化無聊（Ⅱ）》系列、二〇〇三年《阿普瑞遜—傘（Operation-Shit）》、《逆種植》做完，經歷了九年義無反顧的創作熱情之後，我慢慢覺得自己的創作沒意思，感覺乾枯了。

像《阿普瑞遜—傘》，當時我想做一個想法就是：「無」，nonsense，做一個沒有意義的事情。我當時耗很大力氣用卯釘、鋁板，製作一艘方形的登陸艇，搭船到外傘頂洲上重新組裝，組裝完就在裡面煮一碗麵把它吃掉。我當時的想法，就是做一個沒有意義、空洞的東西，想要講那個空洞、講藝術或者生命活動的徒勞。但我覺得那時已經面臨瓶頸，已經很疲憊、講不下去了。在這之前，大概從做《社會化無聊（Ⅱ）》就已經有一點這樣的跡象，只能玩弄空洞。我覺得我一直在追問的問題：「藝術家到底是什麼？」、「藝術的邊界在哪？」等等這些已經追問不下去，它的虛無已經到一個頂點，我已經不想再重複問一樣的問題了。之後就有一段時間的停頓，也開始整理過去九年的作品檔案，並在二〇〇四年出版了作品集《BUBBLE LOVE》，後來它的展覽有入圍台新藝術獎決選。

問：這也使得臺灣的藝文界與觀眾開始注意到您。這對您來講產生什麼影響？

答：我覺得它終究來說，還是一個正面的事，因為開始有人注意到你，雖然不一定完全看得懂我在做什麼。大家也覺得你很奇怪，很好奇你到底在做什麼？當時我就被歸類為行為藝術、行動藝術家。

不過，那時雖然曝光度增加了，但自己反而開始迷惘，不知道要往哪裡去，還是沒有找到創作的出口，然後現實生活的壓力也很辛苦。我之前在處理《社會化無聊（Ⅱ）》、《阿普瑞遜—傘》的時候，就在處理「空無」，之後衍伸出「無作品藝術」的想法，但到後來，我就像高速飛行的飛機失去空間感一樣。我記得作品集入圍的那時候，父親剛過世不久，然後我看到母親困惑的眼神，因為她去新光三越百貨樓上的展場看我入圍台新獎的作品，就傻眼（笑），意思是，藝術怎麼是這樣？那時候我也想很多，想我到底在做什麼？我要做什麼？……所以我的創作就停下來。當時我應該是患了精神方面的焦躁症跟失眠，後來就開始去看家醫科、看中醫，吃使蒂諾斯（Stilnox），甚至搬到礁溪鄉下去住一段時間。那時候滿糟糕的，不重要的事情反而環繞在腦中，精神上很累，體力上也很累，整整兩年的時間，都沒法好好睡，非常地疲憊。

問：停下來之後，您怎麼思考接下來的創作方向？

答：停頓了一段時間以後，有一天，我剛好看到有一個藝術家叫桑尼爾（Keith Sonnier）[2]的，講了一句話，意思是，藝術終究是存在於社會之中，如果沒有試著討論更廣的東西，那他不知道藝術該往哪裡走。於是我開始積極思考藝術的社會性，有別於以前專注於自我的思考。後來我做了一個跟「家」有關的計畫，就是二〇〇五、〇六年的《家計畫》。我最初的想法是，要實際進入陌生人的家庭，跟他們溝通，一起合作做些東西。譬如採訪、聽聽看他們的故事——這也是我第一次做採訪，幫他們拍一些短片、一起做一些關於「家」的想像的建築。後來，我跟其中一組單親家庭一起到臺東縣的長濱鄉旅行，也和另外一組家庭在新竹芎林的燒炭窩促膝相談。一年多下來，漸漸地我跟這個社會也比較沒那麼疏離，也開始試著去理解周遭的文化或政治經濟上的一些問題。這個過程對我很重要，形成了一種轉向，之後的創作就開始有些不一樣的東西出現。

差不多也是在這個時期，二〇〇七、〇八年左右，我開始走入蠻荒的森林，同時也看到一些山野近郊的廢棄空間與山林的變化，深切地意識到資本主義的問題。回到城市以後，陸續看到一些都市景觀、都市更新的問題，慢慢地我就把它轉到我創作關注的議題裡，因此也出現滿多田野尋訪、調查的工作。

後來，好像臺北市花博（編按：二〇一〇年臺北國際花卉博覽會）剛要開始，我們一些藝術工作者就開始討論，藝術家要怎麼反擊花博，也因為這樣開始碰到一些城市文化治理（Cultural governing）的議題，那時候做了一個叫《小巴巴羅薩》的計畫，侵入花博會場去做一些反宣傳的行動。後來，也嘗試進入都市更新的一些空間，像永春社區、臺北的華光社區跟紹興社區……等等。當時我們在紹興社區做了一些工作，甚至拍了七、八支居民的短片，在社區裡面播放，在居民支持下，帶著一般民眾進入，期待能夠多認識這群所謂的「違法」住民。

這種藝術介入社區的創作，涉及到一些敏感的倫理問題，特別在臺灣很容易有這種爭議，有人會說：「藝術家根本是在以受害者為議題，做自己的作品」等等，我基本上會迴避有爭議的做法。但是，參與、關注這個都市空間的地景改造、士紳化的過程，對我產生滿大的撞擊是：到底一個藝術家在社會中能做什麼？要如何去找到自己的位置？

也就是在這段期間之後，我開始前往香港、東京、武漢、首爾、濟州島、沖繩等地，尋找一些做類似議題的東亞藝術家，從東亞這個區域的整體性來看待都市發展的衝突，與藝術家的對應方式，還有美國、中國的因素，怎麼樣在今天還影響著這些區域，於是就把那個撞擊連起來了，也開啟了我東亞空間的調查計畫。

問：那是什麼樣的計畫？

答：起先是因為香港「活化廳」的藝術空間，找我去駐村創作。在那裡我才發現他們已經

在做東亞的連結工作，我覺得很有意思，所以我就延續這樣的連結，開始密集採訪一些東亞藝術家，了解他們的處境與行動方式的關聯，例如，在東京代代木公園和野宿者住一起、爭取居住權益多年的市村美佐子，還有濟州島江町村反海軍基地運動的人們。他們某方面都在面對歷史的問題，同時也在面對當代城市空間的衝突，面對企業、財團與政府聯手，藉由文化工程掩護的方式，實際上是為了自己自私的發展慾望與利益。我發現這樣的情況，在東亞其他國家比臺灣還嚴重。後來，我決定要出版，就申請國藝會的出版計畫，寫了《諸眾——東亞藝術佔領行動》這本書，在二〇一五年出版。

問：《諸眾》、《小說》、《陀螺》同屬「群島藝術三面鏡」系列[3]，是一開始就決定的寫作計畫嗎？

答：最早只想要寫《諸眾》，但是在做東亞藝術占領行動調查的中、後期，我也開始進行《廢墟影像晶體計畫》（編按：始於二〇一三年）。第一輪的東亞調查完了以後，我就覺得在韓國有占領工廠、占領政府機關閒置大樓的藝術行動，可是在臺灣並沒有這麼大規模的藝術占領。所以那時候，我開始到北部近郊的一些廢棄工廠去晃，當時並沒有想要複製他們的形式，韓國的占屋運動者——例如金江、金潤渙這對藝術家夫婦——通常是左翼的，所以會弄出像人民公社之類的組織；雖然我的觀點也比較偏向左翼，但我倒是沒有一定要搞一個公社。

由於目擊了龐大的工業廢墟，我就從歷史、空間跟影像的角度切入，開始去調查這些一九八〇、九〇年代之後，因為臺灣經濟轉型的關係而廢棄的空間，發現它們跟臺灣加入全球貿易組織（WTO）有很密切的關係——相對廉價的商品衝擊本土產業，很多製造業工廠外移到中國大陸或者越南、印尼等地——如果說新自由主義是一種跨國經濟殖民的模式，那麼這些廢棄的工業建築群，有一種濃烈的犧牲感，是經濟殖民下利用價值被剝削了以後的剩餘物。光是臺汽客運廠背後，就有一個既明瞭又複雜的全球政治、經濟結構的縮影，就跟利豐煤礦、海山煤礦相似，當然還有更多更多，這些類似的空間都遺留了不同類型殖民力量的殘存，彼此間似乎是可以互相切換的。

我當時在調查這些空間的時候，會去現場找尋相片，或者在其他地方搜尋相關的歷史影像，然後在現場從事創作，這個部分，連同近十年的作品，都收進《陀螺》這本書。至於《小說》則是從東亞和廢墟空間的調查計畫延伸出來的，關於一位已故的臺籍日本兵的故事，因此可以說三本書之間是相互關聯，鑲嵌在一起的。

問：《廢墟影像晶體計畫》是怎麼開始的？跟您二〇〇七、〇八年之後常在山區行走有什麼連結嗎？

答：這也是部分的原因，我在山裡面走的那幾年，發現很多廢棄的礦坑、礦場，我常常進去晃，後來才發現這些一九八〇、九〇年代的廢棄空間。我真正比較密集地去走訪這些空間，是到二〇一二、一三年的時候。我最早是去利豐煤礦，後來也有去附近的海山一坑礦場，和樹林廢棄的臺汽客運廠。那時就感覺有一個詭異的影像感，好像鬼魂、鬼魅一樣的東西在那些空間裡，但是我當時模模糊糊的，還不知道那是什麼。

後來我試著找那一帶的相關資料，看看有沒有留下什麼相片，不過現場找到的都是一些看不出什麼所以然來的照片。

2013年《廢墟影像晶體計畫》。

後來我來到臺汽客運的一個廢棄辦公室，那個像爆炸過後的場景，跟我記憶中十九世紀帝國主義時期，約翰・湯姆生（John Thomson）[4]在臺灣拍的一張荖濃溪河畔的相片有點像，後來我就開始在廢棄辦公室的牆壁上畫這張照片。湯姆生的照片裡有兩位平埔族小孩，坐在廣闊的河床礫石上，我用炭筆將照片放大畫在牆上後，這些百年前拍攝的礫石，跟廢棄辦公室洗石子地板的碎片，似乎形成了某種關聯，對我來說，那是把外來者的凝視，轉變為空間、人物被放棄、毀滅的臺灣殖民史的一部分。但是，當時我不是純粹做壁畫，我還想利用這個場景做一些短短的演出，類似一個小型的表演，所以它比較像是個片場，或是某種布景的概念。後來，這個計畫變成了多人聯合創作的模式，由龔卓軍、林怡秀、王鼎元、邱俊達等藝術工作者一起參與。

問：學院時期您曾質疑西方的繪畫工具，後來怎麼會選擇以素描來創作？

答：當初會選擇炭筆素描來呈現，是因為素描單向透視的概念，它本身是一種很學院式的藝術語言，是典型的西方繪畫技巧；而湯姆生的攝影也帶有一點西方帝國的殖民感，在他鏡頭凝視下的臺灣景物，有著異地的地方風格，或某種異國風情。

雖然一開始我在廢棄空間裡做的是繪畫形式，可是終歸而言，因為它的尺幅都比較大，超過一般我們對繪畫的認知狀態，所以它確實是會有影像感的東西在裡面。像我在海山煤礦畫的一張，由臺灣攝影師李文吉在一九八四年所拍攝的海珊礦災攝影，驚人地呈現出死難者的屍骸，我透過炭筆再放大，那是震撼的。後來畫面就整個被清掉，我想清理的人，他不是在清一幅繪畫，而是一個影像——是這個影像在威脅某位管理者，在發生作用。有趣的是，後來《廢墟影像晶體計畫》出現了的影像「鬼魂性」——影像會漂移，它從約翰．湯姆生漂到被廢棄的臺汽廠，甚至後來又漂到蔡明亮《郊遊》的電影中，這是始料未及的。

問：二〇一六年臺北雙年展展出的《博愛》系列，拍攝了臺汽客運、海山煤礦、安康招待室以及樹林的博愛市場等廢棄、半廢棄空間的錄像，是這個計畫的延續嗎？

答：它可以看做是廢棄空間計畫的最後階段；後續到今年（二〇一七年）「棄路」的回顧展，展出其他相關文件和出版口述史《張高白》[5]之後，整個計畫才算是結束。當初會拍攝《博愛》，應該也是因為二〇一二年，受到陳界仁的作品《幸福大廈Ｉ》的衝擊。

《幸福大廈Ｉ》的片場本身，有很多廢棄電腦的場景，堆積如山。這讓我聯想到一部越戰的影片：《現代啟示錄》（一九七九），片尾有一段話是在講一個美國軍官，他曾經經過一個被越共占領過後的村莊，看到很多小孩子的手被砍下來，堆積成山的畫面，他就哭了。為什麼這些小孩的手會被砍下來？因為前一刻，他們才幫那些小朋友注射疫苗，越共在美軍離開後，就將這些注射過疫苗的小孩的手砍掉。軍官說他看到這個場景時，就像一顆鑽石的子彈射穿腦門，他就懂了戰爭是什麼。我那時看到這些影像，感覺也像被一顆子彈射

2016年《博愛：臺汽客運》放影活動。

過去，讓我知道「動態影像」還是有它的用處。我重新拿起攝影機的想法，就是從那時候開始的。

問：這幾年書籍出版作為您創作展示的重要管道，您覺得它和做作品或參加展覽有什麼差異？當初怎麼會想找出版社合作？

答：我覺得做作品或參加展覽，會看的人大概就是相關領域的，包括像作品集，會想看的也是圈內人。二〇〇四年我做《BUBBLE LOVE》作品集，沒有想過要跟出版社合作，可能也沒有人想出版，所以不需要考慮市場因素，也沒有從讀者的角度在考量，但是流通量就變得很小，幾乎只能說是自己做自己爽而已。但二〇一五年出版「群島藝術三面鏡」系列的三本書，跟今年出版的《橫斷記》，都是為了希望能有更多的讀者知道我做的事，所以我決定與出版社合作。那個階段我剛好正在寫博士論文，慣性使然，剛開始「群島藝術三面鏡」所用的文字都比較是學院的語言，但我自己討厭這樣的方式，加上出版社也希望我將文句修通順、修雅一點；我記得當時每一本書都花了大概一個月在修稿。再來就是，中間在跟出版社溝通的時候，很多我本來不想做的事，譬如說要放作者簡介、得過什麼獎、還要找推薦人這些，真的讓我很痛苦，但考量到出版社也要生存下去，我接受了其中一部分。我記得幾年前柄谷行人[6]來臺灣的時候，他的臺灣譯者林暉鈞老師，我有一段時間跟他參與一些社區運動，那時他就說，他覺得我們做的一些事情，遇到的最大問題就是沒有辦法流通、流不動，傳不出去。所以那時我想出版「群島藝術三面鏡」時，確實是在想，怎麼讓本來不會讀我們東西的中產階級知道。我覺得或許讓書能夠上市、文字再稍作修飾，就可以讓一些非藝術相關的人更有興趣來讀，這是我當時的想法。

結果證明，它吸引了跨科系的人來閱讀。像社會系所、外文系所，或城鄉所都有人感興趣，因為我作為一個當代藝術創作者，可是有些方法跟他們是有點重疊的。另外，像我的身體移動或挫折等等，我認為可能也會有一種共通性的語言產生，引起跨科系人的共感。

寫《陀螺》的時候，因為讀博班的關係，我也開始大量寫評論文章，因而有了評論者的身分，因此，除了創作紀錄以外，《陀螺》收錄了許多我當時期的藝術評論，而且也把別人對我的評論放進來，疊加更多的聲音，這是十幾年前出《BUBBLE LOVE》時沒有的狀態。在《陀螺》裡，雖然還是依著我自己的創作方向來做分類，譬如說失能空間、廢墟的計畫，連帶收錄了文化治理、空間批判的議題；另外就是關於觀念藝術、行為藝術在處理「身體」這部分的討論，整本書比較像是某種作品與藝評的交互指涉。

這三本書寫到《小說》的時候，除了已故的張正光[7]老先生的故事外，我還穿插了自己的成長歷程。為什麼會在裡頭特意要處理自己，是因為張正光屬於舊時代帝國下的人物，我則是成長於一九八〇年代新自由主義背景裡，另一種國際帝國秩序下的人，在歷史脈絡裡可以形成相互對照。另外，我也是企圖寫給藝術界的人看。我覺得當代藝術的領域太視覺化，或者太概念化，少了人味；我們藝術觀念的養成過程，事實上是滿疏離的，感性必須和理性戰鬥。所以《小說》在這裡，我把它當成一種漫長的創作自述與反省來看待，主要的對話對象，有很大一塊是臺灣的當代藝術圈與創作者。

問：裝置、錄像作品、田野調查、寫書與展覽，都像是您現在創作的一個切面。請問「藝術作品」對您現在的意義為何？您又是如何定位自己？

答：作品？我不太會去區分了，如果真的要界定，那會是一種序列性的概念，一個藝術事件的計畫，有點像是傳統「複合媒材」這個想法的進階版，譬如單看《博愛》系列，就有錄像、文件展覽跟行動踏查，也有出版口述史，這有時候會需要用幾年的時間來完成。

不過，我當然還是一位藝術創作者，而且堅持這個身分，但我覺得不需要用各種媒材的個別性來劃分我自己，比如說堅持我是個影像工作者，然後我只能用影像的語言去做的想法。對我而言，現在不管做什麼，自己都會去把握住一個總體性的意義，它已經不像是在做一件藝術作品，而是透過某種文化工程的手段去做一件事。譬如近期在做的大豹社（Topa）事件，涉及到了紀錄影像的拍攝、口述、測量、尋找遺族等等，最重要的是，釐清事件對當代臺灣的意義。這些都是涉及許多不同層面的工作，而「藝術」一詞，我反而覺得不太夠用了。

問：「大豹社事件」是什麼樣的計畫？

答：它是關於日本殖民時期北部的隘勇線前進侵略，也跟原住民大豹社事件有關。為了三井財團資本主義的發展，日本隘勇線往三峽、新店那邊推進，殺掉很多大豹社的原住民，製造了規模大於霧社事件的戰事。這兩年的踏查，讓我滿震驚的，有那麼多山裡的遺址就鄰近臺北這個大城市，它背後都有一段很殘酷的歷史，卻幾乎沒有被人認識到。最近一年多來，我帶隊上山，調查那些可能還留下來的遺址點，一個點一個點去除草、慢慢在測量，找出當年隘勇線的遺址，如監督所、隘寮、隘路、酒瓶、槍櫃等等，然後用素描畫下來，接著我可能會出一本調查畫冊。另外是跟國家談判，跟林務局、文化部、還有原委會談，把這些路線變成一個戰爭遺址來保留。登山界的前輩，古道、原住民調查專家楊南郡曾經做過類似的事，就是八通關、合歡越嶺古道的調查，但北部的大豹社事件沒有人做。

我的立場是，希望能讓大豹社的遺族、或者年輕的人可以知道這些東西，甚至能回去走走。我覺得不一定要透過歷史研究的方法，也可以從空間生產的方式來做。我不是歷史學者，但是空間踏察與再現是我能掌握的。

另外現在也正著手拍攝兩部紀錄片，一部是原委會委託，另外一部是公共電視紀錄觀點委託的。由於大豹社事件在目前遺族的記憶裡面，除了樂信・瓦旦（Losing Watan）家族以外，對其他人而言還是很模糊、隱晦的一件事。我覺得紀錄片可以扮演一個拉近彼此、穿針引線的工作，希望透過拍紀錄片慢慢凝聚這些遺族，也聽聽看他們的意見與想法，重新凝聚一個「群」的想像，這是我最終的目的。因此，近一年來我頻繁地上山，前往桃園縣復興區的志繼、佳志、基國派與溪口各部落，尋找大豹社的後代。此外，大豹溪流域目前所定居的漢人，以及所發生的事情，包含濫墾行為，以及樂園化的趨勢，也是我關注重點。我甚至還租了go-pro潛入大豹溪底去拍魚，也用空拍機拍攝地景被破壞的情況，還因此檢舉一樁山坡地濫墾的案件——三清萬甲仙境濫墾案，目前正在拆除中。

剛剛講的這些，都是牽涉到很多文化行為所組合成的一個總體行動，過程當中我也跟研究臺灣理蕃的權威學者傅祺貽教授共同合作。他看到我在做的事很驚訝，因為很少人用這樣的方式處理歷史議題，所以我們之間彼此就形成了互補；而我也更確定在藝術創作上，這麼做是成立的，它跟一般的視覺中心主義完全不同，我也不那麼想玩弄繁複的概念了。所以你說，我到底是一個紀錄片工作者，還是林務局的調查員、學者，或是藝術家？對我來講慢慢變得不重要；我覺得重要的反而是如何完成一件事吧。

問：大豹社事件在您最近出版的《橫斷記》裡有出現。《橫斷記》的內容，與您未來打算出版的調查畫冊有什麼關係？

答：《橫斷記》有四個篇章，分別是大豹、眠腦、龜崙、大雪，臺灣四個山區的踏查，比較是從近似於報導文學，或者說是「非虛構」寫作。裡頭主要在勾畫出一段長期被忽視、甚至刻意掩藏的山林史，以及背後的帝國人類學、人種學等等的精神結構。它一路從日本殖民時期，經過二戰後國民黨的戒嚴體制，到解嚴後、全球化的發展，以不同形式的傷害與歧視延續至今。

與《橫斷記》比較不一樣的是，由於訪問了許多大豹社的族裔，我希望能夠以這些後裔的口述作為素材來做一些事，譬如說出版，或者用在動態影像裡。此外，因為踏查了北臺灣七條隘勇線，最遠到宜蘭的崙埤村，總計一百多公里的山路，包含地圖以及踏查紀錄、素描，我希望能夠用更紀實的方式，或者說用更接近歷史論述的

方式來呈現。畢竟這是一本想要送給大豹社後裔為目標的書，盡可能維持這本書的客觀性，可能比發展創作性來的更為重要。

問：經過這幾年在山上的踏察，山對您而言的意義是什麼？

答：我覺得山就是我的辦公室，特別是北臺灣的郊山，更與我的成長記憶有所重疊。但是我必須強調，過去對於山，我是沒有「經驗」的，對它只是一種懵懵懂懂的感覺而已。入山次數多了以後，經驗好像也多了一點，但山野總是殘酷無情的，登山是一種會喪命的活動，這點我可以說時時刻刻謹記著。現在在山裡走，多半是因為有很多現實的計畫要做，跟早年在山上自由探索的狀態不同。不過，我常常還是會在下山以後，腦子裡都還是在山上所經歷過的事情，我今天看到什麼植物，然後又看到奇怪的遺址……下山以後我都好像是吃了辣椒一樣，它會辣一陣子、會想一陣子，好像還呼吸著山上新鮮的空氣，耳朵還聽得到蟲在叫，山上寒冷的濕度、濕氣、或者恐怖的雨，我覺得那個身體感是會一直延續、儲存著的。有時候，山就像鑽石一樣非常地透澈，卻又堅硬而無法穿透，讓我覺得生命是清楚而實在地展開著。所以整體來講，我覺得山是改變我生命狀態很重要的場所，應該是這樣吧。

編註

1 約瑟夫．波依斯（Joseph Beuys，1921-1986），活躍於戰後德國，偏好使用凡士林、毛毯、廢棄物，以及日常生活中可能觸及之物為媒材進行創作。其作品類型涵蓋行為、觀念及裝置，傳遞與童年或戰爭相關之經驗。倡導「人人都是藝術家」，強調每個人都具有獨一無二的創造力，能將一切媒材藝術化、審美化、觀念化。（參考整理自：黃鼎云，〈吳瑪悧，專題演講「藝術作為一種社會雕塑」〉，二〇一四年九月，國立臺北藝術大學教學與學習支援中心電子報，第八十一期，網址：http://goo.gl/Q997T8。）

2 基斯．桑尼爾（Keith Sonnier），美國後極簡主義者、行為藝術家、影像和燈光藝術家。一九六〇、七〇年代，將霓虹燈光運用於牆面雕塑的首批藝術家之一。（參考整理自：Keith Sonnier官網，網址：http://www.keithsonnier.net/biography.html。）

3 「群島藝術三面鏡」系列：《諸眾：東亞藝術佔領行動》、《小說：台籍日本兵張正光與我》、《陀螺：創作與讓生》（二〇一五，臺北：遠足文化）。三本書於內文分別簡稱《諸眾》、《小說》、《陀螺》。

4 約翰．湯姆生（John Thomson，1837-1921），為十九世紀重要的攝影師之一。同時具有地誌學家、旅遊探險家、作家等多重身分，是西方早期行旅至遠東地區的攝影家之一。一八七一年來臺短暫停留一星期，其間湯姆生先後到拔馬（左鎮）、木柵（內門）、柑仔林、甲仙埔（甲仙）、匏仔寮、荖濃、六龜里等地，並用相機記錄下數十張臺灣平埔族人與山林間自然景觀的影像。（參考整理自：李品慧，〈西方旅者眼中的臺灣—約翰湯姆生來臺的足跡〉，中央研究院數位典藏資源網，網址：http://goo.gl/sNPABN。）

5 《張高白》系列，二〇一七年，高俊宏自印出版。包含兩本採訪暨口述史料整理，採訪對象為參與二〇一六年《博愛》系列影像拍攝計畫演出之成員：張詹桂、張哎母女、高林梅玉女士；以及一本於廢棄的臺汽客運廠中拾遺，署名為俠骨俗子、白浪子的流浪者各式手稿文件。

6 柄谷行人，日本當代思想家、文藝評論家。一九六〇年代參加反安保運動；一九六九年以討論夏目漱石的〈意識與自然〉獲得第十二屆群像新人文學賞。近年以亞洲邊陲位置的角度，持續探討「國家」、「資本」、「國族」等概念，提出「Association」作為對抗之理念，二〇〇〇年曾組織NAM（New Associationist Movement）。（參考整理自：心靈工坊出版社官網，網址：http://goo.gl/6dLjPm。）

7 張正光：曾在日本殖民時期於大阪島工業學校就讀，後被日本帝國軍徵招為神風特攻隊當學徒兵。於執行自殺攻擊途中，遭美軍追擊墜海於美軍艦艇旁，後為美軍救起關入戰俘營，一個月後日本戰敗被遣返回臺。（參考整理自：高俊宏，《小說：台籍日本兵張正光與我》，二〇一五，臺北：遠足文化，頁三十、一七四。）

＊ 書籍封面提供：高俊宏、遠足文化。

- 1973　生於臺北縣樹林鎮（今新北市樹林區）。
- 1980–1986　就讀臺北縣板橋市沙崙國民小學（今新北市板橋區國民小學）。
- 1986–1989　就讀臺北縣樹林國民中學（今新北市樹林高級中學）。
- 1989–1992　就讀臺北市立士林高級商業職業學校美術設計科；1990年轉學新北市私立豫章高級工商職業學校，1992年高職畢業。
- 1993–2001　就讀國立藝術學院（今國立臺北藝術大學），2001年學士畢業。
- 1998–2000　當兵服役。
- 2003　2月，開始整理1995-2004年創作檔案，計畫自費出版作品集。

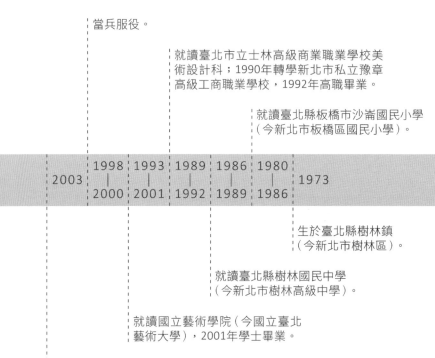

2017–2018
任公共電視節目「紀錄觀點」:《找線》紀錄片導演;任原住民族委員會:《鬼芒草之地》紀錄片導演;任國立臺北藝術大學藝術跨域研究所兼任助理教授。

2015–2016
任台北當代藝術中心(TCAC)理事。

2013–2016
任「廢墟影像晶體計畫」主持人。2014、2016年,參與蔡明亮舞臺劇《玄奘》巡迴表演。

2011–2014
陸續前往日本東京、沖繩,香港,韓國首爾、濟州島,中國武漢地區採訪並考察全球化處境下,東亞地區藝術家以身體行動發展出的占領案例。任「東亞空間佔領藝術行動研究計畫」主持人。

2011
開始個人廢墟、失能空間調查、創作計畫。2012年7月中斷,後於2013年與多人合作,重啟計畫。

2009–2017
就讀國立臺南藝術大學創作理論研究所博士班,2017年博士畢業。

2003–2007
就讀國立臺北藝術大學美術系研究所碩士班,因故肄業。

2004

7月，著作《BUBBLE LOVE：高俊宏1995-2004藝術紀錄》，自印出版。2005年獲第三屆台新藝術獎視覺藝術入圍TOP7，同年以「這本書的身體」參與第三屆台新獎入圍特展。
8月，「林中走錯路」個展，於新竹沙湖瀝畫廊。
11月，「穿越德國—尋找德意志『近藝術』」，獲文建會（今文化部）創作人才培育計畫贊助，於德國Frankfurt、Dusseldorf、Cologen、Kassel、Hannover、Bremen、Hamburg等地駐村創作。作品展出：2005年「在留茂安，等待德意志」個展，於Taipei MOMA Gallery。

2003—2004

《逆種植》，前往臺灣六處採集植物，環島投影，作品於2004年完成。

2003

2月，「再摺皺：山喬菌宏的愉悅」個展，於高雄豆皮藝文咖啡館。
9月，《阿普瑞遜—傘（Operation—shit）》，前往外傘頂洲進行拍攝。

2001—2002

《社會化無聊（II）》系列。

1999—2000

2000年3月，「蓮池・痰」雙個展，於臺北新樂園藝術空間。
《泡沫的消失》，於2000年4月完成。

1998—2000

完成作品《從此離去》與《社會化無聊（1998-2000）》。

1997—1998

《社會化無聊（I）》系列。
1998年，開始「從此離去」行動，創作《再會，從此離去》。

1996—1997

《無名氏書寫》系列。

1995

《置位》。

2012

3月，《藝術家生存術：烏鴉取水》（單頻錄像），受邀參與「未來事件交易所」聯展。
4月，《湯姆生計畫1》、《湯姆生計畫3》（空間裝置），受邀參與法國「臺灣青年世代藝術展」。2017年2月，受邀參與印第安納大學"China Remixed"聯展。
5月，《利豐的折射》（行動、錄像），於三峽利豐煤礦拍攝。

2010

1月，《小巴巴羅薩行動》（街頭行動、錄像、裝置），受邀參與「微影像：文賢油漆電影公司」聯展。
9月，《腦視丘：台灣案內》（影像、裝置、行動），受邀參與「台灣當代藝術論壇雙年展」，內容包括：內視鏡／用腳寫毛筆機器。

2009

《公路計畫》（拍攝、行動裝置），巡迴臺北縣（今新北市）各地。2010年出版《公路計畫－台北生存美學檔案》，臺北：財團法人新台灣研究文化基金會。
4月，《偷水者》，受邀參與法國巴黎「臺灣當代藝術圖檔」聯展。
10月，「反文化局（I）：一個觀念的起草」個展，於高雄豆皮藝文咖啡館，內容包括：訪談錄像、空間裝置、文件、論壇、紅皮書。
12月，「反文化局（II）：爸爸教我如何做人」個展，於臺北竹圍工作室。

2005｜2006

《家計畫：一個太遠的緬懷》，與臺灣三組家庭合作「協力造屋」，作品於2006年完成。作品展出：2006年「家計畫，一個太遠的緬懷」個展，於臺北市立美術館；2007年獲第五屆台新藝術評審團特別獎。

5月，《猴猴》（單頻錄像），受邀參與「時－空－間：(CON) TEMPORARY SPACE-TIME—柏林表演藝術月」。
6月，《漳州銀行》，受邀參與「上海雙年展：中山公園計畫」。
8月，《廢墟影像晶體計畫：七個場景》，受邀參與「我們是否工作過量？」聯展。
10月，《廢墟影像晶體計畫：十個場景》，受邀參與「返常亞—洲藝術雙年展」，主要藝術工作者：龔卓軍、高俊宏、林怡秀、邱俊達、王鼎元等人；2014年獲第十二屆台新藝術獎年度入選、受邀參與「第十二屆台新藝術獎大展」；2017年受邀參與「國際城區影像節主題展|“圖像的框架”」。

2014 2013

1月，《尋找那位女士》（單頻錄像、櫥窗裝置），於香港「活化廳」放映展出。3月，《兩個1984》（單頻錄像），受邀參與「CNEX國際華人紀錄片影展」。10月，《馬蘭》（單頻錄像），受邀參與「天下無事—曼徹斯特亞洲三年展」。11月，《接待室》（單頻錄像），受邀參與「鬼魂的回返—台灣國際錄像藝術展」。

7月，「棄路：一位創作者的地理政治之用」個展，為小型文獻回顧展暨《大豹：溫帶的邊界》首次發表。
10月，著作《橫斷記：台灣山林戰爭．帝國與影像》，臺北：遠足文化。《大豹．台灣實況紹介》，受邀參與「向空中突襲：台日現當代異質風景的藝術鳥瞰」聯展。

5、6、8月，陸續出版「群島藝術三面鏡」系列：《諸眾：東亞藝術佔領行動》（獲國家文化藝術基金會出版補助）、《小說：台籍日本兵張正光與我》、《陀螺：創作與讓生》，臺北：遠足文化；2016年獲第四十屆金鼎獎非文學圖書獎暨年度圖書獎。

2018 2017 2016 2015

完成《博愛》系列之拍攝。
9月，「《博愛》場景重返與放影行動」，受邀參與「第十屆臺北雙年展—當下檔案．未來系譜：雙年展新語」。2017年2月，受邀參與「島嶼邊緣——阿爾勒國際攝影季」。

3月，《大豹：溫帶的邊界》，受邀參與「梅樹月：與土地共振」聯展、「北京OCAT研究中心群展：疆域—地緣的拓撲」。

專訪Yannick Dauby、蔡宛璇

採訪、整裡、撰文／許雁婷

攝影：邱晴，照片提供：微獵角旅人客廳。

攝影：陳長志，照片提供：蔡宛璇。

前言

認識宛璇和Yannick，是在他們回臺灣定居的隔年，二〇〇八年。我當時在獨立音樂廠牌大大樹音樂圖像工作，他們則應邀參與大大樹主辦的流浪之歌音樂節，為開幕節目「橄欖樹之葉——向Mahmoud Darwich[1]致敬」創作影像及聲音情境。那是第一次，看見他們工作的細膩與專注。

而後二〇〇八年底至二〇〇九年，我和Yannick共同執行「嘉義聲音計畫」，是由當時的嘉義縣政府文化處（現為嘉義縣文化觀光局）主導的地方文化館計畫[2]，大大樹承辦。現在的我從事聲音創作，是緣自這個計畫。和Yannick合作過程中，他教了我錄音技術、聲音的相關知識，推薦許多聲音作品，在開始創作的路上，也給我許多鼓勵和支持。當時依嘉義縣政府原訂四年計畫，我們規劃在前兩年進行田野錄音，與建置聲音資料庫的相關調查之後，後兩年可以與其他單位合作建置資料庫，並思考與社區連結、建立聆聽社群，及其他進一步推廣應用的可能等等。可惜而後新處長上任，並未繼續這個計畫。但過程中印象深刻的是，Yannick很堅持我們必須透過各種方式建立聆聽社群，否則資料庫也只會成為一堆沒有人聆聽的死資料。當時他提及自己的經驗，從小在公共圖書館聆聽許多田野錄音作品，和各種類型的音樂，著實讓人欽羨。我想著，如果我們在成長過程中，能有這樣豐富的資源和聆聽經驗，那麼就有更多選擇機會——無論是作為聆賞者，選擇陪伴我們的聲音、音樂，學習如何聽各種聲音；或是成為一個創作者，選擇創作的典範與途徑。

我們的公共圖書館缺乏多類型的聲音資料，雖然仍然很希望未來有機會能夠發生，但在此之前，幸運的是，Yannick的聲音藝術養成背景及創作取徑，和臺灣多數聲音藝術創作者截然不同，他來臺灣之後，透過個人創作、與不同領域創作者的合作、講座、工作坊及在學校教學等，將他的經驗帶給更多人。

而初識宛璇的詩和畫，是在網路部落格——一如她受訪中提及，她認識很多詩人的過程。若要形容宛璇的作品，大概就像她的詩集《陌生的持有》使用的紙張那樣，清透。視線跟著她的文字和畫行去，感覺到明晰的洞察，又帶著懷疑，此中創造的空間，恐怕也是她作品最饒富趣味的地方。和Yannick合作嘉義聲音計畫期間，宛璇正在為詩人黃梁主編的《大陸先鋒詩叢》第二輯設計封面，這是對她影響頗深的一套詩集的後續出版，在她的推薦下，也讀了幾本，最喜歡她送我的蘇淺詩選《出發去烏里》[2]。儘管風格相異，我似乎從蘇淺的詩裡嗅到與宛璇相似的氣味，從濃烈中轉化的恬淡，自寧靜與黑暗裡透露的悠遠。

二〇一一年後，宛璇成為一個母親，在此之前，我們從未以母語——臺語交談。從他們的大女兒阿萌開始牙牙學語後，去到他們家裡，我和宛璇盡量以臺語對話，也用臺語和阿萌說話。宛璇也開始自學寫臺語文、用臺語文字記錄阿萌說的隻字片語，或整理成詩。二〇一七年，集結成她們母女共創的時光之書《我想欲踮海內面醒過來/子與母最初的詩》。同樣身為女性，我不是個母親，但自心底佩服她生育兒女後，將生活與創作織在一起的歷程，她說，不希望生養孩子好像只有付出，也希望藉此一起學習，成為自己前進的渠道。

多年以來，我如此眼見著宛璇和Yannick將藝術創作揉進生活，反之亦同。比如他們在藝術創作上常含有對生態環境的關懷，探究環境與人的關係，在生活中他們也盡可能落實環保，並帶著孩子一起寓居於自然，認識山與海，以及和我們一起生活在這片土地的動物。無論是生活方式，或是創作上的思考及工作方式，他們毋寧是給我很大的影響。我們總斷斷續續聊著些合作的想法，但在各自的經濟生活壓力下，加上我們或都有些散漫的性格，計畫就也老是不斷延宕。可總有一天會成的吧！我們都還在創作的路上，並且努力生活著。時間流過不全然只有逝去，還有生命經驗上更多的歷練、成熟，慢慢來吧。

訪談Yannick Dauby

問：請您談談還沒來到臺灣之前的學習與創作經驗，和一些對您產生深厚影響的人物、讀物、作品等。

答：我還是青少年時，沒有錢也沒有網路，常去公共圖書館——在法國，這是少數對青少年非常好的事，你可以在圖書館裡借CD、書、漫畫和黑膠唱片等。不過大部分在圖書館能找到的都是有點過時的東西，舉例來說，當時我不認識一九七〇年代的迷幻搖滾或氛圍音樂、一九八〇年代的新浪潮音樂，但我在那個階段，還是發現了一些黑膠唱片、CD，聽到了前衛搖滾，例如Magma樂團[9]的音樂這種能夠吸引青少年的事物。我也聽了很多迷幻音樂、一九七〇年代的德國電子音樂、Brian Eno之類的氛圍音樂、還有民族音樂廠牌Ocora出的，來自遙遠國度的音樂等等……這對我來說是一種環境。

我對聲音的興趣不僅來自於從圖書館借的CD，也跟一些和流行文化相關的漫畫、書籍有關聯。從我一開始做聲音創作，我就沒有想做一些美麗的音樂，而是創造一些聲音空間、聲音環境，我想這些源自於對想像、虛構地方的興趣，我對「場域」——不論是真實或虛構的，都比展覽更感興趣。

一九九六到一九九九年間，有三位音樂家對我產生很大的影響。一個是法國作曲家Éliane Radigue。那是我完全沒有聽過的聲音，我完全被淹沒在裡面，受到很大的震撼，印象非常深刻。還有個當時住在南法一間老房子的丹麥人，Knud Viktor，他錄了些讓人難以置信的動物聲音，例如：正在吃蘋果的蟲、在做夢的兔子。他獨居，很貧窮，完全沉浸在聆聽動物的世界裡，自己研究錄音和自製錄音設備，所以錄音品質很差，但他有很強的能量。我在一次研討會上聽過他演講，他就像巫師，是我的英雄。

最後是義大利作曲家Luc Ferrari，他和Élaine Radigue一樣，比較不是這個人本身帶給我影響，而是他們的聲音作品給我很大的啟發。他有個作品*Presque Rien*（英譯：*Almost Nothing*），在我第一次聽見這個作品時，我心想：這就是我想做的。這三位作曲家是我的典範。

在這時期之後，我開始在圖書館找尋聲音紀錄、音樂的錄音，漫遊在一九七〇年代前衛搖滾、大量的金屬樂、民族音樂學的田野錄音之間，挖掘這些東西的同時，也是自己對聆聽的訓練。

再之後，我接受比較正規的訓練，像是學了些印度音樂，就音樂而言我學得不是很好，但這些訓練對聆聽樂器、聲音的質地等等能力非常重要。後來也去CIRM（Centre international de recherche musicale）學習具象音樂[10]，在那我學了很多，剪輯、混音和聲音合成，不真的是從老師那學的，而是從練習中學習——而在大學裡，對我來說喜歡的課程只有即興和民族音樂學。另外，我也自學田野錄音，一開始是從朋友那借錄音器材，直到一九九八年我買了第一套錄音設備。我都是從做中學，沒有上過任何課程；我甚至不記得有看書，因為當時錄音的相關書籍也都是在講室內錄音，而非戶外的田野錄音。

問：您什麼時候開始創作？怎麼開始的？您為什麼會想學在戶外做田野錄音？

答：從我到CIRM的第一周我就開始創作。老師第一次帶我們進入聲音工作室，介紹那些設備後，一個月內我就完全沉浸在裡面了：做電子聲音、錄音、混音、剪輯……等等，在那裡我感到自在地像家。在CIRM學習時，所有課程都在錄音室裡發生，這個錄音室也會租借給外面的作曲者，或讓作曲家來駐校，同時CIRM也舉辦實驗音樂節，雖然它不是正規的學校，但是在那裡有許多器材設備可以實作，也會遇到線上作曲家和我們分享創作，能聽實驗音樂表演等。

我一直很喜歡大自然、戶外活動，所以我想把外面的聲音帶進工作室，因為這些聲音有某種質地是我非常感興趣的。民族音樂學裡，錄下某地的聲音帶回來，對我來說也有很大的啟發。譬如從我十六歲開始就常聽民族音樂廠牌Ocora的錄音，同時，法國國家廣播電臺每星期日晚上都有些傳統音樂表演，源自印尼的甘美朗（Gamelan）、印度音樂等，我就浸泳在這些聲音中。一九九八年我買錄音設備，完全是為了去印度旅行。這趟旅行有兩個目的，一是我想錄印度的鳥，另外想看看我是否可能在當地的大學修習印度音樂。結果我去了，錄了那裡的鳥、城市聲音等等音景，同時了解到我不可能成為一個好的音樂家，尤其是演奏印度音樂。儘管如此，那是我做田野錄音的開始，你在一個未知又不尋常的環境裡，感官知覺更加敏銳，加上那裡充滿緊張氛圍，又是我第一次離開歐洲，這樣的經驗延伸出我第一次完整的田野錄音，一次很棒的經驗。

問：法國的教育與藝文環境對您有什麼影響？

答：大學畢業後，我在一個視覺藝術學校裡的聲音工作室當助教，那是當代藝術學校裡的聲音工作室，與實驗音樂或具象音樂是完全不同的取徑，比較像是當代藝術中的聲音，可能更接近一般說的聲音藝術，而不是具象音樂。這讓我有一個很好的機會，去發現在「非音樂領域」裡面的聲音是什麼。如果我們談聲音藝術，在那時對我來說，跟先前經驗是完全區隔的。在我工作的學校裡，聲音比較無關乎聆聽，而是如何將聲音作為一種意義，表現在藝術裡，如何以聲音經驗來建構出一個社會環境。相反的，在電子原音[11]工作室裡面，聲音是不帶意義的，它聚焦在實驗音樂，完全忽略實驗音樂的歷史背景；我們從來沒有歷史相關的課程，全部只和作曲相關。我們所受的影響很自然地來自於實驗音樂表演，以及來駐校的作曲家……等等。

這個情況有點妙。我在大學修音樂學時，學的都是西方音樂歷史脈絡下的器樂音樂；在另一個學校學的則都是法國的電子原音音樂；在我工作的藝術學校，則全都與當代藝術有關，我必須自己在這三者之間探索。對學生來說，這些很難連結在一起，很難綜觀去思考什麼是聲音藝術？什麼是實驗音樂？所以要談法國的教育環境，在聲音藝術教學上其實很碎裂：音樂歷史在這一邊，聲音工作室在另一邊，和當代藝術的關聯又在一邊。但，如果我想從事廣播電臺工作，我該在哪裡接受相關的聲音教育？電影的配樂與音效又是在哪裡生產的？表演裡的聲音又是怎麼一回事呢？我對於整體圖像毫無概念，所有資訊都像是碎片。有點像一群人在做著這件事，另一群人在做著另外一件事。

作為一個在尼斯（Nice）市的學生，我會說這樣的藝文教育環境不差，至少你有聲音工作室可去，也有公共圖書館可以聆聽很多不同類型的聲音；但卻又不像在巴黎，有那麼多藝文活動，環境也相對傳統。從結果上來看，關於聲音藝術，有非常大一部分是我透過實驗、實作自己學習的。我倚賴很多實驗音樂和即興音樂的地下雜誌與郵購專輯，得到很多啟發，例如影響我滿深的工業噪音、環境音樂樂團Zoviet France。一九九九年後開始有Email群組信件的發起，當時網路世界還很貧乏，但在群組信件中，我突然和很多跟我一樣的人有了連結。他們一樣對田野錄音很感興趣，在很少設備、有限的器材下，希望做些什麼。我們會交換DATS，或是CD，後來也開始出版。

有個非營利組織Sonatura的成員之一Fernand Deroussen，是非常重要的自然生態錄音師，他是法國的自然聲音大師，像是十九世紀的自然主義者。我的朋友，也是聲音藝術家Marc Namblard，是這個組織的成員之一。十年前這是很重要的一個互相分享經驗的地方。

2015年，回看工作室《離島的離島》校園影音藝術巡迴分享計畫期間，攝於澎湖七美島。
攝影：蔡宛璇。

對於自學田野錄音的我，這個組織也非常重要。後來持續地和有相同興趣的朋友討論，從中學習。跟很多人一樣的自學過程。

那時我算有些資源，但和現在的學生相比，大概只有一成。現在在臺北要看任何表演俯拾皆是，但我當時要想聽我喜歡的即興音樂表演，唯一辦法就是我自發舉辦。所以我會邀請一些即興音樂表演者來我家住，借場地讓他們表演。現在，如果我想去做某項田野錄音，可以今天晚上上網，查需要什麼設備，馬上網路訂購，三天後拿到器材，就可以出發。但以前我為了買第一套錄音設備，花了半年。時間尺度真的和現在不同，像是聽音樂也是，在訪問前我才在線上聽一個最新發行的金屬音樂，但過去當我想聽一個最新出版的實驗音樂，我先是在雜誌上看到介紹，也許一個月之後才能真的聽見，這一個月間我都只能用想像的方式開展，我會試著想像它，以及嘗試我自己的創作。所以，資源的匱乏也給予創作、製作更多的空間。

問：您熱愛大自然，是不是跟我們談談您的創作和自然聲音之間的關聯？

答：一般來說，「聲音工作」意味著，時常需要在一個聲學上有著精準調控條件的室內空間進行，但戶外錄音則是去到一些特定的場所拜訪：錄音者被某個場域吸引，去探索它或是玩味它。每個空間都有著各自的聲學特性，我們可以從中感知到獨特的聲音事件。

自然作為聲音來源，有股想像的力量。像風的聲音，你聽到這是風，馬上能想像到相關的景色、感到身處在有風的環境，但當你聆聽裡面的細節，會開始發現其中的複雜度。這不像鋼琴的聲音，如果你彈奏鋼琴，它聽起來就是鋼琴。

在一開始，對於運用動物的聲音，我感到很困難。當你聽見鳥叫，簡直就像有人在跟你說話。這些溝通信息非常困擾我，我不知道怎麼將它用進我的創作裡。我很喜歡去錄音，學習更多，但很難操縱這些聲音，將它抽象化。

所以我得說一開始我更著迷於風景，而不是自然。風景既是一個被塑造或改變的場域，但也是一種再現，一種符號——就像一張照片、一張圖，或是一個聲音創作。風景是一個持續改變的過程，介於我們可以親歷探索的一方土地，和對它的一種感知上的詮釋之間。在這個對於風景的聆聽過程中，我們像聆聽一段音樂那樣地聆聽一個場域，而我們也如同聆聽一個場域那樣地去聆聽音樂。

來到臺灣以前，我曾造訪愛沙尼亞（Estonia），還有一些在法國受到嚴重汙染的城市，比如南特（Nantes）附近的工業區，這些地方很吸引人，但沒有生機。作為一個生命體，我對這些缺少生機的場域印象深刻，感覺卻又很複雜，這些經驗讓我更進一步思考，關於人類和非人類共享的環境，我們人類的責任是什麼？如何立足？因此我轉而開始對自然環境和有機生命體，尤其是人類和非人類之間的關係很感興趣。所以我從做狼的聲音開始，後來又做了青蛙、蝙蝠等等聲音計畫。

當你開始錄狼的歌聲時，有點像是你參與了這群動物，你和他們聽著相同的聲音，一旦你開始享受這個呼喚和平的歌聲，你不會認為他們是非人類、危險的動物。狼歌唱是為了和平，當他們一起歌唱，是為了讓緊張的情境緩和下來。當狼群打架、嚎叫時，作為一個人類，感到這些聲音非常暴力，我當時觀察到的是，有個老母狼開始歌唱，其他狼群便開始跟著唱，於是不再打架，開始專注於聆聽彼此、歌唱。當你沉浸在整個聲音中，你可以感受他們情緒的轉化。這是一次讓我領悟，對動物聲音的主動聆聽正在轉化我的經驗，而我能夠將其化為聲音作品的主題，後來的作品*Arches*有在英國的線上網站Touch Radio呈現。

狼在法國的遷徙和人類之間也有很多衝突，是很大的問題，可是他們的聲音令人驚艷，對我來說可能是大自然中最有力量的聲音。我真的想做一個作品，聆聽他們的聲音。無論我做什麼動物的聲音創作，每一次都是拿一種動物的聲音，試圖理解人能如何聆聽他們，在與人類關係的背景、生態情境等之間，試著找尋貫穿的線索，不論是連結的或斷裂的。這是一個漫長的過程，每一次試著多了解一點，在人類文化、生態環境裡，或是在個人與動物的關係間，什麼樣的對話是可能的？在你開始聆聽或錄音時，會發生什麼？每次當我受邀去參與社群相關的藝術活動時，我都盡可能將這些問題帶進去。大多數的活動都和我的創作無關，但我想試著和大家一起多探索一點。

問：後來怎麼會想製作和青蛙聲音有關的計畫？

答：我來到臺灣會特別專注在青蛙有兩個理由，一個是臺灣的聲音環境滿吵鬧的，不容易遠離人類活動的聲音，再來是我結識關渡自然公園的一群志工，裡面有很多兩棲爬蟲專家，這裡頭包括青蛙。從二〇〇四年第一次來臺灣，就發現：「哇，臺灣的青蛙聲音真有那麼一回事！」後來參與關渡自然公園的蛙蛙小組，藉由一次又一次地造訪特定地方，觀察記錄，很快地我可以從蛙的聲音辨認蛙種類。蛙蛙小組幫了我很多，例如跟他們去臺東找橙腹樹蛙，還有去宜蘭的福山植物園，為了調查和錄音，有時和他們一起，有時他們就讓我一個人晚上待在那邊錄音。有一群專家朋友非常棒，他們可以回答我的問題，帶我去探索不同地方，以及了解更多青蛙和人類、環境的互動，非常重要。

從二〇〇七年到現在，我看到明顯的環境改變。例如在土城彈藥庫，後來有一貫道為了建廟，填河造陸。那是我錄褐樹蛙非常重要的地方，但已經不在。在關渡自然公園，我也看到環境的轉化。剛開始發現對臺灣原生種樹蛙帶來很大影響的外來種斑腿樹蛙時，大家還在討論怎麼除掉他們，但現在光是一個晚上就可以在關渡自然公園發現並抓到三十幾隻斑腿樹蛙，這是很大的轉變。另外是缺水，十年前的森林濕度比現在高，可以發現更多蛙。如果我是獨自一個人想要錄青蛙聲音，我覺得是幾乎不可能的，和這群人的相遇幫助我更能與地方連結。

二〇〇九年出版的《蛙蛙哇！—臺灣蛙聲音景》，我在學校裡的聆聽課程、公共活動等等各種不同場合上使用它非常多次——僅僅拿一種動物的聲音，就可以為聆聽周遭環境打開一扇門，並且進入討論。就像後來我做了珊瑚的聲音計畫：你要怎麼和大眾談海洋汙染的主題？當你說，你要分享在珊瑚礁錄的聲音，然後播放一個非常奇特或是好聽的聲音，就有個能夠和情緒連結的聆聽經驗可以開始。

而後在二〇一一年，我們有了第一個孩子，我明白之後我會越來越沒時間在野外錄音，或和其他音樂家玩聲音，於是我想找回在我在學生時代嘗試很多，後來一直沒機會再玩的電子樂器、合成器。我重新開始練習。我從青少年時期就開始著迷電子音樂，但電子音樂需要在聲音工作室裡進行，當時的合成器是我經濟上不可能負擔的。後來合成器重新開始盛行，有些便宜的模組等等，所以二〇一一年我重新開始，並且很快地將這些電子聲音和我錄到的自然聲音，像是蛙聲，結合在一起。因此我做了《蛙界蒙薰》個展，也是尋找一個好玩的方式，將兩棲類帶回、帶進文化環境裡。光是《蛙界蒙薰》這個名字，就是一個遊戲，將佛道教的物件情境導入，混淆整個情境，讓人們產生困惑。玩弄文字語言、想像、訴說一些假的故事，帶進一些儀式性空間，這都是試圖將自然環境帶回文化環境，但只運用一些象徵和符號。

問：您這幾年進行的珊瑚與蝙蝠的聲音計畫。為什麼想做珊瑚與蝙蝠？計畫如何進行？

答：我住在尼斯時，我已經注意到有很多蝙蝠，種類和臺灣很相近，都是伏翼屬蝙蝠。在法國，大約二〇〇〇年時，我已經錄了一些蝙蝠聲音。夏天幾乎每個晚上，只要打開窗戶就可以聽到蝙蝠的聲音。我一直想做蝙蝠的聲音計畫，後來有機會在臺灣大學進行一個公共藝術計畫，於是我和一小群學生一起工作，趁機推動蝙蝠的聲音計畫。我們製作了一個超聲波換能器（ultrasonic tranducer），可以偵測和將超聲波轉換為聽得見的聲音。我和四個學生一起到戶外，我注意到當蝙蝠在我們上方盤旋，可以聽到蝙蝠的聲音從我的換能器到另一個學生手上的換能器，再到下一個。所以我想：啊，我們可以做多聲道錄音！於是最後我做了四聲道的展覽，在裡頭你可以聽到蝙蝠的移動，他們的狩獵呼叫，真的很有趣。一般那樣的換能器只為了偵測，不是為了感知他們的運動行為。但用了幾個換能器，突然間你就感覺到立基在他們移動上的聲音，這是都卜勒效應（Doppler effect）。這個東西或許是我單獨工作的話不會想到的。

我幾乎沒有聽過有誰做過一樣的東西，因為大多數我所知道的聲音藝術作品，都是奠基在錄音聲音，而不是奠基在運動行為上。只有一個作品，我後來想起，是Alvin Lucier的*Vespers*，那不是錄音作品，是個表演。他們用一些小機器發出一些微小的聲音，在表演場地裡，表演者試著經由聆聽那些聲音的回聲，定位他們自己。於是他們在場地裡移動，聲音也在移動，而觀眾可以目擊這件事，有點像是，這些表演者是蝙蝠，觀眾就在聆聽蝙蝠的移動。這完全是奠基在聲音和移動，以及空間上。雖然本來就知道這個作品，但直到我做了四聲道的蝙蝠聲音裝置，我才想起這兩個作品間的關聯。但再一次，我的目的是，如何說服聽眾，讓他們至少有個機會稍微一窺蝙蝠的世界，和我做其他動物聲音的創作一樣，而這些都源自於我對人類學的興趣。後來我也出版了蝙蝠聲音的專輯[12]，以及最近在關渡自然藝術節的展覽中也有蝙蝠聲音的展出。

珊瑚的計畫則是一個悲傷的故事。我在地中海長大，和海洋有很重要的連結，時常獨自去海邊游泳、撿貝殼等等。另外我的世代是看雅揆士–伊夫・庫斯托（Jacques-Yves Cousteau）的電影長大的，他發明了潛水水肺。在五〇年代，他率先做了海洋相關的紀錄片。當時他有一艘船，和摩納哥的海洋博物館合作，航行了世界許多地方，只為了拍攝，包括海豚、珊瑚、冰山等等，做了非常多的紀錄片。我從小和我的祖父常去摩納哥海洋博物館，看很多他的影片。

從我一開始去澎湖時就想，可以做和海洋相關的計畫，因為我總是聽到某些獨特的聲音。我不知道怎麼做，但覺得我應該做些海洋的錄音。二〇〇七年，我在澎湖看到非常豐富的海洋生態。二〇〇八年的一股寒流，在一周內幾乎抹殺了九成珊瑚礁和許多生物，破壞整個生態系統。半年後，那些美麗的地方變成一片棕灰。這也是氣候變化的連鎖效應，當時是因為中國山上的積雪過早融化，雪融了以後進入海洋，中國沿岸冷流比往年更南下推進澎湖。種種前因，讓我今年決定花一段時間來實驗海底錄音。我試過站在岩石上，把水下麥克風放進海裡，不很成功，但在潮池中可以聽見小動物，譬如海膽在走路、海螺在吃海菜。聲音非常小，但給了我信心：既然這樣就可以錄到一點在珊瑚礁裡的聲音，那麼應該可以在各個地方的珊瑚礁裡錄到非常多聲音。另一個方法是坐上獨木舟，進到內海，聲音非常棒，但我無法好好控制我在錄什麼，因為我只能把水下麥克風放進海裡，但看不見，我不知道底下發生了什麼。我錄到的聲音主要是槍蝦，到處都是。

後來我想到另一個方法，是用浮板。我把錄音機放進一個塑膠盒，弄一個洞連接麥克風，然後把我自己和浮板用一條繩子綁在一起，我帶著水下麥克風潛進珊瑚礁裡，我不能戴監聽耳機，但還是能聽到一點聲音，並且可以做攝影記錄，如此一來我就能辨認我錄到的是什麼。第一個透過這種方法辨認出來的是三斑雀鯛。

透過這個方法，我建立了我在澎湖沿岸的初步水下聲音資料庫，在不同地點的不同生物種類，事實上還滿多的。另外是我將錄音機放在不同的地點二十四小時。未來我會將這個資料庫放上線，也會提供NGO組織海洋公民基金會，讓他們運用在不同的教育活動中；還有我在澎湖的生物學家朋友們，可以持續追蹤生態系統和那些生物種類。這個資料庫也會給中央研究院，他們有一個臺灣的聲音監聽系統。而我自己則是做了一個《珊瑚如何思考》的計畫，這個名稱來自於一本關於亞馬遜森林的書：*How Forests Think*[13]，這是一本關於人們和森林的關係，非常棒的書，講述那裡的人如何與森林一同思考，也從科學上探討人類、森林和靈魂之間的交換。所以我的問題是：珊瑚如何思考？如果我們是澎湖的漁夫，或是一個臺北人，面對那些仍然存活的珊瑚，我們又怎麼想？這計畫的呈現只有聲音和文字。聲音帶來經驗，文字是刺激這個經驗，把這個聆聽經驗整合進一個關於島嶼、氣候、影響、行動等普遍意義中。事實上，我痛恨人們吃魚卻不知道那是什麼魚。

問：您的創作以許多不同形式呈現：線上／唱片出版、線上廣播電臺、展覽、與舞蹈及電影合作等等，請談談這些發表管道接觸讀者／觀眾帶給您的回饋和感受。

答：當然，這些形式對我而言有著不同的重要性和意義。當我在澎湖做珊瑚礁的計畫，這對我極為重要，對所有人來說都非常重要，因為珊瑚鏡射了我們自身的狀況。我覺得這是目前所有我做過的事當中最重要的。第一階段我沒有申請任何補助，就用我自己的方式做。聽眾的反應對我來說不是那麼重要，比較像我是個媒介，盡可能地傳播訊息。

社群計畫像是進入新竹的泰雅社區，我們和社區裡的一群人一起工作，在我們開始思考要做什麼的時候，就有著持續的回饋，那個回饋是很直接的。

而當我為舞蹈或電影做聲音設計時，是完全不同的。我只是在幫忙整個作品的完成。以舞蹈的聲音設計來說，觀眾會給滿直接的回饋，聲音好或聲音很奇怪，但對我來說真的不重要。重要的是舞者和編舞者的回饋，他們是不是能在這樣的聲音中舞蹈、創造？譬如電影《日曜日式散步者》[14]的聲音設計，我的所有選擇都無關乎我的聲音創作，而是整體敘事。

訪談蔡宛璇

問：您是詩人，也是視覺藝術家，請談談在這兩方面最初的經驗為何？如何被啟蒙？

答：國中的時候，有個美術班上的好朋友，很喜歡Beyond[4]的音樂，就邀我寫一些有點像在模仿Beyond的歌詞。那是我開始寫類似詩的形式的，比較清楚的經驗。真的開始寫詩也是國二。從小，不太能夠在圖書館以外的地方看到各式各樣的讀物，只記得我讀了幾本席慕蓉、陳克華。那時候，馬公有家叫「澎湖故事妻」的禮品店，它有很多星砂、卡片、手作的小東西，賣給觀光客。我就在那間店裡，很不起眼、充滿灰塵的角落，看到竟然有書！幾本爛爛的小本子，書名很有趣，叫《掉入頭皮屑的陷阱》[5]，在那之前，我不記得有書或文章的名字可以這麼無厘頭。書名有點打到我，讓我很疑惑。我一翻發現是詩，就買了一本回家。

那本書的作者叫丘緩，是禮品店老闆娘的筆名。這件事情對我來說印象很深刻。我意識到，原來一家禮品店老闆娘的另一個身分是詩人；原來詩人的身分可以是隱匿的，你可以是任何人。也大概是從那時候起，我意識到，文字可以不只是理性的闡述，它可以是一種類似造型的語彙、表達的材料，不一定要像我們一般習慣的對話或敘事語言那樣。那時候發現的這兩件事，一個是文字，一個是書寫者的身分，便算是我的詩的啟蒙吧。

視覺藝術的部分，如果可以說是一種才能的話，比較早被我自己和身邊的人發現。從小開始喜歡塗鴉，小學老師覺得你畫得特別好，找你去比賽，刻意培養你，自然而然就往那個方向去。包括後來國中、高中就讀美術資優班。國小高年級的導師是個擅長書法的老師，他訓練我的方式很有趣，譬如一、兩個月以後有美術比賽，他知道題目，就會要我去做比賽的準備工作、去構想內容，午休時間要我畫一些練習；平常也要我練書法。那時候覺得既有趣又滿煩的。但這些後來對我有些影響：創作和練習的關係，它不是靈光一現的事而已。有點像是技藝琢磨的過程，就像一個手工藝人，一直在練習。很多時候他的智慧是來自於他的雙手而不是腦袋，他在做當中，有一半是用他的雙手去思考，然後完成。那個訓練的過程後來讓我理解到，創作和手藝人的培養過程滿接近的，對於作品的琢磨，或是在做的過程中發現事情，或者不斷試著尋求一種精準。

另外，他很喜歡石頭，深深著迷，完全在裡面發現另外一個天地，常常在不用上課的周三下午，騎腳踏車載我，請我帶他去附近的海邊撿石頭。他如果撿到石頭，就會給我看，問我：「這個石頭你覺得怎樣？它哪裡好？」因為這樣，我對於物質世界有另外的理解。我們身邊尋常的物質，原來有人是從審美的角度去看待，而不是實用的。這個人對我影響滿大的。

國、高中美術班時，我們學的美術形式是靜物、水彩、素描、國畫水墨。我好奇那些東西哪裡來的，就開始讀一些西洋美術史、中國繪畫史，一般認知的藝術形式和藝術史，兩三個主要的分類領域，我慢慢知道這些藝術形式背後的脈絡，一步步慢慢進入了所謂學院的訓練。

問：還記得國二寫的第一首詩的內容是什麼嗎？

答：你問這真是太尷尬了，國中生嘛！我印象很深，是我跟一個男生的好朋友有點不愉快，我們本來常常一起走一段路，然後我搭公車回家，他走路回家。那時候因為不愉快，他走在前面不理我，我心裡很不痛快，也傷感。那是黃昏的時候，我對那個場景、巷弄，跟在這個同學後面慢慢地走，這個過程，到現在都還印象深刻。當時回家就寫了一首短短像詩的東西。從那時候開始，我跟詩的創作大概有個基礎的關係是，很多時候都是跟自己對話的狀態，再試著透過寫——用一種不是平鋪直敘、或是寫日記的方式，把狀態或感覺捕捉下來，好像我可以從裡面穿越，或理解什麼東西。

問：視覺藝術和文字這兩件事，就您的創作與生命而言，它們怎麼交互作用？

答：我以前一直覺得它們是兩個平行線。大學的時候寫得比較多，有意識地寫，大概從十八歲開始。因為我在所謂視覺藝術的學院系統裡面，文字是非常私密的自我對話，表面上和視覺藝術幾乎沒有什麼相關，只是同時在我生活裡發生，可是內部的交互影響我覺得是存在的。

很多人也說過，我的文字裡面視覺感官經驗的描寫特別多，比較敏銳。確實我也不是很擅長抽象思維，這是兩種領域在我內部交叉作用時，很自然地呈現在我的文字創作特質裡面。長期做視覺藝術的培養、訓練，很自然而然對感官、感知、或物質性的東西比較敏銳。

形式上比較直接的交互作用是後來才有的。例如〈母親 島〉（收錄於《潮 汐》），是先寫了這首詩，又做了一個影像詩，還有更之後的影音裝置展出，這是形式上可以直接看到的結合。

問：有什麼影響您深厚的人物、讀物或是作品嗎？

答：在詩的寫作方面，詩人／詩評家黃粱影響我滿大的。在我大三到大四時期，他編輯的《大陸先鋒詩叢》[5]帶給我很多影響，提高我的視野，跟詩作為藝術形式的一種自我期許。跟他變成朋友以後，也持續地給我滿多的影響。

回來臺灣以後，因為大大樹音樂圖像的關係，認識了美濃愛鄉協進會。因為有參與活動，看到他們人和地方的關係，我覺得這無形中影響我滿多的。例如林生祥和鍾永豐的創作、反美濃水庫行動等，不同面向的開展，還有協進會的發展，對我來說都有很多啟發。

我的一個舅舅也影響我滿大的，這個人所處的社經脈絡，他的職業和背景，讓我看到被澎湖這個地方的現代化過程影響的個人。我舅舅知道自己不適合讀書，就跟我外公說，他要討海。那時所有人都反對、覺得很不可行，因為他成年以後，整個澎湖的漁業已經開始沒落，所以在家人半簇擁半堅持下，他也接受了公家機關的技師工作，可是他只要一有空，就出海去。我的外公是漁人，也是做船和修船的師傅，外公走後，留下一艘沒有完成的漁船，舅舅後來就自己鑽研，竟然把那一艘船建好了。船下水禮那天，幾個原本不看好的外公老友，特地來看，有人還哭了。舅舅並不是一個成就很高的人，但是很迷人、聰明，透過自學學會很多東西，會修手機也會做木工。我覺得他有種草根的智慧，對我來說是心裡的典範。他並沒有超出環境給他的局限，但他在有限的範圍內不斷地學習，用自己的方式去進步，從各種層面找到方法突破限制。他的存在對我就是個影響，我的家族文化，海洋、漁人的背景，透過他這個人具體起來。

再來就是Yannick吧。是他開始提醒我不該太過謙遜，應該以期許自己是一個領域的專業工作者的態度去對應外界，才能激勵自己進步。此外，我們因為長年的相處和想法上的互動，包括創作上的影響激盪，都是頗深的。

讀物的部分，我讀的東西滿散的，詩集是大項，影響我滿深的有零雨跟夏宇、《大陸先鋒詩叢》裡面的一些詩人，再來就是大學讀的一些女性主義和酷兒的東西，還有那時的幾個刊物，像是文化運動刊物《島嶼邊緣》[7]、文學雜誌《傾向》[8]等。另外像藝術家陳順築和攝影家張詠捷的作品，他們是澎湖人，裡面有些共通的氣質，在我大學的時候提供了一種典範的效果，讓我去思考。

其他的還有實驗電影，例如美國的實驗電影導演Stan Brakhage。另外美國的造型藝術家Gordon Matta-Clark，直接把房子拿來做作品，很狂。早期我對空間、建築滿有興趣，看到他的作品很震撼。

問：您二〇〇七年和Yannick回到臺灣。在此之前您於法國留學，可否談談在法國的學習經驗如何影響您？和在臺灣的學習經驗之間如何相互對話？

答：留學經驗影響最大的可能是對於自己作品的梳理能力。我回來臺灣後，偶爾會幫在藝術學校上課的朋友代課一、兩堂，在與藝術學院學生對話的過程中，發現臺灣的藝術科系訓練，很多時候還是比較缺乏去敘述和言說自己作品這一塊。這塊比較弱的原因，我覺得甚至可以推到整個國民教育，不能只放在大學教育來看。我們整個學習歷程都缺乏這樣的訓練，導致包括思辨、對話、或在公眾面前發言的能力，都是相對弱的。

我大學時也會覺得，作品做出來就好，為什麼我一定要去講它。但法國學習經驗讓我理解到，你要能夠講，表示你要先去想，要把你創作的想法條理化，透過別人可以理解的話語敘述出來，這中間其實經過一些複雜的程序；透過這個為了跟別人溝通而經歷的程序，你其實已經進一步在了解自己跟作品的關係。越去想或越去講，就越會去整理它。我覺得這個學習經驗是滿重要的。

另外一個經驗比較個人。去留學之前我對所謂西方的藝術、發生的地點和文化充滿憧憬和想像，包括看很多歐陸來的藝術電影。但是到了當地生活和學習之後就發現，應該回到自己的文化去看，你自己有什麼東西？它跟你所來之處的有什麼關聯？你自己作為一個個人、或一個創作體的獨特性在哪裡？這部分對我自己來講滿重要的。例如，我是離開臺灣以後才關注臺灣的政治跟地方上發生的事情，包括我自己的家鄉。一個是因為距離的關係，離開家鄉、產生距離後才有能力去看到一些東西；另一個是你身在異文化圈要做創作時，這些都是你不能迴避、一定會遇到的問題。你就發現自己的匱乏。這對我影響滿深的，包括後來關注澎湖的反博弈運動，還有一些臺灣的環境議題或政治議題。可以說我的政治意識是在大學時埋根，但在法國才開始的。曾經有個法國收藏家問過我一個問題：「你可以說說你的東西和我們這裡的有什麼不同嗎？」在當下我沒有能力回答好，可是這句話在我腦袋裡面留了滿久的時間。雖然作品的形式語彙上沒有特別要和所謂「西方」區隔開來，可是我的創作內容，或是我與創作之間的對話，持續受到這個問題影響。包括後來我想回來臺灣生活這件事，也在潛意識上被作用著。

問：想請您談談一首詩的創作，您都是怎麼開始到完成的？

答：我從大學就開始想，身為一個藝術創作者難道就要一直不斷的堆積？例如油畫會越畫越大，還有裱框；裝置作品有物件，做完要保留它。我會想，我難道要一直帶著它們移動嗎？我對這些事一直有些抵抗心態，也影響我的選擇，像我以前不喜歡油畫、偏好水彩，後來做裝置的時候，也用滿多暫時性的東西。我比較傾向捕捉短暫時間裡的一個狀態，所以詩是一個很適合的方式。它確實可以很隱晦可是又精準地點到一些東西。

我自己寫詩的習慣是隨性、懶散。我可能一天裡面寫兩、三首詩，也可能一陣子都沒什麼動力。另外，我以前常常在移動的過程中想要寫。例如走路、旅行、搭乘交通工具，或是在上課、看表演，好像正在發生一個什麼事情，又允許你有一點空隙的時候。可是，寫下來的東西不一定跟正在經驗的事情有直接關係。像我以前也常在電影院裡面寫，有時候是跟正在看的東西發生對話，有時候不是。

例如〈母親 島〉是總結我跟母親、和我對「我從哪裡來」這件事的思考。有一天我突然就覺得應該來清理一下，覺得差不多了，我準備好了。那時候我住在法國的圖爾（Tours），傍晚時去超市買東西，回來的時候提著大包小包，途中，我在一個小花園坐下來休息一下，突然覺得是寫這個的時候了，就開始寫，寫到差不多就回家了。我記得很清楚，它是那個時期很重要的一個頓點，對我來說意義重大。這其實跟我之前的圖像創作類似：我突然有個畫面，在當下就會把它畫出來。這就是為什麼我後來都用平常都拿得到的筆來畫，因為都是很當下的感覺，或者有些累積了一陣的東西成熟了，於是想在當下就把它捕捉下來。

問：從二〇〇〇年赴法求學前自印的詩集《靜水域》，到有正式出版的《潮 汐》、《陌生的持有》，集結成冊的詩集之間都相距不少年的時間。想請問您每次出版的動機、過程，以及選擇不同出版形式的理由？

答：《靜水域》只有做三十本，我那時大四，有點想看那些零散在筆記本裡的東西集結在一起的狀態，看看它變成一個作品的樣子。為了這個還買了第一臺電腦，但是我打字很慢還不太會打，所以《靜水域》裡面的內文是手寫以後掃描，只在電腦裡面做一點簡單的編

2007年春，《潮 汐》導讀會現場，進行玻璃詩書寫與即興創作。照片提供：蔡宛璇。

排，自印三十本，想說分享給少數一、兩位詩友和身邊的朋友。我送了幾位比較喜歡的老師，跟詩評家黃粱結緣也是我送他那本書的時候。

《潮 汐》是在法國待了幾年後，透過網路看到澎湖文化局有澎湖作家作品集的徵件。我當時其實對出版這件事情沒太大興趣，覺得不免浪費資源。那幾年有很多部落格、網路上的詩論壇和一些群組，包括鯨向海、楊佳嫻、隱匿，我都是在詩的網路社群裡看到他們的作品。而紙本書的傳播速度這麼有限，也有區域性的局限，我找不到我的作品一定要做成紙本出版的必要性；當時詩集的銷量又已經萎縮得很嚴重，沒幾個出版社願意出。不過，我出國後對自己來的地方開始比較關注，想要有所連結，覺得如果真的要集結作品的話，至少希望跟澎湖有關。文化局徵件剛好像是一個理由。我就嘗試做一個整理和集結，變成《潮 汐》去投件。

《陌生的持有》主要都是在法國時期寫的詩，原本只稍做整理，在部落格上發表。二〇一三年回澎湖住，那時候大女兒阿萌兩歲了，我覺得好像應該把以前的東西再收攏、去蕪存菁，用某個形式讓它可以被留下來或是做一個發表。後來就把法國時期創作的詩和圖像整理過，以紙本的方式出版，當做一個階段的結束。

我想，在詩的創作方面我真的比較任性，完全沒有給自己什麼壓力。好像每次都是回應到自己生命階段或需求去創作，或是想完成一個形式，沒有太多其他方面的考量。創作時，我甚至不覺得當下有任何讀者存在的感覺。

出版形式上，《潮 汐》是政府出版品，有它自己流通的管道；後來《陌生的持有》想做一個純粹書市流通的作品試試，剛好小寫出版想要支持一些比較不被認識、或是原本不是在文學領域裡的創作者的作品，他們也認識我，所以有興趣。

以前迷漫畫時就很喜歡同人誌，大學時也很喜歡小眾出版品或是地下刊物。所以出版《靜水域》的時候，就想要試試看做一本印量這麼少，粗糙也好、手工也好的書。《潮 汐》則沒有太多選擇，形式開本都是固定的，除了每一篇開頭小小的插圖以外，幾乎沒有用圖像，因為我一直不是很喜歡用插圖去詮釋一首詩，或是用一首詩來詮釋一張圖或照片，至少我自己創作時，兩者本來就常常各自獨立。所以當時整理《陌生的持有》，雖然是想把圖跟文字收錄在一起，但是在編排上刻意讓兩者有區隔，有時候是好幾篇文字之後，再出現插圖，而不是好像彼此附屬於誰的關係。

問：二〇一七年您和女兒阿萌出版了時光之書《我想欲踮海內面醒過來／子與母最初的詩》，為什麼想完成這本母語、鉛印、有聲詩集？

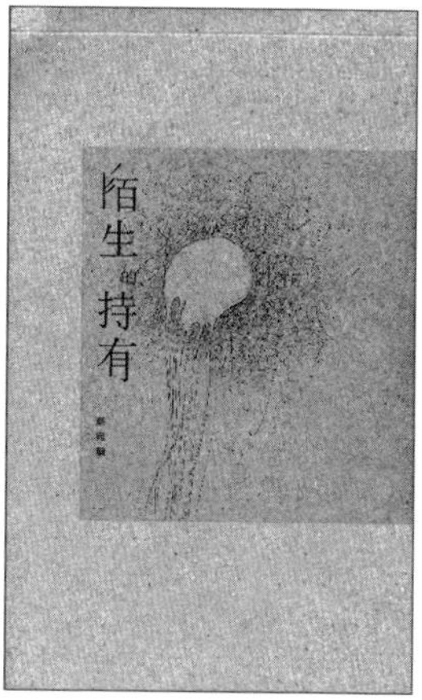

答：現在的生活和時間應用的狀態是，如果我想要接觸什麼事情，盡可能把它縫進我的工作，或者我跟孩子的互動裡面，這樣我比較可能接觸得到。當初決定要跟阿萌講臺語，也是我想要重新找回自己的母語。我想如果你生孩子，去養育他，他應該可以是讓自己前進的管道之一，而不只是感覺付出或犧牲，我不希望落入這種情境裡面。所以包括我跟她講臺語，也是因為我想要從語言去調整自己和環境的關係。而為了記錄她的臺語，我就自己學著寫臺語文。後來回去看留下的文字紀錄，確實有一些內容，觸動的不只是我自己。孩子的眼光和看世界的角度是很新鮮的，這中間碰撞出來的語言和內容，好像有一種新鮮的臺語語感，讓我自己重新去感覺這個語言。

我本來想要先出版個人詩集，但也想要準備一本這幾年跟孩子以母語對話的文字，包括詩和對話集。但我也覺得，一本孩子的書，如果可以跟過去的出版印刷技術做對話，好像滿有趣的。因此，第一個原因是我跟小孩講臺語，再來，臺語文的創作本來就是少的，以活

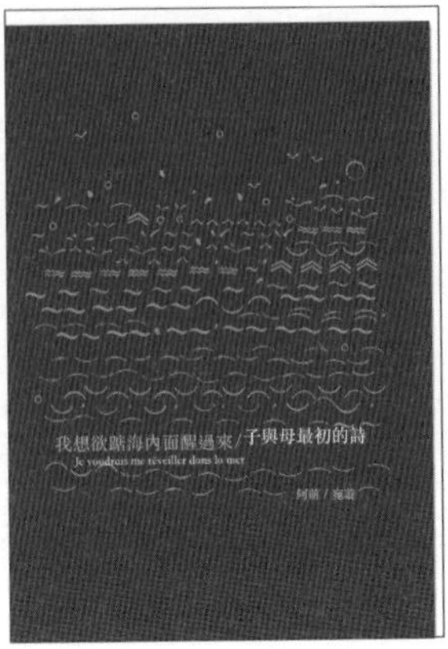

版印刷的，更是少之又少，好幾種參數加在一起，覺得這應該很值得我花時間和心力來做。剛好日星鑄字行今年的展出希望從做小本書、小出版品……等等來發展，他們邀了我，我就覺得這個時機要把握，不然之後可能沒有那個能量、資源去做這件事。但不論以前或現在，用鉛字活印出版一本書滿困難的，要動員到的人力、資源都滿大的，成本也很高，所以最後只選了詩，因為在字數、形式上都比較值得用這種方式被留下來和分享出去。

另一個理由是，阿萌今年（二〇一七年）六歲，秋天成了國小一年級生，我覺得好像是一個階段的結束；一個跟萬物交往最無礙的那個階段在慢慢地結束。我想我也許可以做一個整理，跟她一起完成這件事情，包括這個出版品裡有聲的部分，也是跟她一起錄音。所以這個作品裡面的唸誦，大部分就用澎湖的地方腔之一——我老家的腔來唸的。

問：您常將詩融入繪畫、錄像作品，談談您是如何在詩與圖像、影像之間找到適當的語彙？

答：我以前也常常在想這件事，但後來發現最直接的答案是：很直覺。文字就是一個素材，跟圖像和影像一樣，好像沒有「如何」這件事。我一開始學的是複合媒材、裝置，主要就是你去探索或抓取一些物質的素材，再去轉化成作品裡面的語言。如果把文字也看成一個素材的話，有點像是一個雕塑的過程，或者一個複合媒材的創作過程。

舉例說，二〇一五製作的短片《離島的離島》，裡頭沒有什麼文字，就是訪談，可是訪談是經過挑選的，挑選的方式就是剪輯的韻律，影像和孩子的話語出現的狀態。我不是很擅長攝影，可是我還滿擅長把東西群組在一起，可能文字、影像啦，中間的流動。我在剪《離島的離島》的時候，一直覺得那個東西有風，孩子的話語自由地出現，所以那個語彙是一種韻律感。

《我想欲踮海內面醒過來》也是滿好的一個例子。最先是有一次孩子講了「我想欲踮海內面醒過來」這句話觸動了我。之後我用這句話做了三個作品。第一次是一個紙的現場空間裝置，第二個是影像詩，第三個是活印詩集，裡面還有音樂跟唸誦。這不是經過規劃的。我把從這句話從牽引起來的那個主體——阿萌，以我感興趣的幾個元素，例如鉛字活印跟詩，做了一些組織跟形式上的探索。

我覺得這三個作品之間有個連貫性是，我自已對一件事情的好奇，跟我想要每一次再深入一點點，看看這個東西是什麼。一開始的裝置，是二〇一四年日星鑄字行舉辦第一年的鉛字應用展覽，我第一次接觸日星鑄字行跟鉛字這個世界，那時候我對排版還完全不了解。而二〇一六年做影像詩，是因為我在藝術學院時對實驗電影這個形式很有興趣，也學了一

2014年秋，「手的溫度x字的重量」一日星鑄字行鉛字應用展，參展作品：《我想欲踮海內面醒過來》，材質：手工紙、鉛印、光。照片提供：蔡宛璇。

些，可是一直還沒機會學到直接把膠片當做一個素材，或是攝影的工具去創作，所以我看到「晶體影像製作公司」舉辦的手繪膠片工作坊時，覺得我一定要有這個經驗。那時候就想做一個作品，直接從這個經驗出來。另外我想讓阿萌五歲的聲音跟兩歲的影像對話，想看看那個成果是怎樣，於是有了那個影像詩作品。

後來會做鉛字印刷的詩集，也是同一段時間我參加了排版的工作坊，想要進一步了解活印，有機會也想用活印做點什麼。於是，好像一步一步，我自己想要認識什麼東西時，就透過做作品的方式去認識它。

我覺得，好像有些想法需要一些時間，一段一段去完成或推進，或需要以不同形式去發展，直到你覺得：差不多了！夠了！

問：您的創作以展覽、出版、影像、與歌者合作、於詩歌節發表等等不同方式呈現，請談談這些發表管道所接觸到的讀者／觀眾帶給您的回饋和感受是什麼？

答：展覽滿不容易接觸到觀眾的，尤其在臺灣，觀眾大多是有觀展經驗的受眾。我印象中多是同為藝術領域的人會給一些回饋，比較沒有那麼常收到一般受眾的。出版方面反而比較容易有驚喜，例如《潮 汐》那本書，後來有同樣是寫詩可是從來沒有見過面的朋友，給我一些回響，說給他很多創作上的刺激。才發現，作品的出版創造了一些溝通的管道。

有趣的是，當代藝術作品還是比較多以當下展出的形式呈現，展覽有時間性，之後就算留下紀錄，都不會是作品本身。所以如果不是在展期間收到的回應，就比較多是專業評論者給的一些評論。出版和影音媒介的話，它是一個可以被留下的形式，反而有可能在出版或發表的好幾年後，還會遇到剛接觸到這本書或影片的讀者，給你一種他剛剛讀到的，很新鮮的回應。因此，你的讀者可能是未來的。

Yannick與宛璇的合作

問：您們是什麼時候開始合作的？怎麼合作？

Yannick：我們二〇〇四年開始以「拾景人」為名合作，先是在臺北國際藝術村駐村，後來在法國、瑞士幾個城市做了一系列表演，都是雙螢幕投影加上多聲道喇叭，聲音是現場即興。我們的合作從一開始就是聲音和影像，主題大多與風景有關，這和我們各自的創作媒材很有關係。宛璇拍攝影像、剪輯，我試著針對這些影像即興聲音，但不會完全和影像貼合在一起，有點像是風景的拼貼。

宛璇：就像兩道不同的流，它們會相遇、離開，再相遇，但內部有一個共同的邏輯。當時那幾年的駐村創作我們都用「拾景人」，包括在美濃的駐村、《村落．遺跡》這本書，和後來在寶藏巖的駐村等。主要的方向就是採集，聲音和影像的採集，有時候也採集圖像和文字，去編織不同元素之間的關係，這個關係是有一點點游移性的，可被詮釋度還滿高，因為我們沒有想把那些意義固定下來。有時候就會碰到觀看角度的趣味，或是偶遇。譬如在紫藤廬進駐展覽的時候，每天都有一些小型裝置，在那裡工作的人或來的客人會不經意遇到。例如把廚房一個角落呈現在一個茶桌上，或是二樓看出去臺大日式宿舍的景觀，可能在一個茶桌的角落；或是翻《破報》時會發現夾在裡面的一系列小圖，那些圖描繪的就是紫藤廬日常風景的一些角落。基本上「拾景人」就是採集跟經過一些簡單的手法再詮釋。

Yannick：我們在法國做《村落・遺跡》的時候有些改變，因為這個主題有點巨大。當我們開始討論廢墟和遺跡，我們不能再單靠內在的想像去重建風景，得試著理解那些風景的客觀事實。之前我們做表演時，那些影像和聲音是流動的，觀眾很快就會忘記，只是一個現場經驗；但當我們做一本書，它會留下，人們會一再重複閱讀，於是強迫我們更嚴謹地去處理。

問：談談您們合作以來一直關注的主題，核心的關懷和脈絡？

Yannick：主題上我們關注的有兩個，一個是地景，另一個是居住。我們合作的兩本書《村落・遺跡》和《寶藏》，更關注居住環境。人如何居住在這個環境裡？如何建造這個環境？這個環境如何被改變直到被破壞，或產生本質上的變動。

宛璇：這兩本書有個共通的狀態是，環境裡都沒有人，可是充滿了人留下來的痕跡。跟姚瑞中的廢墟剛好有個對照，之前有朋友說過，姚瑞中的廢墟系列很壯觀，是一種檔案式的蒐集，讓人感到荒謬性、奇觀性，但我們的作品是比較陰性的，他覺得我們比較在處理每一個場域的獨特性和氛圍、氣味、記憶。

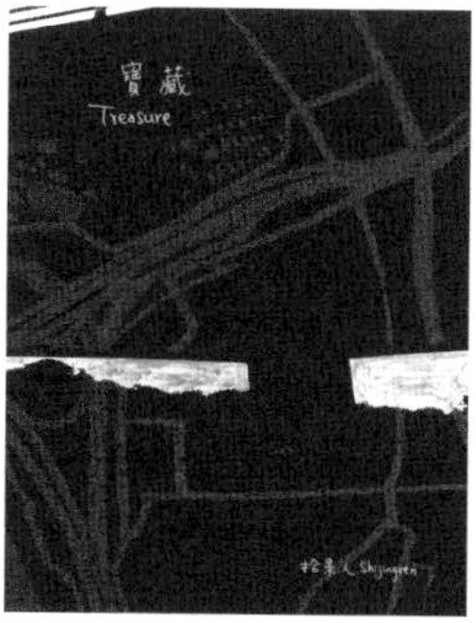

Yannick：我們的目的不是要重現這些建築體，而是呈現我們在這之中的探險，我們如何在這之中行進、探索。當我們進入這個場域，就開始了這個過程。我們合作的音像也是這樣，重點不在於外在的地景，而是我們如何造訪一個地方。

宛璇：雖然是一本集結聲音、影像、圖像和文字的書，但我覺得它滿接近一種實驗紀錄片的狀態。

Yannick：剛開始合作時，我們住在法國的圖爾市，當時我們完全沉浸在電影的世界，看了很多實驗電影和紀錄片。所以我們關注這些主題的方式，不是透過調查式的採集，而是透過影像和聲音的實驗。直到《村落．遺跡》有了些轉變，除了感知的層面外，我們希望了解更多。

宛璇：我覺得同時你那時候錄下的聲音也沒辦法只是當做一個素材，你開始慢慢去看那些聲音是怎麼來的。

Yannick：我之前比較專注在實驗聲音和音樂本身，當時確實是我轉變的階段，開始對聲音紀錄片感興趣，試著將聲音和地方故事、生態環境等連結。

問：這十年來的關注面向有怎樣的變化？是受到什麼影響？

Yannick：我們從「拾景人」的音像合作開始，然後是出版書，後來開始做一些社群相關的計畫，從二〇〇八年進駐美濃開始，二〇〇九年新竹的「藝術進入社區計畫」等，就不再是用我們原本的藝術創作方式了。那時我們開始學習如何去做這樣的計畫，直接從做中學。宛璇對社群、居住感興趣，我是對人類學感興趣，我們只能拿我們有的，來看能怎麼工作。為了學習，我們觀察、嘗試、看看我們有什麼素材，能如何納入整個情境。這個學習過程也很像一個創作過程。

宛璇：因為藝術進入社區的計畫，從原本關注的環境、廢墟、人生活過的物質空間痕跡這個部分，開始有「人」進來了。這個「人」是和環境一起不斷變化的動能，也讓我們後來會不斷地去關注他們後來的發展。人進來了，創造的對話性、關聯更有機、更動態，就已經不是我們單方面的詮釋了。而是我們可以接什麼？我們丟出來的東西對我們描述的對象有什麼作用？或是他們可以怎麼應用？我們也會想到這個問題。就不是單純拿去展覽，而是對他們來說有什麼意義。

問：您們二〇〇九年以後的創作時常與社區、社群一起工作，這個想法是如何開始？有哪些是後來您們認為重要、有延續或是自己特別喜歡的計畫？

宛璇：其實是從二〇〇八年的美濃秋迎福民謠祭開始，大大樹音樂圖像的鍾適芳邀Yannick去做一些聆聽坊，後來也去做採集，認識了地方上的人。我覺得那是很棒的見習機會，也醞釀了這個興趣。

二○○九年進駐新竹社區時，其實我們很緊張，我們不是社區工作者，也不是很喜歡和人對話，何況是社區營造。但我覺得如果沒有實際經驗，永遠沒辦法知道那是什麼。因為我的家鄉也是偏鄉，我滿想有實際經驗讓我可以去思考普遍現代化之後的城鄉問題，是否真的能夠透過藝術跟社區再造的結合，碰撞出什麼。要進去才知道。

Yannick：當我們開始寶藏巖進駐計畫、第一次造訪那個地方，我的想法是可以做一個廣播電臺。但當我們後來了解那個地方很多原居民都已搬離，我們決定計畫將不刻意和當地人連結，我們幾乎沒有選擇。後來在新竹南坑，我們在一個最佳時機去了，那裡的人像是等著我們。我們一進去，做了一點事，馬上就有回饋。當我們組織一些活動或是蒐集老照片，馬上就開始有了正向回饋的循環，他們給我們一些東西，問我們問題，越來越喜歡和我們合作，形成一個很棒的交換。這不像寶藏巖或美濃，我們只是經過，留下一點東西，然後就回家。和新竹桃山的泰雅族人也是，我們開始於和當地的學校互動，剛開始不是很順利，但我們決定應該要繼續些什麼，於是後來跟他們一起完成《聽見桃山》專輯，因為專輯的關係，我們和當地人有更多連結，對地方故事更感興趣。但我們不擅於結束一個計畫，我們總覺得有些東西還沒完成，應該要繼續點什麼，多學點什麼。

2009年，回看工作室進入社區計畫《聽見桃山》，桃山國小傳統竹屋內的音樂聆聽課。攝影：顧玲瑜。

宛璇：桃山真的滿複雜的，它的傳統文化介於完全漢化跟正在努力保存的中間，可是流失得很快，經濟、轉型上的壓力，都在那邊出現，背後連結到的歷史脈絡，我們都可以在過程中抽絲剝繭出來，一層一層閱讀到。透過我們在那邊訪問到的人、認識到的朋友。因為它複雜，所以覺得很有趣。包括霞喀羅（Skaru’）人，他們過去是抵抗日本人最剽悍的那一群，所以日本人類學者過去對其他原住民族有很多踏查，但進不到霞喀羅這一群。另外是我們遇到的當地社群的幾個重點人物，是我們這個世代，或是比我們稍長，在他們身上可以看到一些倒影吧，就是這個世代的人，在他隸屬的環境跟社群中，他在試著做什麼樣的事情。我們也很想看到後續。

南坑也是很典型的偏鄉，人口老化快速的結構，可是客家族群傳統的東西相對保留比較多。我們看到一個比較典型想要改變的社群，即使他們是老人，也想為社區盡一分力，想要有所改變，想要年輕人回來，希望傳統的東西可以被傳下來。他們試著在有限的資源裡面做各種努力。

Yannick：在南坑我們意識到，村中長輩重啟了北管子弟班，一部分原因來自我們的鼓舞和自我肯定。像是給了他們一個契機。我們可以經歷這些，實在很幸運。

宛璇：我們就說：「讓我們聽一下嘛！」我們聽了以後說，真的很值得繼續，是真心的。因為他們有種活力，很樸素、很棒的東西。我們鼓勵他們來錄一張專輯。他們則是感覺到有年輕人、外國人的認同，有一種「連外面的人也覺得我們很好的感覺」，這很有趣。我們也真的完成了專輯，還協助安排了幾場演出。後來他們也找了一點經費去傳授青少年，真的滿難得的。南坑和桃山這兩個社區讓我們自己得到滋養，也學到很多東西，並產生合作默契，覺得應該繼續。可能是當中有我們有興趣的議題在裡面——人和環境互動的關係，環境可能是社群、人的環境，還有生態環境。他們都跟周邊的生態環境有密切關係，或是時代流變中有一種消長關係。譬如南坑的千段崎古道本來是人的開發，後來又重回到荒野的感覺，中間很多層次可以閱讀。

Yannick：因為和社群工作的經驗，我們有點不敢再做那些非常主觀的影像和聲音的拼貼，開始更有意識並小心察覺我們在做的事是什麼。我們也不再用「拾景人」創作，而是用回看工作室。因為這和我們原本的創作取徑越來越遠。二〇一六年我們因參與雪梨雙年展，做了三支與社群相關的影片，就使用了我們的名字。

問：澎湖是宛璇的家鄉，這幾年您們在澎湖進行的計畫似乎集結了長期以來的關懷，想請您們談談這幾年在澎湖持續進行的計畫和進行方式。

Yannick：在南坑和桃山的計畫之後，很多事情我們會再三思量過。因為之前社群藝術計畫的經驗，我沒辦法接受在短時間之內進駐一個社群進行創作。現在的藝術駐村多數有個共通的問題，你必須接受在短時間內很快地做出一個只能接觸到表面的作品。加上後來有了小孩，我們也沒辦法輕易地去做藝術駐村。因此，要想做出一點有趣的東西，可能就是得持續去一個地方。「澎湖聲音實驗室」的概念是這樣開始的——我們每年回去澎湖，我就多了解一點那個地方，而不是像去一個未知地、不是每次去都是新發現，而是已經知道了這個地方，可以更深入探索我在那邊能做的事。

宛璇：我自己沒有一個持續的進行方式。第一次在二〇一三年就想說回去住，對我來說是重新認識這個地方，就做一些比較鬆散的採集，但是並沒有去預設結束之後我要做一個什麼作品。其實在一個比較鬆的狀態更適合我摸索創作，譬如和阿萌的詩集也是那時候開始的。

Yannick：我們兩個的創作方式非常不同。我在澎湖的計畫持續方式比較像是，今年我錄了一些聲音，也做了一點聲音，但沒有完成。隔年我想，可以再繼續做，錄了更多聲音，開始去和學生上一些課程、工作坊，我也繼續編輯聲音。有幾個相關的計畫會陸續進行，例如兩張黑膠唱片《一流水》、《咾咕厝》，還有一個為了澳洲聲音藝術節創作的《直入花園》，然後是《珊瑚如何思考》。我們也做了一支影片《離島的離島》。

二〇一三年我們回澎湖時，因為朋友提供了我們一個住處，作為交換，於是我們在澎湖的學校做些孩子的聆聽活動，做了八、九場。然後發現，馬公島和其他更偏遠村落的孩子反應很不一樣，我們就希望未來有機會去更遠的離島做聆聽活動。

宛璇：因為島的關係，封閉性比較高，發展也比較慢，保留了比較多傳統，語言也是，多樣性比較高。這些孩子的反應和他們的生活息息相關，表示他們的生活環境和家裡的經濟活動緊密連結，連帶影響到孩子的感知跟反應方式。後來我們就想去離島看看，那些各自孤立的島是不是更不一樣？另一方面我也想去認識離島的教育現場。所以二〇一五年的秋天又做了推廣計畫「離島的離島」影、音藝術巡迴分享計畫。

問：每年您們都在臺灣、澎湖、法國之間移動，這樣的遷徙有帶給您們的創作怎樣不同的刺激嗎？包括創作內容與創作環境觀察上。

Yannick：臺灣本島和澎湖像是兩個國家，地理環境非常不同，這也是為什麼我們在澎湖做的計畫和在臺灣本島如此不同，這刺激是很明顯的。但很瘋狂的是，從二〇〇七年開始，即便每年我們都回法國，對我們來說，卻是沒有任何刺激的。我嘗試了很多，包括提出電臺作品、去一些地方錄音、和一些朋友碰面等等，但沒有帶來任何新東西。因為長住在臺灣，和法國有了距離後，再與他們連結確實不容易。

問：您們記得剛回到臺灣時，觀察到的臺灣創作環境是如何嗎？當時對這樣的環境有什麼期許，想在臺灣做什麼呢？

Yannick：在決定回來長住前，我稍微知道了當時臺灣聲音藝術發展還滿受限的，美學上也比較跟科技藝術連結。二〇〇七年我們回到臺灣的第一件事，是在臺北國際藝術村組織一個關於聲音藝術和實踐的系列工作坊，我想這是一個不錯的分享。我當時期待的是能遇到一些同好夥伴一起合作，但我馬上了解到的是，在臺北，新東西很容易吸引大家的目光，但很難延續什麼。很快地我被很多大學邀請去做一些演講，每次一、兩小時，結束了也就結束，沒有後續。在臺北的經驗一開始是讓人失望的。但後來我們受邀去美濃，我也和關渡自然公園的志工一起去調查蛙的生態、錄音，有趣的事就逐漸發生了。以藝術創作場景來說，我有些失望，但在各種資源上，整個臺灣是很能帶來刺激、讓人興奮的。

宛璇：我想回來是覺得我對臺灣還滿無知的，有個模糊的動力，想用什麼方式再認識多一點。我一開始回來想做翻譯，作為法國和臺灣文化之間小小的橋梁，可以引薦一些藝術的書啦、兒童藝術教育之類的出版品。有嘗試一點點，但後來就沒有了。其實對於回來是不是一定要做創作沒有那麼大的企圖心，這也是為什麼從一回來都沒有去找藝廊啦，或是其他的發表機會。但會在每個過程中去抓我感興趣的東西。如果一個機會來了，我就會想試試看。我自己看自己，並沒有一個很清楚的創作語彙，但是當然還是有些脈絡的。

Yannick：對我來說和編舞者周書毅跟驫舞劇場的相遇也很重要。開始和舞者們合作，是一個新領域，我過去在法國幾乎沒有過這個經驗。和他們合作的這個機會非常正向而開放。住臺灣第一年讓我很驚訝的是，沒有任何聲音藝術家邀我一起做些什麼。如果我去法國任何一個城市，我一定會找當地聲音藝術家合作，他們也總是非常開心。這有點像是歐洲的習慣，音樂家在世界各地旅行，找尋當地音樂家合作，是非常普遍的事。但二〇〇八年的臺灣，這完全不存在。所以當時我很開心有舞者們需要我，想找我合作，而且直到現在我們都還能持續開展、實驗新的東西。非常珍貴。

問：據您們的觀察，十年間臺灣的創作環境有怎樣的變化？就各自或合作的創作上而言，有什麼新的可能性與困境？

宛璇：從我身邊的一些創作者身上看到，到了一定的成熟度之後，也許作品的廣度或時間軸需要拉長的時候，還是需要跟相對年輕的創作者去爭同樣的資源，原因可能有好幾種，和我們的藝術環境結構不那麼健全也有關係。我覺得這是個問題。

這十年間，聲音藝術上有了「失聲祭」（Lacking Sound Festival）[15]，Yannick 來臺灣時，也剛好有越來越多人投入所謂的聲音藝術。不過，對他來說在法國要做演出的機會滿多的，差別只在經費多寡，可是在臺灣，做純粹聲音創作的機會機會還是很少，尤其是表演，經費的匱乏更是常態。

另外，我們自己的經驗是，做藝術創作的資源永遠少於藝術推廣。辦工作坊或是做推廣計畫好像比較容易得到資源，要做一個個人創作，需要滿努力才能得到一些資源。為了謀生，就必須做一些周邊的事情。我們一開始會成立回看工作室，也是為了做一些周邊的事情。

Yannick：我們不是那麼仰賴在創作環境上，我們主要不是倚賴市場、表演藝術系統，或是展覽，因此我做了很多不同的事，包括舞蹈和電影的聲音設計、教育活動、公共藝術、藝術進入社區計畫等等，這些都是很不一樣的計畫。一般而言我們無法事先擬定中、長程的工作計畫，所以我們對工作的計畫大概只有半年內的事是明確的。從十年前就是這樣，有時這很讓人抑鬱、沒有希望，會擔心是不是足夠生活，朝不保夕。

宛璇：步調也很緊湊，例如展覽或創作邀請，從知道到必須完成的時間通常很短。創作環境的變動度很大，我們沒辦法事前做些完善的籌備，甚至提早知道這件事，想要早點籌備，可是對方沒辦法給你很充足的資訊。很多時候經費也不會事先講明，我們也不知道該做什麼規模的創作，有時會覺得，其實這應該是基本的工作倫理。

Yannick：重點是作品本身，我們對自己做的作品當然也有期許，但這樣的狀況讓我們無法做更好的準備。

問：您們對一個自身理想創作環境的想像為何？

Yannick：每個月有相對穩定的收入。我不期待創作環境上能有多大改變，但如果我可以每個月有局部穩定的收入，譬如來自電影或表演藝術的聲音設計，假設每月平均能有兩萬五作為基礎，心理上會比較穩定，創作上就可以做比較長遠的規劃。

宛璇：相信也是很多藝術家的期待：有一個很大的工作室，弄得很亂都沒關係，可以自己決定要如何處置。然後是整體環境，如果大眾對藝術或文化有再高一點的期待的話，對藝術家來說會是比較舒適的狀態，比較不會被暗示或要求要去做很多調整。另外是創作和藝術教育推廣之間關係的鬆緊彈性可以更好。

問：近期與往後十年有什麼創作計畫？

Yannick：《珊瑚如何思考》第二部，這是至少明年我會繼續的計畫，但我無法預測接下來的事。

宛璇：一個是放了很久的第三本個人詩集還是想要做一個集結發表，告別一個階段，無論是用什麼方式。另外是，還是會持續做一些跟澎湖有關的創作，跟那些我關心的事情，透過作品產生連結。二〇一八年秋天我們會在澎湖做一個展覽，名字暫定是《海的啟蒙》，我很期待。至於十年計畫的話，我還是會試著在我的現實生活和創作之間，保持高度的對話性。

編註

1 馬哈茂德・達爾維什（Mahmoud Darwich，1941-2008年），當代巴勒斯坦詩人，著有三十餘部詩集，為阿拉伯文學代表作家之一。

2 原案名為「嘉義聲音蒐集及紀錄建置計畫」，Yannick和許雁婷在計畫結束後挑選部分錄音，放置於網站上供大眾聆聽，聆聽網址：http://chiayisounds.net。

3 蘇淺，《出發去烏里》，二〇〇九，臺北：唐山出版社。

4 Beyond，香港知名搖滾樂隊，於一九八三年成立，二〇〇四年宣布解散。

5 丘緩，《掉入頭皮屑的陷阱》，一九九〇，自印出版。

6 黃粱主編，《大陸先鋒詩叢》第一輯（一九九九）、第二輯（二〇〇九），臺北：唐山出版社。

7 《島嶼邊緣》，於一九九一年十月創刊，一九九六年宣布停刊，共發行十四期。

8 《傾向》文學人文雜誌，半年刊，一九九三年創辦於美國波士頓，前身為一九八八年於北京創辦的地下詩刊《傾向》，後於二〇〇〇年停刊，共發行十三期。

9 Magma，法國前衛搖滾樂團，於一九六九年成立。

10 具象音樂（Musique Concrete）將自然界及日常生活中的聲音，經由機器收錄，再重加剪接製作而成的音樂。這名詞是由法國作曲家謝佛（Pierre Schaeffer, 一九一〇–）於一九四八年，在法國電臺廣播其實驗作品時所創。謝佛用「具象音樂」一詞，表示其作曲法和傳統音樂不同，傳統音樂是音樂家把樂想寫在樂譜上，然後再演奏，具象音樂是直接用錄音器來製作音樂。（參考整理自：國家教育學院詞條，網址：http://terms.naer.edu.tw/detail/1294160。）

11 Electroacoustic Music。原音（acoustic），以原始聲音的錄音為原料素材，經過電子硬體或採樣器或電腦軟體的各種處理和調變（modulation），再加以混疊而成的音樂。（參考整理自：國家教育學院詞條，網址：http://terms.naer.edu.tw/detail/1294503。）

12 專輯名稱：（（（^..^）））。

13 Eduardo Kohn，*How Forests Think: Toward an Anthropology Beyond the Human*，2013，University of California Press.

14 紀錄片《日曜日式散步者》，黃亞歷導演，二〇一六，臺北：目宿媒體發行。

15 《失聲祭Lacking Sound Festival》（簡稱LSF）始於二〇〇七年七月，現為臺北常態性的聲音表演活動。（網址：https://www.facebook.com/pg/LSF.Taiwan/about/?ref=page_internal。）

＊ 書籍、CD封面提供：Yannick Dauby、蔡宛璇、小寫出版、回看工作室。

1974 出生於法國尼斯市。

1994–1998 於尼斯市就讀人類音樂學系；後就讀音樂學院，主修電子原音編曲。

1998 造訪北印度，初次獨立進行田野錄音。

1999–2003 任國立Villa Arson藝術學院聲音工作室（Audio Lab.）教學助理。

2004 取得數位藝術高等深入研究文憑創作碩士（DEA），主題為「共享的聲景」。

2004–2010 2004年，與蔡宛璇以「拾景人」為名展開合作，初次造訪臺灣；2007年底移居臺灣，同年兩人結婚。2008年兩人共同成立回看工作室。期間，「拾景人」計畫分別於臺北國際藝術村（2004年）、法國Cunlhat藝術中心（2007年、2008年）、愛沙尼亞MOKS藝術中心（2007年）、臺北寶藏巖國際藝術村（2010年）駐村。

2018 任臺灣國際紀錄片影展「電影耳：記錄聲音／聲音紀錄」策展人。

2014 長子出生。

2013 與蔡宛璇及女兒短居澎湖四個月。

2011 長女出生。

2008｜2017 首次與驫舞劇場合作，任舞作《骨》聲音設計（2008年）；任聲音資料庫建置計畫：《嘉義聲音計畫》主要執行人（2008-2009年）；與蔡宛璇參與高雄縣客家文化藝術活動：「秋迎福」美濃駐地藝術活動（2008年）；任新竹縣「藝術進入社區」計畫規劃與執行藝術家（2009-2010年）；任臺大音樂學研究所實務教師，教授「音景與聲音藝術」（2010-2017年）。

2012

《Arches》（聲音）。獲海尼根Dream Space夢發光空間設計獎個人組首獎。
4月，《Taî-pak thia sa pian / 臺北聽三遍》（聲音），臺北：回看工作室。2014年受邀參與「造音翻土—戰後臺灣聲響文化的探索」聯展。

2011

《蛙界蒙薰》個展，於臺北數位藝術中心。
驫舞劇場《繼承者I II III》展演計畫（聲音設計）。
2012年入圍第十屆台新藝術獎表演藝術類。

2009

《蛙蛙哇！—臺灣蛙聲音景》上輯（聲音）。2010年入圍第二十六屆金曲獎傳藝類最佳專輯包裝獎。

2008

出版馬克．南伯拉爾（Marc Namblard）自然聲景作品：《冰湖之歌》，臺北：回看工作室。

2007

策劃、執行《Cordemais，聽，電！》環境聲音計畫。

2005

《都市裡的動物聲學》（聲音），於法國國家文化電臺單元「夜的驚奇」發表。

2002

《Col de Vence一個聲音的拓撲》（聲音），於法國國家文化電臺單元「夜的驚奇」發表。

2018

《一些關於水生生物聲音與呼吸的故事》（聲音裝置），於高雄市立美術館「靜河流深」展出。
《山林》（聲音紀錄片），受邀參與臺灣國際紀錄片影展。

2017

《珊瑚如何思考》（聲音），受邀參與高雄市立美術館「南方：問與聽的藝術」展、第一屆科索沃公路雙年展、臺北立方計劃空間「自然之外的海洋」國際聯展。
《森林與木材》（聲音裝置），受邀參與「映像節2017 Parallax：《破壞控制》」，於宜蘭中興文化園區。
《一些關於聽不見的蝙蝠獵食聲與水生生物聲音與呼吸的故事》（聲音裝置），於關渡國際自然藝術季駐園創作與展出。

2015

《一流水》（聲音）。
安娜琪舞蹈劇場舞作《Re:Secend Body》（聲音設計）。
黃亞歷導演電影：《日曜日式散步者》（聲音設計）。2016 年，獲第十八屆臺北電影節最佳聲音設計、入圍第五十三屆金馬獎最佳音效。

2014

受邀參與香港SoundPocket聲音工作坊。
《(((^..^)))》（聲音），為臺大校園公共藝術計畫「觀聽的邊境—翼手計畫」作品。

2004－2012
成為法國創作團體「Volume-Collectif」成員，曾參與策畫及創作〈擴張的音樂會〉展覽及系列活動。

2004－2010
2004年，與Yannick Dauby以「拾景人」為名展開合作；2007年底返臺，同年兩人結婚。2008年共同成立回看工作室。期間，「拾景人」計畫分別於臺北國際藝術村（2004年）、法國Cunlhat藝術中心（2007年、2008年）、愛沙尼亞MOKS藝術中心（2007年）、寶藏巖國際藝術村（2010年）駐村。

2001－2005
就讀法國國立Villa Arson藝術學院（2001-2003年），後就讀於圖爾（Tours）高等藝術學院（2003-2005年），2005年以最優成績（Félicitations du jury）取得法國國家高等藝術表現文憑（DNSEP，等同碩士）。

1996－2000
就讀國立臺灣藝術大學美術學系西畫組，主修複合媒材，2000年學士畢業。

1993－1996
就讀澎湖縣立馬公高中美術班。

1990－1993
就讀澎湖縣立馬公國中美術班。間歇性地嘗試寫詩。

1984－1990
就讀澎湖縣立湖西國小。確認對美術的興趣。

1978
生於澎湖縣湖西鄉。

2014
長子出生。

2012 | 2013
任臺北市藝術創作者職業工會理事。
2013年，返回澎湖居住近四個月。

2011
長女出生。

2009
任《大陸先鋒詩叢》第二輯叢書封面設計與圖像創作；參與澎湖博弈公投反方運動；參與臺北市藝術創作者職業工會籌創過程；與Yannick Dauby合作，陸續參與多項公共藝術民眾參與型計畫至今。

2008 | 2010
與Yannick Dauby一起參與高雄縣客家文化藝術活動：「秋迎福」美濃駐地藝術活動（2008年）；任新竹縣「藝術進入社區」計畫規劃與執行藝術家（2009-2010年）。

2008 2007 2006 2005 2000

2007

《母親島》（影像詩），於「女歌節—女歌獨白」展出。
《潮 汐-II》個展，於法國雷恩市（Rennes）Colombier藝文中心駐地創作與展出。

2005

長詩：〈母親島〉。
《abs(.) hum》與《窗》（影音），於法國LA BOX藝術空間展出。

2000

詩集：《靜水域》，自印30冊。

2006

詩文集：《潮 汐》，澎湖：澎湖縣文化局出版。《吃線的人（ Mangeur de fil ）》個展，於法國巴黎Plume藝廊。《失眠之城（Cite insomniaque)》個展，於馬賽Galerie du tableau藝廊。〈EMANATE〉（音像演出），為四人合作之聲響即興與影像播放，於日內瓦及洛桑。《居之韻動》（影音、實驗動畫），獲第三屆霧峰文學暨丁台影像獎首獎。獲國家文化藝術基金會第二屆「科技藝術創作發表獎助專案」，2007年，與四位獲獎助藝術家合辦：「科光幻影2007：詩路漫遊」聯展，於國立臺北藝術大學關渡美術館、臺中臺灣美術館、高雄市立美術館展出。

2008

《橄欖樹之葉》（影音），於「流浪之歌音樂節」開幕演出。
《睡》（影像詩），獲臺北詩歌節影像詩徵件獎評審獎。
受邀於臺北詩歌節，與法國詩人Emmanuelle Pireyre對談。

2017 與女兒阿萌合作出版鉛印母語有聲詩集：《我想欲踮海內面醒過來／子與母最初的詩》，新北：小寫出版。同年10月，詩集受邀參與「2017時光之書：活版印刷小誌節」聯展，於臺北田園城市文藝空間、臺中佔空間Artqpie。

2016 《我想欲踮海內面醒過來》（影像詩），獲臺北國際詩歌節「多元成詩」評審獎。

2015 《植／物／像》（錄像），於臺大植物標本館長期展播。

2014 《我想欲踮海內面醒過來》（裝置），於「手的溫度x字的重量」，臺北日星鑄字行鉛字應用展。《造一艘船》（裝置），受邀參與「回看也斯：Leung Ping Kwan, A Retrospective」聯展，於臺北華山1914文化創意產業園區。

2013 詩文圖集：《陌生的持有》，新北：小寫出版。

2011 驫舞劇團「繼承者 I II III」計畫（視覺與空間創作統籌）。2012年入圍第十屆台新藝術獎表演藝術類。《三個彎，轉給白海豚》（影像詩），受邀參與臺北詩歌節。

2009 《沿著邊走》個展（素描），於新北市永和區小小書房。

Yannick Dauby與蔡宛璇合作作品暨參展、獲獎紀錄

2009–2010	2008	2007	2006	2004–2005
2009年，《村落，遺跡》（有聲影像書），法國Cumlhat：Le CoLLombier藝術中心。2009-2010年，規劃、執行新竹縣「藝術進入社區計畫」，2009年完成成果冊《拾藝南坑》（有聲影像書）。2010年，《聽見桃山》（聲音），臺北：回看工作室。	〈夢與冬天的海〉（演出），與蔡繡如合作，於臺北南海藝廊。	〈拾景人與蔡宛璇〉（影音），參與dog影展，於高雄豆皮文藝咖啡館。	〈拾景人—詩意的棲居〉計畫（影音），於臺北紫藤廬茶館。	〈拾景人〉計畫（影音），於臺北、法國、瑞士等地展出。

《樂返妾屋大院》、《來自Skaru'的吟唱》、《離島的離島》（影像），受邀參與第二十屆雪梨雙年展。同年，於三拍攝地區及臺北立方空間計劃進行特別播映，並陸續於「澎湖大風藝術季—風起潮間帶」藝術創作展覽活動、臺北學學文創「孩子的海洋」系列講座播映；2017年7月，於臺中陸府生活美學教育基金會「與土地交往吧」、8月於美國密西西比「赤裸異聲—臺灣及密西西比當代藝術展」展出

以回看工作室策劃捷運大安站公共藝術計畫：〈綠・聲・音・節〉。

《寶藏》（錄像、有聲影像書），臺北：臺北市政府文化局。

2016 2015 2013 2012 2011

《拾景人—六對影音風景明信片》（公共藝術創作），於屏東六堆客家文化園區。規劃、主持臺中「讀・樂公共藝術節」音景工作坊。與許雁婷合作策展〈聲土不二—嘉義聲音再生計畫〉，為臺北立方計劃空間「重見／建社會」策展系列第六檔。

以回看工作室於澎湖各二級離島國小進行「離島的離島—影音藝術校園巡迴分享」計畫。

運字的人
創作者的鑿光伏案史

書名　運字的人：創作者的鑿光伏案史
作者　沈眠　沈明謙　李偉麟　虹風　陳安弦
　　　許雁婷　游任道　鄧觀傑　蕭淑如　嚴毅昇
　　　（依姓氏筆畫順序）
美術設計　吳欣瑋　torisa1001@gmail.com
總編輯　劉虹風
責任編輯　陳安弦
出版　小寫出版—小小書房
負責人　劉虹風
地址　234新北市永和區文化路192巷4弄2-1號1樓
電話　02 2923 1925
傳真　02 2923 1926
官網　http://smallbooklove.wordpress.com
電子信箱　smallbooks.edit@gmail.com

總經銷　大和書報圖書股份有限公司
地址　248新北市新莊區五工五路2號
電話　02 8990 2588
傳真　02 2299 7900
印刷　崎威彩藝有限公司
初版　二〇一八年五月
ISBN　978 986 91313 6 0
售價　新台幣五八〇元

國家圖書館出版品預行編目（CIP）資料

運字的人 ：創作者的鑿光伏案史 /
劉虹風等作．
-- 初版．-- 新北市 ：小小書房，
2018.05
448面 ；14.8×21公分
ISBN 978-986-91313-6-0（平裝）

1.臺灣傳記 2.訪談

783.31　　106020898